KB077894

돈 앞에선 이기주의자가 되라

*How To Be
A Capitalist
Without Any Capital*

조금은 뻔뻔하게, 조금은 교활하게

돈 앞에선 이기주의자가 되라

네이선 랏카 지음 | 장진영 옮김

차례

How To Be
A Capitalist
Without Any Capita

* 일러두기

본문에 달린 주석은 모두 옮긴이주이며, 저자의 원주는 별도로 표기했다.

HOW TO BE A CAPITALIST WITHOUT ANY CAPITAL

들어가며_ 자본 없이 경제적 자유의 길을 걷다

"삶을 한껏 경험할 수 있는 능력이야말로 진정한 부다."
-작자 미상

"스스로 돈 버는 재주가 없다고 생각하는 이들은 많다.
하지만 그들이 진짜 모르는 것은 돈을 사용하는 법이다."
-프랭크 A. 클라크

이 책을 쓰기 시작했을 무렵, 어머니로부터 전화가 왔다. "아주 돈을 끌어 모으는구나. 제대로 된 자산계획도 없잖니. 자칫 사고라도 나서 네가 세상을 떠나게 된다면 어쩌려고 그러니. 그런 끔찍한 일은 일어나지 않겠지만 걱정돼서 하는 말이다." 재미있었다. 불과 3년 전 내가 자퇴를 선언했을 때 어머니는 내 선택을 아주 걱정스러워했다. 그때 "잠자코 학교에나 붙어 있어!"라고 하던 어머니가 이제는 "유언장을 준비해두렴."이라고 말하고 있다. 어떻게 된 것인지 내 이야기는 나중에 하기로 하고, 먼저 당신에 관해 말해보자.

도저히 이해할 수 없는 삶을 사는 사람들이 있다. 그들은 원할 때마다 세계 여행을 떠난다. 게다가 일도 별로 하지 않는다. 그들은 항상 가족들과 시간을 보내거나 당신이 **언젠가** 떠나려고 벼르던 모험을 떠나

원하던 것을 대수롭지 않게 성취해낸다. 왜 그런지는 모르겠지만, 그들은 자신의 삶을 있는 그대로 받아들이고 만족한다. 소셜 미디어에 사진을 올려 자신이 '완벽한 삶'을 사는 척만 하는 게 아니라, 그들은 실제로 완벽한 삶을 산다.

대학교를 자퇴한 청년은 100만 달러의 스타트업 펀드를 조성했다. 아들의 축구 시합이나 체육관에서 만난 어떤 아빠는 레인지 로버를 몰고 다니고 대부분의 부모들이 한창 일할 주중에 항상 아이들과 시간을 보낸다. 다니던 회사를 때려치우고 사업을 시작한 옆집 여자는 1만 달러 또는 2만 달러의 월수입을 올린다.

그들은 아주 평범한 사람들이다. 그들은 대단한 재능을 타고나지도 특출하게 똑똑하지도 않다. 그럼에도 그들은 왕과 왕비처럼 산다. 그런 모습을 보면 어이가 없어서 말문이 막힌다. 도대체 어떻게 그들은 그런 삶을 사는 것일까? 그들은 당신이 모르는 것을 알고 있다. 그들은 자본 없이 자본가가 되는 법을 안다. 사실을 말하자면 비즈니스 세계에 존재하는 4개의 법칙들은 성공의 걸림돌일 뿐이다. 그러니 부자가 되고 싶다면 반드시 이 법칙들을 깨뜨려야 한다. 참고로 앞서 언급한 사람들은 이 법칙들을 깨부수는 데 선수들이다.

사람들은 이런 슈퍼리치들을 '금수저'로 취급하거나 배우자가 번 돈으로 호화로운 삶을 사는 것이라고 생각한다. 아니면 쥐뿔도 없으면서 신용카드로 그런 삶을 유지한다고 생각해버린다. 물론 이런 가정들이 몇몇 사람들에게는 사실일 수 있다. 하지만 내가 이야기하려는 사람들은 그렇지 않다.

그들은 스스로의 힘으로 부자가 된 사람들이다. 그들의 가족은 그의 은행 잔고를 두둑이 쌓는 데 아무런 도움도 주지 않았다. 평일에 그들이 인스타그램에 올린 요트를 타고 있는 사진이나 해외 여행지에서 찍은 사진을 보면 부아가 치민다. 하지만 그런 그들의 모습을 보는 것이 짜증스러운 만큼, 그들이 어떻게 그렇게 살 수 있는지 알고 싶어 미칠 지경이다. 당신은 아마 주 50시간 이상을 회사 책상에 앉아 형광등 불빛 아래에서 일만 하면서 시들어가고 있을 것이다. 하지만 그들은 성공해서 자유롭게 살아간다. 도대체 어떻게 그럴 수 있는 것일까?

답은 그들이 '뉴 리치new rich'이기 때문이다. 티모시 페리스Timothy Ferriss는 자기 인생에서 모든 것을 극대화해 유용한 자산으로 만드는 법을 찾아낸 이들을 뉴 리치라고 부른다. 뉴 리치들은 시간, 돈 그리고 에너지를 잘 활용한다. 그들은 무언가를 원하는 즉시 그것을 손에 넣는다. 그들은 원하는 만큼 여행을 다닌다. 그들에게는 시간적 여유가 있다. 그리고 비용을 거의 들이지 않고도 원하는 것을 척척 해낸다.

십여 년 전에 티모시 페리스는 저서 《나는 4시간만 일한다》에서 뉴 리치들을 소개했다. 하지만 그 이후 너무 많은 것이 변했다. 이제는 부자가 되기 위해 무조건 사업을 할 필요는 없다. 요즘에는 2000년대에는 존재하지도 않았던 인스타그램과 에어비앤비와 같은 툴을 잘만 이용하면 많은 돈을 벌 수 있다. 실제로 나와 내 또래는 이런 **툴**을 적극 활용해서 돈을 벌고 있다. 이런 새로운 툴을 빨리 받아들여 이용하면 일은 덜 하고 돈은 더 벌 수 있다. 쉽게 말해서 툴이 우리를 위해 일하며 돈을 벌어다 준다.

평범한 사람들이 보기에 뉴 리치들은 뭔가 마술을 부리는 것 같다. 평범한 사람들은 뉴 리치들이 부자가 된 방법을 이해하지 못하기 때문에 그들의 성공을 '마술'이라 치부해버린다. 하지만 그것은 마술이 아니다. 마술사는 커튼 뒤에서 연속적인 '움직임'이나 '기술'을 연습한다. 이를 완벽하게 익힌 다음에 무대에서 멋지게 연기해내면 평범한 관객들은 그의 날랜 손재주에 속아 넘어간다. 만약 커튼 뒤에서 연습하는 마술사를 봤다면, 관객은 '나도 저 정도 마술은 할 수 있어!'라고 생각했을 것이다. 부를 쌓는 것도 마찬가지다.

마술사들은 커튼 뒤 아무도 안 보는 곳에서 연습한다. 하지만 나는 이 책에 숨기는 것 없이 내가 아는 모든 걸 털어놓겠다. 나는 지난 10년 동안 이른바 '부의 마술사'였다. 변호사는 반대했지만, 나는 내가 알고 있는 모든 것을 공개하고자 한다. 부디 이 책을 읽는 당신도 당신만의 '부의 마술'을 부릴 수 있기를 바란다. 이 책에는 소득신고서, 손익계산서 그리고 회사를 매각하거나 인수할 때 상대방과 주고받은 메일이 고스란히 담겨 있다. 이런 자료들이 내가 어떻게 내 제국을 건설할 수 있었는지 이해하는 데 도움이 되기를 바란다. 지금부터 당신은 뉴 리치들의 커튼 뒤로 초대될 것이다. 그들이 커튼 뒤에서 무엇을 하는지 똑똑히 보고 익혀서 당신도 뉴 리치가 되기를 바란다.

당신이 원하는 삶은 그리 멀지 않은 곳에 있다. 지금은 단지 그곳에 가기 위해서 어떻게 움직여야 하는지 모를 뿐이다. 이 책이 당신을 그곳으로 인도할 것이다. 우선 19살이었을 때 내가 무엇을 했는지부터 이야기하고자 한다. 28살에 나는 지속적인 수입원 20개 이상을 만들어냈고 이것들은 지금도 동일한 방식으로 소득을 창출해내고 있다. 내가 19살이었을 때 이야기가 여러 수입원을 같은 방식으로 굴러가도록 만들어 소득을 올린 방법을 이해하는 데 도움이 될 것이다.

새로운 부의 마술사들이여! 뉴 리치의 세계에 들어올 준비가 되었는가? 그렇다면 이 책에서 잠시도 눈을 떼지 마라.

내 이야기 그리고 이 책을 읽어야 하는 이유

우선 나에 대해서 당신이 알아야 할 것이 몇 가지 있다.

- ▶ 나는 대학교를 자퇴했다.
- ▶ 나는 20살에 버지니아 공과대학교 기숙사에서 첫 회사를 창업했다. 내 첫 회사는 4년 만에 직원이 40명, 매출이 500만 달러 그리고 가치가 1,050만 달러인 회사로 성장했다.
- ▶ 나는 22살에 이 회사를 650만 달러에 매각하라는 제안을 거절했다.
- ▶ 나는 이력서가 없다.
- ▶ 나는 24살에 그 누구의 도움 없이 혼자 힘으로 내 생애 첫 부동산을 취득했다.
- ▶ 나는 26살에 첫 회사를 인수했다.
- ▶ 현재 29살인 나는 회사를 사고파는 사모펀드회사를 운영하고 있다.
- ▶ 나는 결정을 내리고 결정한 사항을 추진하는 데 패턴과 데이터를 활용한다.

나는 패턴과 데이터를 활용해 결정을 내리고 결정 사항을 추진한 덕분에 이만큼 해낼 수 있었다고 생각한다. 바로 이 방법으로 나는 당신이 원하는 곳에 도착할 수 있도록 도울 생각이다. '나는 이렇게 성공했다.'거나 '이렇게 하면 당신도 성공할 수 있다.' 식의 이야기에 시간을 낭비할 생각은 없다. 내 팟캐스트 '톱 앙트러프러너즈Top Entrepreneurs' 를 알고 있는 사람이라면 내가 무슨 말을 하는지 대충 이해할 것이다. 팟캐스트를 하면서 인터뷰한 사람들이 500명을 훌쩍 넘는다. 그들은 세계적인 사상가, 혁신가 그리고 CEO였다. 나는 그들을 인터뷰하면서 어떤 패턴을 찾고자 애썼다. 누구든지 활용만 하면 일을 덜 하면서 부를 쌓고 자신의 인생에서 원하는 것을 얻을 수 있는 그런 패턴 말이다. 나는 팟캐스트에 출연한 많은 사람들의 경험을 통해 살아 있는 데이터와 통계를 얻었다. 실제로 성공 비결을 얻어내기 위해서 팟캐스트에 출연한 CEO들을 철저하게 압박했다. 그들은 원치 않았지만, 내 압박에 못 이겨 자신들의 성공 비결을 털어놓았다. 간혹 팟캐스트가 나간 뒤에 나를 고소하겠다고 위협하는 이들도 있었지만, 비결을 털어놓은 그들의 잘못이다. 나는 고소를 가장 많이 당한 팟캐스트 진행자인데, 안타깝지만 어쩌면 자연스러운 일이다. 내 사무실은 방송정지명령서로 가득하다. 그 모습을 당신이 한번 봐야 할 텐데 아쉽다(핵심은 내가 항상 승소한다는 것이다).

이 책은 내 팟캐스트의 확장판이다. 이 책에서 나는 뉴 리치들의 성공 비결을 제시하고, 대학교 기숙사에서 창업하는 20살 남짓한 청년 CEO들을 소개할 것이다. 그리고 에어비앤비 백만장자들, '더럽게' 돈 많은 소프트웨어 창업가들과 핀테크 억만장자들의 이야기도 다룰 것이다. 이 모든 사람들은 매일, 지금 바로 이 순간에도 부를 쌓고 있다. 그런 사람들의 이야기를 들려줄 것이다. 그리고 이들의 성과와 관련한 실제 숫자들도 함께 살펴볼 것이다. 이런 숫자가 그들이 어떻게 성공했는지 한눈에 보여줄 것이기 때문이다.

패턴도 잊어서는 안 된다. 내가 최고 기업가들을 인터뷰하면서 찾아낸 공통점이 있다. 그들의 실행 계획은 유사한 패턴을 보였는데, 그 패턴들은 비즈니스 세계에서 통용되는 사고방식을 정면으로 반박하고 있었다. 이것들은 부, 자유 그리고 사업 성공과 직접적인 관련이 있다. 이 패턴들은 매우 놀라운 것들이다. 이런 패턴을 익히면 부를 쌓는 것이 믿기 어려울 정도로 쉽다. 이 패턴을 당신의 것으로 만든다면 불과 몇 달 전만 해도 뭐든지 척척 해내 당신을 당혹스럽게 했던 부자 친구들과 함께할 수 있다.

나는 숫자에 무척 집착한다. 대학교에서 자퇴한 것도 숫자에 너무 집착했기 때문이었다. 숫자에 대한 강한 집착과 부모님이 심어주신 돈에 대한 관념 역시 내가 대학교를 중도에 박차고 나온 이유다. 내 기억으로는 아주 어린 시절부터 부모님은 내게 돈에 대한 개념을 가르쳐주셨다. 내가 5살이었을 때의 일이다. 나는 기억나지 않지만, 차를 타고 어딘가로 가는 도중에 내가 어머니에게 "우리는 왜 외식을 안 해요?"라고 물었단다. 어머니는 아버지와 함께 몇 가지 선택을 해야 했다고 설명했다. 그 무렵 두 분은 한적한 시골에 있는 큰 집으로 이사를 결정했다. 그 큰 집은 심지어 새집이었다. 그렇게 결정한 뒤에 부모님은 외식과 같은 다른 것들에 돈을 쓰지 않기로 선택했던 것이다.

그 말을 들은 나는 한참 동안 말없이 뒷좌석에 앉아 있었다고 한다. 그러더니 "그럼, 엄마. 내 돼지 저금통을 깨서 오늘 밤에 피자헛에 가면 안 돼요?"라고 했단다. 물론 어머니는 돼지 저금통을 깨서 피자헛에 가자는 내 제안에 동의하지 않으셨다. 대신 그날 저녁에 외식하기로 아버지와 결정하셨다. 하지만 나는 이날 분명한 교훈을 얻었다.

솔직히 나는 어머니와 이런 대화를 나눈 기억이 없다. 하지만 이 이야기를 들었을 때 부모님이 '나를 기업가처럼 생각하도록 키우셨구나.'라는 생각을 했다. 이날 어머니는 가계 예산에 대해서는 일언반구도 없었다. 물론 정확히 말하면, 슬쩍 흘리시긴 했지만. 더욱 큰 맥락에서 보면 어머니는 현재 원하는 삶 그리고 미래에 살고 싶은 인생을 기준으로 선택을 해야 한다고 말하고 싶었던 것 같다. 경제 용어로 풀면, 바로 '기회비용'을 고려하라는 것이다. 가끔은 한적한 곳에 있는 저택에서 살기 위해 피자를 덜 먹어야 한다(하지만 5살짜리가 2분 대화하고 돼지 저금통의 배를 가르겠다고 할 때는 예외다). 그리고 이것은 눈앞에 큰 기회를 마주했을 때 직감을 따르라는 뜻이기도 하다. 설령 직감이 '인생은 자고로 이렇게 살아야 한다.'라는 많은 이들의 조언과 반대된다고 하더라도 말이다.

대학교 자퇴를 결정했을 때가 바로 그런 순간이었다. 3학년까지 다니기는 했지만, 학교는 나와 맞지 않았다. 이 사실을 깨달은 순간을 나는 결코 잊을 수 없다. 버지니아 공과대학교에 막 입학해서 들은 통계 수업시간이었다. 숫자에 집착하는 나는 그 통계 수업을 좋아했어야만 했다. 하지만 강사는 너무 지루했고 밀려드는 잡생각으로 더 이상 수업에 집중할 수 없었다.

그 학기에 중간고사를 치르고 나자 정신이 번쩍 들었다. 중간고사 전날 나는 막 출시한 페이스북 팬페이지 상품을 예약 판매하느라 밤을 꼴딱 지새웠다. 아침에 너무 피곤했지만, 전날 밤에 1,400달러어치 판매 제안서를 내보냈다. 그래서 후회는 없었다. 나는 페이팔로 신규 주문이 들어올 때마다 알 수 있도록 스마트폰에 알람을 설정했다. 스마트폰을 맞은편 강의실에 두고 시험을 쳤다. 시험시간 2시간 동안 알람은 딱 두 번 울렸다. 상품을 700달러에 팔고 있었으니 중간고사가 끝나기 전에 1,400달러를 벌어들인 셈이었다. 나는 이 기회에 사업을 한번 키워보자고 생각했다.

우습게도, 나는 이를 계기로 나 자신이 자본가임을 깨달았다. '비록 시험에는 낙제했지만, 그동안 1,400달러를 벌었다. 음… 역시 학교는 나와 맞지 않아.'라고 생각했다. 그런데도 나는 학교를 2년 정도 더 다녀야만 했다. 학교 다니는 내내 당장 학교를 때려치우고 회사를 차려야 한다고 확신했다. 독자 중에 학생이 있다면, 이 책을 끝까지 읽기를 바란다. 이야기가 훨씬 더 재미있어질 테니.

자퇴를 결심했을 때, 제일 먼저 어머니에게 전화를 걸었다. 어머니는 3가지 일을 동시에 하면서 스스로 학비를 벌어 대학교를 졸업한 분이셨다. 그래서 나는 자퇴하겠다는 내 말에 어머니가 불같이 화를 내실 거라고 짐작했다. 당시에는 부모님이 내 학비를 대주고 계셨다. 자퇴 선언은 그야말로 내 발로 내 복을 차버리겠다고 말하는 셈이었다. 그러나 예상과 달리, 어머니는 전혀 화를 내지 않았다. 오히려 "네가 선택할 일이지만, 네가 선택할 수 있는 것들을 주로 살펴보렴."이라고 말씀하셨다. 분명히 이 시기가 지나면 부모님은 다시는 학비를 대주지 않으실 것이다(학비를 지원해주는 부모님을 둔 나는 행운아였고 두 분께 감사했다).

어머니는 내 사업들이 잘되지 않았을 때를 대비해서 학위는 마무리하는 것이 좋지 않겠냐고 말씀하셨다. 분명 어머니의 말씀도 일리가 있었다. 하지만 나는 안전망이 있으면 성공하기 위해서 최선을 다하지 않을 거라고 확신했다. 그래서 끝까지 자퇴 결심을 굽히지 않았다. 고집불통에 욕심 많은 자녀 셋을 키운 어머니는 내가 그렇게 나올 것을 이미 알고 계셨고 더는 내 선택을 반대하지 않았다. 어머니는 내가 무턱대고 뛰어들기 전에 선택지를 두루 살펴보도록 독려하셨을 뿐이었다.

이 당시 내 머릿속은 숫자로 가득했다. 나는 사업에 시간과 에너지를 더 많이 투자한다면, 오후에는 1,400달러보다 훨씬 많은 수익을 올릴 것이라 확신했다. 법칙 따위는 잊어라. 20살에는 이렇게 살아야 한다는 말도 잊어라(어머니가 이런 말을 하는 '꼰대'가 아니라서 감사해요). 나는 기회를 봤고 그 기회를 붙잡기 위해 돌진했다.

여기 내 소득신고서를 보라

기숙사에서 시작했던 내 첫 회사는 2013년에 연 매출 93만 9,000달러를 넘어섰다('루저Lujure'라고 부르다가 '헤요Heyo'로 회사명을 바꿨다). 이때 나는 23살이었다. 아시다시피 정치인들은 소득신고서를 사랑한다. 그래서 내 세금신고서를 공개한다.

2년 뒤 2015년 헤요의 총매출액은 500만 달러를 넘었다. 2년 동안 나는 더 많은 수익을 더욱 빠르고 가성비 좋게 올리기 위해서 회사 4개를 인수했다. 현재 내 월간 불로소득은 10만 달러에 이르고 내가 일주일 동안 일하는 시간은 약 15시간에 불과하다.

자퇴해서 성공했다고 말하려는 것은 아니다. 내가 말하고 싶은 것은 당신, 나 아닌 그 누구든지 뉴 리치가 되겠다고 결심하면 모두 뉴 리

Form **1120**	U.S. Corporation Income Tax Return				2013	

For calendar year 2013 or tax year
beginning _____ , ending _____

▶ Information about Form 1120 and its separate instructions is at www.irs.gov/form1120.

A Check if:		Name		B Employer identification number
	TYPE	LUJURE MEDIA, INC.		45-5166213
	OR	Number, street, and room or suite no. If a P.O. box, see instructions.		C Date incorporated
	PRINT	P.O. BOX 173		04/19/2012
		City or town, state, or province, country and ZIP or foreign postal code		D Total assets (see instructions)
		BLACKSBURG, VA 24060		$ 248,542.

E Check if: (1) Initial return (2) Final return (3) Name change (4) Address change

Income	1a Gross receipts or sales		1a	939,378.
	b Returns and allowances		1b	45,213.
	c Balance. Subtract line 1b from line 1a		1c	894,165.
	2 Cost of goods sold (attach Form 1125-A)		2	
	3 Gross profit. Subtract line 2 from line 1c		3	894,165.
	4 Dividends (Schedule C, line 19)		4	
	5 Interest	SEE STATEMENT 1	5	133.
	6 Gross rents		6	
	7 Gross royalties		7	
	8 Capital gain net income (attach Schedule D (Form 1120))		8	
	9 Net gain or (loss) from Form 4797, Part II, line 17 (attach Form 4797)		9	
	10 Other income (attach statement)		10	
	11 Total income. Add lines 3 through 10	▶	11	894,298.
Deductions (See instructions for limitations on deductions.)	12 Compensation of officers (attach Form 1125-E)	▶	12	117,709.
	13 Salaries and wages (less employment credits)		13	430,457.
	14 Repairs and maintenance		14	4,011.
	15 Bad debts		15	
	16 Rents		16	54,009.
	17 Taxes and licenses	SEE STATEMENT 2	17	57,093.
	18 Interest		18	40,250.
	19 Charitable contributions SEE STATEMENT 3 AND SEE STATEMENT 4		19	0.
	20 Depreciation from Form 4562 not claimed on Form 1125-A or elsewhere on return (attach Form 4562)		20	15,214.
	21 Depletion		21	
	22 Advertising		22	
	23 Pension, profit-sharing, etc., plans		23	
	24 Employee benefit programs		24	

23살의 내 세금신고서. 내 첫 회사는 2013년에 연 매출 93만 9,000달러를 넘어섰다.

치가 될 수 있다는 것이다. 자, 당신은 무엇을 선택할 것인가?

부자들은 거짓말쟁이다

비밀이 하나 있다. 대다수의 뉴 리치들은 내가 이 비밀을 공개하기를 원치 않는다. 아이비리그 출신이 아니어도, 돈이 없어도, 창의적이지 않아도, 혹은 심지어 번뜩이는 아이디어가 없더라도 뉴 리치만큼 성공할 수 있다. 법칙을 부술 준비를 하고 목표만 제대로 설정하면 된다.

우선, 그동안 배웠던 비즈니스나 돈에 관한 대부분의 '법칙'을 당신의 머리에서 싹 지워라. 그것들은 이미 죽은 법칙이다. 2,000만 부가 팔려나간 《부자 아빠 가난한 아빠》는 요즘 시대에 맞지 않는다. 나는 이 사실을 깨닫고 꽤 놀랐다. 솔직히 말하자면 이 책은 내게도 성경처럼 여겨졌다. 자라면서 성경처럼 항상 곁에 두고 틈틈이 읽었던 책이었다. 하지만 지금은 그리 유용한 책이 아니다. 왜냐면 이 책에는 낡은 경제 시스템에 뿌리를 둔 낡은 비즈니스 조언이 담겨 있기 때문이다. 예를 하나 들어보자. 《부자 아빠 가난한 아빠》는 임대든 자가든 집은 부채라고 말한다. 하지만 뉴 리치들은 부채 가득한 집도 자산으로 여긴다. 매달 여행을 떠나느라 집을 비우면, 뉴 리치들은 그 기간을 활용해 에어비앤비에 자기 집을 내놓기도 한다. 이렇게 빈집조차 현금 흐름을 만들어낸다. 학교에 다닐 때 나는 동네에서 가장 비싼 아파트를 임대했다. 하지만 나는 임대료를 단 한 푼도 내지 않았다. 주택으로 매달 1,300달러의 임대수익을 올렸기 때문이다. 집이 부채라고? 나는 통장 잔고를 보면서 집이 부채라고 생각해본 적이 단 한 번도 없다.

뉴 리치들은 대중이 따르는 낡은 비즈니스 법칙에 의해 움직이지 않는다. 그래서 그들은 많은 사람들을 당혹스럽게 만든다. 지금까지 '멘토들'에게서 낡은 비즈니스 법칙에 대해 귀에 딱지가 앉도록 들었을 것이다. 하지만 뉴 리치가 되기를 원한다면, 지금부터 아래와 같은 낡은 법칙들은 깨끗이 잊어라.

▶ 한 가지 분야의 전문가가 되기 위해서 전력을 다해야 한다.
▶ 기가 막힌 아이디어를 생각해내야 한다.

▶ 목표를 설정하고 그것들을 향해 매진해야 한다.

▶ 고객들에게 원하는 것을 제공해야 한다.

나는 앞으로 이 낡은 법칙들을 하나하나 무참히 부숴버릴 것이다. 그리고 당신이 뉴 리치의 세계로 들어갈 수 있도록 새로운 법칙들로 당신을 무장시킬 것이다.

제1법칙: 한 우물만 파지 마라. 부모들은 자식에게 한 가지 분야에 집중하고 그 분야에서 최고가 되라고 말한다. 대학도 마찬가지다. 대학은 학생들에게 하나의 전공을 정해서 매진하라고 권장한다. 만약 새로운 경제 시스템 아래에서 부를 쌓고자 한다면, '한 우물만 파기'는 끔찍한 전략이다. 한 우물만 파면, 단일 장애점Single point of failure이 생긴다. 그것이 직업이든, 투자 기회든, 아니면 사업이든 간에, 한 우물만 파면 언제나 실패에 취약할 수밖에 없다. 엔지니어들은 교량을 설계할 때, 단일 장애점이 생기지 않기를 간절히 바란다. 그래서 그들은 시속 200마일의 강풍이 불어 케이블 하나가 끊어져도, 나머지 7개의 케이블이 교량을 떠받치도록 설계한다. 부를 쌓는 것도 마찬가지다. 절대 하나의 수입원에만 의존해서는 안 된다. 유일한 수입원이 끊기면, 모든 것이 끝장난다. 또 다른 우물을 처음부터 다시 파야 하는 일이 벌어진다. 낡은 비즈니스 법칙은 동시에 여러 가지 일을 진행하는 것이 불가능하다고 말한다. 두 마리 토끼를 좇다 두 마리 다 놓친다고 경고한다. 하지만 이 법칙은 무시해라. 내가 '세 우물 전략'을 소개하겠다. 최소한 아이디어 3개가 서로 맞물려 유기적으로 돌아가면서 수익을 창출하는 법을 곧 공개하겠다. 당신은 좇던 '세 마리' 토끼를 모두 잡게 될 것이다. (대다수가 '일을 왜 그렇게 많이 벌여.'라고 핀잔을 줄 것이다. 그들은 그냥 질투가 나서 그런 거다.)

제2법칙: 재빠른 '따라쟁이'가 되라. 경쟁자들을 하나도 빠짐없이 그대로 따라 하는 것이다. "그 사람이 떼돈을 번 아이디어를 내가 생각해냈다면, 나도 부자가 됐을 텐데." 이런 생각을 한 번도 안 해본 사람이 과연 있을까? 지금 장난하나? 한심한 푸념만 늘어놓지 말고 지금 당장 그를 모방해라. 부자가 되기 위해서 굳이 자신만의 아이디어를 생각해낼 필요는 없다. 사실 새로운 아이디어로 부자가 된다는 것은 그야말로 천운이 따라야 가능하다. 이것은 부를 쌓는 데 그다지 좋은 접근법이 아니다. 새로운 아이디어를 시도하며 생기는 온갖 실수를 혼자서 오롯이 감당해야 한다. 어마어마한 부자가 되려면, 공격적으로 경쟁자들의 전략을 모방하고 그들의 전략에 자신만의 무언가를 가미해 자신의 것으로 소화해야 한다. 사례를 들어볼까? 페이스북은 '대놓고' 스냅챗을 모방했다. 스냅챗이 스냅챗 스토리를 출시하자, 페이스북은 페이스북 스토리와 인스타그램 스토리를 따라서 공개했다. 스냅챗이 메시지가 사라지는 기능을 공개했을 때도, 페이스북은 똑같은 기능을 페이스북 메시지에 추가했다. 페이스북은 거침없었다. 경쟁자들의 일거수일투족을 주시하고 따라 했다. 물론 경쟁자들을 모방하는 것은 혁명적이진 않다. 그리고 남을 모방한다는 것은 터무니없는 짓으로 보인다. 그래서 대부분은 경쟁자를 따라 하길 두려워한다. 1800년대 후반, 조지프 퓰리처Joseph Pulitzer와 윌리엄 랜돌프 허스트William Randolph Hearst는 뉴욕시에서 각자 자신의 신문사에서 발행하는 신문 구독률을 높이기 위해 처절한 전쟁을 벌였다. 조지프 퓰리처는 《뉴욕월드New York World》를 창간했고, 10여 년 동안 경쟁 신문사가 없었다. 하지만 윌리엄 랜돌프 허스트가 《뉴욕저널New York Journal》을 창간하면서 상황이 달라졌다. 윌리엄 랜돌프 허스트는 조지프 퓰리처의 전략을 하나도 빠짐없이 모방했다. 윌리엄 랜돌프 허스트는 《뉴욕월드》의 레이아웃을 모방했고 조지프 퓰리처의 최고 만화가를 빼앗았다. 윌리엄 랜돌프 허스트는 조지프 퓰리처의 전략을 하나하나 따라 했고, 모든 전략에서 조지프 퓰리처보다 몇 걸음 더 나아갔다. 가령, 조지프 퓰리처가 8장짜리 신문을 2센트에 팔 때, 윌리엄 랜돌프 허스트는 6장짜리 신문을 1센트에 팔았다. 이런 모방전략으로 20세기 초 윌리엄 랜돌프 허스트의 신문사는 뉴욕시의 최고 신문사로 자리매김했다. 여기서 놀라운 사실 하나를 말하면, 사실 조지프 퓰리처는 두 사람이 경쟁자가 되기 전에 윌리엄 랜돌프 허스트의 멘토였다. 물론 윌리엄 랜돌프 허스트는 그가 자신의 멘토였다는 사실에 그렇게 큰 의미를 두지 않았던 것 같다. 자, 경쟁자를 이기려면 누군가를 모방해야 한다. 그렇다면 무엇을 해야 할까? 누구를 모방해야 할까? 어디서부터 시작해야 할까? 비즈니스를 분석하고 고객의 충족되지 않은 니즈를 포착하고 그 니즈를 충족시켜야 한다. 나는 이 방법도 이 책에서 공개할 것이다. 누군가의 아이디어라는 핑계는 버려라. 일론 머스크, 제프 베조스가 아닌 이상, 혹은 이미 억만장자가 아닌 이상, 당신이 빠르게 출시해서 상업화하는 모든 아이디어는 이미 다른 누군가가 생각했던 것들이다. 지금부터 당신은 다른 누군가의 아이디어를 모방하고 더 좋게 만들고 모멘텀momentum을 만들어서 스스로 부자가 될 것이다. 물론 당신도 새로운 참신한 아이디어를 고안해낼 수 있다. 하지만 이것은 당신이 10억 달러를 벌고 난 이후에나 가능하다. 처음부터 부자가 되기 위해서 새로운 아이디어를 떠올리는 것은 비효율적인 접근이다.

제3법칙: 목표 설정은 그만둬라! 목표는 당신을 가난하게 만들 뿐이다. 목표를 정한다는 것은 "난 황금알이 갖고 싶어."라고 말하는 것과 같다. 목표는 롤렉스 시계를 사거나 비버리힐스 저택을 소유하거나 5억 달러짜리 전용기를 타고 다니는 것일 수 있다. 그리고 좋아하는 레스토랑에서 2,000달러짜리 저녁 식사를 하는 것일 수도 있다. 한마디로 뭐든지 목표가 될 수 있다. 많은 사람들이 하나의 목표를 위해 산다. 하지만 목표를 달성하는 순간 사람들은 공허함을 느낀다. 소유하려고 처절하게 노력했던 대상이 사라져버렸기 때문이다. 이렇게 되면 삶이 지루해진다. 그러면 사람들은 자신이 좇을 또 다른 황금알을 찾으려 애쓴다. 이보다 매일 황금알을 낳는 거위를 만들어 키우고 보살피는 데 에너지를 쏟는 편이 훨씬 낫다. 당신이 어디에 있든, 일하든 그렇지 않든, 그리고 20명의 자식이 있든 없든 간에 매일 황금알을 낳는 황금 거위를 키우는 거다. 황금 거위는 매일 부지런히 황금알을 낳아 부유한 자를 더 부유하게 만들지만 목표는 가난한 자를 더 가난하게 만들 뿐이다. 많은 사람들이 '부자는 더 부유해지고 빈자는 더 가난해진다.'라고 말한다. 이 불편한 상황을 일으키는 범인은 바로 '황금알을 낳는 거위'다.

제4법칙: 금을 캐는 광부에게 곡괭이를 팔아라. 이게 무슨 말이냐면, 다른 사람들이 숲이 우거진 정글에 길을 내도록 만들라는 것이다. 당신은 그냥 그들이 피땀 흘려 낸 길을 유유자적 거닐면서 정글을 빠져나오기만 하면 된다. 수많은 사람이 금을 찾아 서부로 몰려들었다. 이것이 바로 골드러시다. 이때 사람들은 사냥해야 했고, 금광을 찾기 위해서 땀을 뻘뻘 흘리며 정글을 헤맸다. 그 와중에 누군가는 다쳐서 피를 흘렸고 누군가를 죽였다. 그리고 금광을 눈앞에 두고 목숨을 잃는 이들도 있었다. 운 좋게 금광에 도착한 이들은 그제야 더 효율적으로 금을 채굴하기 위해서는 곡괭이가 필요하다는 것을 깨달았다. 반면, 그들이 만든 길을 따라 편안하게 금광까지 간 뒤 그들에게 곡괭이를 파는 사람도 있었다. 그들은 금광까지 가는 길을 찾느라 고생을 하거나 다치지도 않고 광부들에게 곡괭이를 팔아서 부자가 됐다. 이 전략을 오늘날에 맞게 해석하면, 다른 사람들이 만들고 있는, 그리고 진입하려 애쓰는 '핫한 시장'에 소위 빨대를 꽂아서 수익을 뽑아내라. 예를 들어, 사람들이 페이스북에서 사용할 수 있는 툴을 개발하는 것이다. 이렇게 하면 페이스북이 막대한 자금을 들여 형성한 시장에 무임승차해서 편안하게 수익을 창출할 수 있다. 요즘 폭발적으로 성장하고 있는 시장에 주목하라. 지금 식재료 일간 배달 서비스가 큰 시장을 형성하고 있다. 그렇다고 무턱대고 그 시장에 뛰어들어 헬로프레시 Hello Fresh와 블루에이프런Blue Apron과 경쟁하지 말고, 그들이 이용하는 인프라를 파악하고 그들에게 그것을 제공하라. 식재료 배달업체는 물류창고에서 고객의 집을 연결해줄 누군가가 필요하다. 내가 당신 주변에서 소위 '핫한 아이템'을 좇고 있는 광부들에게 팔 당신만의 곡괭이를 찾도록 돕겠다. 이 전략은 성공 가능성을 높인다. 옷에 물 한 방울 튀지 않고 강을 건널 수 있다. 거인의 등에 업혀 넓고 깊은 강을 건너는 셈이기 때문이다.

누구를 위한 책인가

이 책은 바로 당신을 위한 책이다. 빚이 좀 있고 자식 넷을 키우고 수중에는 1,000달러밖에 없고 비즈니스 아이디어라곤 없는 당신 말이다. 단 한 번도 사업을 시작한 적이 없나? 회사 경영에 관해 아무것도 모르는가? 그렇다고 걱정할 것 없다. 내가 실제 스크린숏, 세금신고서, 메일 그리고 성사된 수십만 달러 상당의 계약서를 보여주며 처음부터 끝까지 자세히 안내할 테니 말이다. 마지막 책장을 넘길 때쯤, 당신은 다음의 노하우를 얻게 될 것이다.

▶ 창업 자본 없이 스스로 굴러가는 사업을 시작한다.

▶ 힘들이지 않고 이미 형성된 고객층을 활용한다.

▶ 처음부터 양적 현금 흐름을 만들어내는 부동산을 시장가 이하로 구입한다.

▶ 아무도 관심을 갖지 않는 주식에 투자해 당장 2배 이상의 수익을 얻는다.

▶ 회사를 세워서 (또는 인수해) 2년마다 수백만 달러에 매각한다.

이런 일들을 해낼 수 있을지 걱정이 되는가? 벌써 걱정할 필요는 없다. 나는 공유경제를 활용해서 모든 부채를 자산으로 바꾸는 간단한 방법부터 소개할 것이다. 공유경제를 활용하면 비즈니스 비용을 상당히 줄일 수 있다. 부채를 자산으로 전환한다는 것이 얼토당토않게 생각될 수 있다. 하지만 뉴 리치들은 부채를 자산으로 바꿔 소득을 얻는다. 내가 바로 이 책에서 그들의 비밀을 모두 공개할 것이다. 부채를 자산으로 전환하면 현금 흐름이 생긴다. 이 현금 흐름을 이용해서 직접 회사를 창업하고 인수하고 투자하고 매각해 부를 쌓는 것이다.

우선 뉴 리치가 되려면 2가지 조건을 갖추어야 한다. 자신만의 방식으로 돈을 벌면서 원하는 일을 할 수 있는 여유시간을 더 많이 갖기를 바라는 욕구와 야심이다. 야심은 가르칠 수 있는 것이 아니니 당신 스스로 야심을 가져라.

시간과 야심이 있는 사람은 '일주일 내내 하루 종일 동동거리고 한숨도 못 자면서 은퇴생활을 보장받기 위해서 뼈 빠지게 일하기를' 원치 않는다. 바로 이 마음가짐이 당신을 먼 곳으로 데려다줄 것이다. 세계 여행을 하든 숲속에 통나무집을 짓든 간에 자기 삶은 자기가 원하는 방향으로 설계하겠다는 생각만 있으면 된다. 지금은 그것으로 충분하다.

이 책이 맞지 않는 유형을 분명히 짚고 넘어가겠다. '꿈을 좇으라.'는 식의 조언이 맞는 사람이라면 이 책을 권하고 싶진 않다. 왜냐면 이것이야말로 가난을 유지하는 가장 확실한 방법이기 때문이다. 혹시 당신에게 꿈을 좇으라고 말해줄 누군가를 찾고 있나? 설령 빈털터리가 되어 건강보험조차 유지하지 못하는 삶을 살게 될지라도 꿈을 좇으라고 조언해줄 사람을 찾고 있는가? 그렇다면 이 책은 읽지 마라. 내게서는 꿈을 좇으라는 조언은 얻지 못할 것이다. 물론 내 조언을 따른다면, 꿈같은 삶을 살게 되겠지만. 꿈이 돈을 벌어다 주는 건 아니라는 사실을 잊어서는 안 된다. 무엇보다 **불로소득을 얻는 것이 먼저**다. 불로소득이 생기면, 생각했던 것보다 더 큰 꿈을 꿀 수 있다.

경쟁을 즐기는 것이 두려운 사람에게도 이 책은 맞지 않는다. 뉴 리치가 되기 위해서 매 순간 다른 누군가를 따라 하고 그들과 협상해야 한다. 그리고 상대방을 무력하게 만들고 그들을 넘어서는 좋은 성과를 내야만 한다. 이렇게 누군가와 치열하게 경쟁한다는 생각이 짜릿하게 다가오지 않는 사람은 이 책을 읽지 마라. 이 책을 끝까지 읽는 것이 힘겨울 수 있다.

마지막으로 상위 1%를 혐오하는 사람들에게도 이 책은 적당하지 않다. 왜냐면 이 책이 제공하는 조언을 따라 하면, 당신도 0.01%가 되기 위해서 노력하는 상위 1%가 될 것이기 때문이다.

이 모든 것이 얼토당토않게 들리는가? 하지만 뉴 리치들은 우리가 항상 어울리는 사람들이다. 그들은 당신 옆에서 함께 일했던 동료다. 바로 "지겨워 죽겠어. 이렇게 뼈 빠지게 일해도 1년에 버는 돈은 고작 9만 달러잖아. 난 회사를 관둘 거야."라고 말하고 회사를 박차고 나갔던 동료 말이다. 회사를 관두겠다는 동료의 말을 들었을 때, 당신은 다음과 같이 반응했을지도 모른다. "세상에, 난 절대 회사를 그만두지 못할 거야. 회사에서 의료보험 혜택도 제공하잖아. 더구나 애가 둘이야. 난 회사에 딱 붙어서 절대 떨어지지 않을 거야." 그런데 회사를 그만두겠다고 선언한 그 동료도 아이 셋을 키우는 가장이었다. 과연 5개월 뒤에 어떤 일이 벌어질까? 그녀는 가족을 모두 데리고 휴가를 떠나고, 카페에서 우연히 마주칠 때면 친구들에게 그날의 식사비를 자신이 모두 부담하겠다고 말한다. 그녀는 누가 됐든 원하는 사람들과 어울리고 훨씬 자주 원하는 일을 한다. 그리고 다음에 만났더니, 그녀는 한 달에 3만 달러를 벌고 있다고 말한다. 자, 이 변화에 대해서 어떻게 생각하나? 그녀는 당신보다 더 똑똑하거나 재능이 있지도 않다. 심지어 더 많이 일하지도 않는다. 그녀에게 어떻게 그렇게 했냐고 그만 물어보고 당신도 지금 당장 시작해라. 이 책이 당신에게 안내자가 되어줄 것이다

이 모든 일들을 어떻게 하는지 알려줄 테니 걱정할 필요는 없다.

간단하냐고? 물론이다.
그러면 쉽냐고? 아니, 쉽지는 않다.

음악에는 7음계가 있다. 누구나 이 7음계가 무엇인지 안다. 그런데

왜 누군가는 7음계로 히트송을 만들고 다른 누군가는 음치인 걸까? 이 물음에 대한 답은 7음계를 어떻게 조합하느냐에 있다.

사업은 이보다 훨씬 단순하다. 사업에는 4음계밖에 없다. 이 책은 이 4음계를 사용해서 상당한 저작료를 발생시키는 걸작을 만드는 방법을 알려줄 것이다. 그 방법은 평범하지 않고 독특하다. 앞으로 4음계를 4법칙이라 부르겠다. 이 책에서 4법칙을 활용해 내가 어떻게 상당한 부를 쌓았는지 보여줄 것이다. 그럼 지금부터 뉴 리치가 되기 위한 여정을 시작해보자.

제일 먼저 팟캐스트로 6,400달러를 벌어들인 방법부터 알려주도록 하겠다.

뉴 리치가 되기 위한 당신의 여정

이 책의 조언을 따라 걷게 될 부를 쌓는 여정은 과연 어떤 모습일까? 그 여정을 간략하게 살펴보도록 하자.

1. 무에서 출발한다. 창업 자본과 부모님이 물려준 자금은 없다. 사업비를 대줄 고소득 배우자도 없다.

2. 내겐 4가지 법칙이 있다. 나는 이 법칙들을 활용해 1만 달러 이상의 현금 흐름을 발생시켰고 21살에 이렇게 모은 자금으로 사업을 시작했다. 당신에게 그 법칙들을 공개하겠다.

3. '돈'이 들어오면, 다음의 일들을 하게 될 것이다.

▶ 행복하고 건강한 삶을 위해 거침없이 투자한다. 휴가를 떠나고 매일 아침 좋아하는 모카를 마신다. 그리고 비싸다는 앤트로폴로지 옷을 정가로 산다.

▶ 특이한 방식으로 다른 사업에 재투자한다.

▶ 약간의 자본을 부동산에 투자한다.

▶ 협상 기술을 이용해 저렴하게 현금으로 기업을 인수한다.

▶ 적당하다고 판단되는 순간에 새로운 사업을 바로 시작할 수 있도록 여유자금을 마련한다.

I

깨뜨릴 것과 받아드릴 것

1. 제1의 법칙

한 우물만 파는 것은
멍청한 짓이다

"단일 장애점Single point of failure은 시스템 구성 요소 중에서
작동하지 않으면 전체 시스템이 중단되는 단일 요소를 일컫는다."

- ⟨PC 매거진⟩

SEND | ▼

지금껏 부모님과 학교는 우리에게 한 우물만 파라고 가르쳤다. 그들은 한 가지 분야에 매진해서 그 분야에서 최고가 되라고 우리를 다그쳤다. "하나의 분야를 선택해서 최고의 전문가가 되어라." "그 분야에서 도움이 필요한 사람들이 제일 먼저 떠올릴 만한 사람이 되어라." 하지만 그들은 틀렸다. 물론 세계 최고 신경외과 전문의가 되는 것이 목표라면 이야기는 달라진다. 하지만 부자가 되어서 일을 좀 덜 하면서 사는 것이 목표라면, "한 우물만 파라."는 말은 끔찍한 조언이다.

한 우물만을 파는 전략에는 문제가 있다. 앞서 언급한 '단일 장애점'이 생기기 때문이다. 지하수가 나올 거라고 믿고 죽어라 한 우물만 팠는데, 아무리 파도 물이 나오지 않는다면 그 길로 한 우물만 판 당신의 인생은 망한 거나 다름없다. 그게 직업이든, 새로운 사업이든 상관없다. 오직 한 가지에 시간과 돈을 투자한다면, 그것의 실패는 인생의 실패로 이어질 수 있다. 게다가 한 우물만 파는 사람은 평생 경쟁에 취약해진다. 예를 들어, 정말 세계 최고 또는 지역 최고 신경외과 전문의가 되었다고 치자. 신경외과 전문의가 아니면 세계 최고 마케터나 소프트웨어 엔지니어가 되었다고 생각해보자. 설령 세계 최고가 되었다 할지라도, 당신을 대체할 누군가가 항상 존재한다. 요즘은 여기저기 돌아다니며 새로운 직장을 구하는 것이 너무나 쉬운 시대다. 고용주들은 더 유능한 인재를 이전보다 더 빨리 구할 수 있고, 고객들은 끊임없이 새로운 아이디어를 시도하고 새로운 서비스와 상품으로 갈아탄다. 당신이 판 우물은 단 한 개인데, 항상 수많은 경쟁자가 호시탐탐 그 우물을 노리고 있다. 그러면 당신의 생계도 위태로울 수밖에 없다.

확신컨대, 살면서 한 번은 '한 바구니에 모든 달걀을 담지 마라.'는 격언을 들어봤을 것이다. 모든 달걀을 한 바구니에 담지 않는다면 어쩌라는 것일까? 이 격언은 모든 달걀을 한 바구니에 담는 대신에 어떻게 하라고 일러주지 않는다. 부자가 되고 싶다면, 단순히 '모든 가능성을 열어두는 전략'만으로는 부족하다. 이를 능가하는 전략이 필요하다. 어떤 전략일까? 그렇다. 여러 우물을 파는 것이다. 하지만 여러 가지 프로젝트를 추진하기 전에, 추구할 가치가 있는 프로젝트를 찾고 시간을 적절하게 배분하는 법을 익혀야 한다. 그리고 진행하는 모든 프로젝트가 자신에게 이득이 되도록 만드는 법도 알고 있어야 한다.

잠깐! 전략에 관한 이야기는 접어두자. 물론 좋은 전략이 성공에 도움이 되지만 그 역할은 그리 크지 않다. 솔직히 말하면 성공에 가장 큰 영향을 주는 요소는 타이밍과 운이다. (자신의 성공은 운과는 전혀 상관없다고 말하는 사람은 절대 믿지 마라.) 운이나 타이밍을 통제할 수는 없다. 우리는 좋은 운이 들어왔을 때 그 운을 잡고 적당한 때에 바로 행동할 수 있도록 준비할 뿐이다. 그러면 운과 타이밍을 모두 잡으려면 어떻게 해야 할까? 위험을 무릅쓰고 이것저것 많이 시도해보는 수밖에 없다. 아마 '더 많이 실패하라.'는 말을 들어본 적이 있을 것이다.

대학 때 부업으로 6,400달러를 벌다

한 우물만 파서는 소위 '대박'을 터뜨릴 수 없는 좀 더 미묘한 이유가 있다. 어쩌면 이것이 가장 강력한 이유일지도 모르겠다. 한 가지 일에만 매달리면 절대로 소득을 증식시킬 수 없다. 소득을 증식시키는 것은 단순히 소득원을 늘리는 일이 아니다. 독자적인 프로젝트들을 잇는 **패턴을 찾아 유기적으로 연결**하면 각각의 프로젝트를 독자적으로 진행할 때보다 훨씬 더 많은 소득이 창출된다. 바로 이때 소득이 증식되는 것이다. 더 열심히 일한다고 소득이 증식되지 않는다. 더 스마트하게 일해야 소득이 증식된다. 그러므로 소득을 증식시키는 사람은 그 누구보다 더 스마트하게 일하는 사람이라 할 수 있다. 누구는 24시간 죽어라고 일하는데 다른 누구는 파라솔 아래에서 시원한 음료를 마시며 여유롭게 일한다. 소득을 증식시키느냐 못 시키느냐가 이것을 결정한다.

나는 '톱 앙트러프러너즈'라는 팟캐스트를 하고 있다. 팟캐스트의 다운로드 수는 수천만에 달하고, 월수입은 5만 달러에 이른다. 이게 모두 운과 소득 증식 덕분이다. 나는 2016년 팟캐스트를 시작했다. 당시 모든 수익은 스폰서십에서 나왔다. 팟캐스트를 시작하고 몇 달 뒤에 첫 번째 스폰서가 내게 연락을 해왔다.

네이선 씨, 안녕하세요? 저는 저스틴이라고 합니다. 저는 소규모 서비스 업체를 대상으로 클라우드 회계 솔루션을 제공하는 ▓▓▓▓▓▓▓▓▓▓▓▓▓▓을 운영하고 있습니다. 전 세계적으로 500만 명 이상의 사람들이 우리 회사의 솔루션을 이용하고 있습니다.

하나의 사업체를 운영하는 사람으로서 저 역시 당신의 팟캐스트의 열렬한 팬이랍니다. 당신의 팟캐스트를 통해 ▓▓▓▓▓▓▓▓▓▓▓▓▓▓을 광고하고 싶어서 연락드렸습니다. 우리 회사와 당신의 팟캐스트가 잘 맞는다고 판단합니다. 우리 회사와 함께하면 좋은 시너지를 낼 수 있을 것으로 생각합니다.

만약 제 제의에 관심이 있으시다면, 아래 문의사항에 대하여 답변해주세요.

-회당 광고료는 어느 수준입니까?

-회당 다운로드 횟수는 얼마입니까?

읽어주셔서 감사합니다.

저스틴 드림

　　이 한 통의 메일은 6,400달러의 스폰서십으로 이어졌다. 나는 이 소프트웨어 회사와 두 달 동안 팟캐스트에 광고를 내보내는 조건으로 광고 계약을 체결했다.

월	업로드 날짜	광고 노출 위치	회당 노출 수	총비용
2016. 3	미확정 (3월 15일~31일)	15초 프리롤, 60초 미드롤	2회	$3,200
	회당 비용	평균 회당 다운로드 수	월간 업로드 회수	
	$400	8,000	8회	

월	업로드 날짜	광고 노출 위치	회당 노출 수	총비용
2016. 3	미확정 (4월 1일~15일)	15초 프리롤, 60초 미드롤	2회	$3,200
	회당 비용	평균 회당 다운로드 수	월간 업로드 회수	
	$400	8,000	8회	

총비용	$6,400

- 계약 조건
(1) 호스트가 광고한다.
(2) 더 톱 앙트러프러너즈는 잘못된 카피가 실리거나 스폰서의 서비스 강점이 강조되지 않은 광고를 했을 경우에 보상광고를 제공한다.
(3) 팟캐스트의 쇼노트와 웹사이트에 스폰서의 웹사이트로 연결되는 링크를 포함해 스폰서를 노출시킨다.
(4) 스폰서의 오디오 광고는 삭제하지 않고 보관 파일에 그대로 남겨둔다.

그로부터 3개월 뒤에 나는 5,000달러에 두 번째 스폰서십을 체결했다. 팟캐스트에 35회에 걸쳐 연속적으로 광고를 싣는 것이 계약 조건이었다.

여전히 팟캐스트의 모든 수익은 스폰서들에게서 나온다. 하지만 최근에 '더 톱 인박스The Top Inbox'를 이용해 팟캐스트 수익을 높일 묘안이 떠올랐다. 이 방법으로 기존 팟캐스트 수익을 넘어서는 수익을 얻을 수 있었다. 지금부터 내가 어떻게 팟캐스트 수익을 증식시킬 수 있었는지 설명하겠다.

더 톱 인박스는 메일 예약 전송, 받은 메일 알림, 읽은 메일 표시, 회신 메일 자동 예약 등의 기능을 제공하는 지메일을 위한 크롬 확장프로그램이다. 내가 더 톱 인박스를 인수할 때만 해도 더 톱 인박스의 소프트웨어 인터페이스에 팝업 기능을 추가할 수 있을 거라고는 생각지도 못했다. 그야말로 우연히 팝업 기능을 추가할 수 있다는 사실을 알게 되었다. 그 뒤에 나는 이 팝업 기능을 이용해서 팟캐스트 스폰서들의 웹사이트로 트래픽을 유도해보기로 했다.

팟캐스트 스폰서들은 대부분 중소기업이고 생산성 툴, 영업 툴 그리고 마케팅 툴을 판매하는 소프트웨어 회사들이다. 알고 봤더니 많은 영세 사업자가 생산성을 유지하기 위해서 더 톱 인박스를 사용하고 있었다. 그리고 그들은 팟캐스트 스폰서들의 주요 고객층이기도 했다.

'팝업창'만으로 18만 달러의 수익을 얻다

나는 팝업창이 사람들에게 미치는 심리적 영향에 주목했고, 더 톱 인박스 사용자들이 혜택을 얻을 수 있는 팝업창을 만들기로 했다. 나는 이렇게 생각했다. '팟캐스트 스폰서의 상품을 무료로 체험할 수 있다는 내용의 팝업창을 띄운다. 팝업창을 보고 흥미를 느낀 더 톱 인박스 사용자들이 스폰서의 웹사이트를 조회한다. 이 중 수천 건의 조회가 실제 구매로 이어져 스폰서의 매출이 증가한다. 매출 증가에 만족한 스폰서는 나와 장기 스폰서십을 체결한다.' 이후 나는 내 스폰서였던 메일 마케팅 회사를 위해 다음의 팝업창을 띄웠다.

오늘의 특가: ▓▓▓▓▓▓▓▓▓▓ **50% 할인**

목록 구성, 마케팅 툴

▓▓▓▓▓▓▓▓▓의 네이션입니다. 저는 ▓▓▓▓▓▓▓▓▓▓을 활용해 동의된 고객정보를 축적하고, 이를 바탕으로 메일 마케팅 관리와 블로그 운영을 하고 있습니다.

드물게 진행되는 올해 마지막 할인행사입니다. 제가 직접 사용하는 툴이고 할인가에 제공되고 있으니, 이 할인행사가 끝나기 전에 꼭 한 번 사용해보세요. 이 할인가는 오늘 블랙 프라이데이까지만 제공되며, 이 팝업창은 단 한 번만 보실 수 있습니다.

살펴보기

이 팝업창이 실행되는 이틀 동안 스모*의 조회 수는 941건에 달했다. 스모와 내가 모두 행복한 실험이었다.

---

* Sumo. 이메일 팝업, 스크롤 박스, 조회 기록 등을 제공하며 잠재적 고객 확보에 유용한 이커머스 툴이다.

현재 팟캐스트 스폰서들은 연간 15만 달러에서 18만 달러에 이르는 비용을 지출한다. 그리고 더 톱 인박스 팝업창이 팟캐스트 수익을 높이는 데 크게 기여하고 있다. 말 그대로 우연히 발견한 기회가 큰 수익으로 이어진 것이다. 내가 팟캐스트만 했다거나 더 톱 인박스만 운영했다면, 이렇게 수익을 증식시킬 기회는 얻지 못했을 것이다. 운이 정말 좋았다. 이를 계기로 지금은 회사를 인수할 때 이런 교차 광고가 가능한지를 반드시 고려한다.

팟캐스트 스폰서들의 고객들과 더 톱 인박스의 이용자들이 겹쳐지며, 두 프로젝트 사이에 일종의 교집합이 생겼다. 이런 교집합은 어디서든 생길 수 있다. 일론 머스크는 프로젝트들이 겹쳐져 생기는 교집합을 적극 활용하는 대표적인 인물이다. 현재 일론 머스크는 뇌연구 스타트업 뉴럴링크Neuralink를 통해 인공지능과 신경과학 프로젝트를 추진하고 솔라시티SolarCity를 통해 태양광 프로젝트를 진행한다. 그리고 하이퍼루프를 통해 고속 운송 프로젝트를 진행하고 테슬라에서 전기 자동차를 만들고 스페이스X를 통해 로켓 프로젝트를 추진한다.

각각의 회사는 독자적으로 운영되지만, 일론 머스크는 가능성만 보이면 이 회사들을 연결한다. 전기 자동차를 생산하는 테슬라와 태양광 기와를 생산하는 솔라시티 사이에는 청정 에너지라는 교집합이 존재한다. 두 회사는 에너지를 효율적으로 저장하기 위해서 리튬 배터리를 대량으로 사용한다. 테슬라와 솔라시티가 리튬 배터리에 관한 대규모 수요를 발생시키자, 일론 머스크는 기가팩토리Gigafactory를 만들었다. 기가팩토리는 거대한 리튬 배터리 제조공장이다. 일론 머스크는 여기서 멈추지 않고, 리튬 이온 에너지를 활용하는 다양한 상품을 개발했다. 그는 비용을 낮추기 위해서 규모의 경제를 적극 활용하고 있다.

어떤 전략을 채택하든 교집합을 찾아 프로젝트와 프로젝트를 연결해 수익을 증대시키는 방법은 부를 쌓는 데 주요한 역할을 하게 될 것이다. 이 방법은 성공한 사람들이 대부분 동시에 여러 가지 프로젝트를 추진하는 데 부담을 느끼지 않는 이유이기도 하다. 그들은 여러 가지 프로젝트를 진행하고 각각의 프로젝트를 연결하는 패턴을 찾아낸다. 한 우물만 파다 보면 소득 흐름을 증식시킬 패턴을 인지하고 활용할 기회를 놓치게 된다. 사업체를 운영하든 아니면 소유하고 있는 아파트의 빈방을 임대하든 상관없다. 중요한 것은 항상 한 가지 이상의 프로젝트를 동시에 진행하고 각 프로젝트를 서로 연결해 시너지 효과를 낼 수 있도록 패턴, 즉 교집합을 찾는 것이다

한 번에 우물 3개를 파자

당신은 일론 머스크도 아니고 책은 이제 1장이니, 아마 대부분이 프로젝트를 시작도 안 했을 것이다. 괜찮다. 문제없다. 오히려 지금은 프로젝트가 없는 편이 훨씬 좋다. 무턱대고 프로젝트를 시작해서 시간이나 돈을 낭비하지 말고, 노력을 극대화해서 최상의 결과를 얻어낼 방법을 알고 나서 프로젝트를 시작해도 절대 늦지 않다.

일론 머스크처럼 하라고 하지는 않을 테니 여러 프로젝트를 동시에 진행한다는 것에 지레 겁먹을 필요는 없다. 누가 뭐라고 하든 초보자는 몇 가지 프로젝트에만 집중해야 한다.

투자자들과 조언자들은 창업자에게 '하나의 아이디어에 모든 것을 투자하라.'고 조언한다. 이것은 아주 오래전부터 전해져 내려온 조언이다. '두 마리 토끼를 잡으려다가 둘 다 놓쳐버린다.'라는 속담도 있지 않은가. 하지만 적어도 사업적인 관점에서 봤을 때 이런 조언은 수십억 달러에 이르는 대형 프로젝트를 진행하는 사람에게나 의미가 있다. 비즈니스의 비읍자도 모르는 사람이 단번에 수십억에 달하는 프로젝트를 추진할 수는 없고, 그래서도 안 된다.

첫 시도에서 10억 달러의 가치를 지닌 프로젝트를 진행하기를 바라느니, 로또에 당첨되기를 바라는 편이 낫다. 누구나 예상할 수 있는 뻔한 방식으로 400만 달러 혹은 500만 달러의 가치를 지닌 프로젝트를 인수하거나 직접 시작하면, 10억 달러 프로젝트보다 성공할 가능성이 훨씬 크다. 다시 말하지만, 이 책은 수백만 달러의 가치를 지닌 무언가를 시도하는 것이 부담스럽거나 두려운 사람에게 적당하다. 이 책에 나온 모든 전략들은 심지어 온라인 쇼핑몰 엣시Etsy에서 수공예 상품을 판매하거나 사무직에 종사하는 사람들도 활용할 수 있다.

어떻게 시작하든 동시에 3가지 기회를 좇아야 한다. 이것이 내 첫 번째 법칙이다. 하나의 프로젝트가 자리를 잡으면, 소위 '자동 조정 모드'를 작동시키는 것이다. 일단 자리를 잡은 프로젝트는 굳이 시간을 많이 할애하지 않아도 스스로 돌아가게 되어 있다. 한 달에 한두 시간만 이 프로젝트에 투자해도 충분하다. 어떻게 이렇게 할 수 있을까? 그 방법은 차차 알려주겠다. 긴 시간과 에너지를 투자하지 않아도 될 정도로 자리를 잡은 프로젝트는 처음에 시작했던 3가지 신규 프로젝트에서 제외된다. 이제 이 프로젝트는 배경음악이나 마찬가지다. 그냥 틀어놓고 있다가 불로소득이 발생할 때 한 번씩 확인만 해주면 된다.

프로젝트들이 처음부터 막대한 수익을 창출하지 않더라도 괜찮다. 지금 단계에서 가장 중요한 것은 시간, 노력 그리고 성과를 극대화하는 방법을 배우는 것이다. 이 방법을 익히지 못하면 다음 단계로 넘어갈 수 없고, 결코 경쟁에서 승리할 수 없다.

이것은 훌륭한 타자를 육성하는 방법과 유사하다. 매번 경기에서 잘하는 타자가 있다. 그는 야구 방망이를 무수히 휘두르고 수많은 야구 공을 치면서 장타를 쳐내는 법을 익혔을 것이다. 타자는 만루 홈런을 쳐서 경기를 승리로 이끌겠다는 생각으로 타석에 오르지 않는다. 비즈니스도 마찬가지다. 어떤 사업가가 있다. 그가 현재 진행하는 프로젝트는 1개다. 그러나 실제로 그의 프로젝트는 달랑 하나가 아니다. 당신은 모르겠지만, 그에게는 숨겨진 2개의 프로젝트가 더 있을 것이다. 타자가 한 방의 만루 홈런만을 노리지 않듯이 사업가도 오직 하나의 프로젝트로 '대박이 터지기'를 바라지 않는다.

훌륭한 타자는 좋은 공을 가려낼 수 있는 눈을 가지고 있다. 그렇다고 항상 좋은 공을 쳐내는 것은 아니다. 아무리 좋은 공이라도 놓치는 공이 생기기 마련이다. 그래서 타자에게 3번의 기회가 주어지는 거다. 사업가도 마찬가지다. 적어도 3가지 우물을 파야 한다. 자신에게 날아오는 공을 주시하지 않았다면 아무리 좋은 공이라도 놓칠 수밖에 없다. 그리고 지금 당장 발등에 떨어진 불부터 꺼야 하는 상황이라면 방망이를 휘두를 정신도 없다. 사업가가 놓치는 것은 공이 아니라 사업 기회일 테지만.

공을 놓쳐도 괜찮다. 스트라이크존 안으로 날아오는 공을 향해 야구 방망이를 **휘둘러본 경험**이 중요하다. 방망이를 휘두르지도 않았다면 정말 멍청한 짓을 한 거다. 꾸준히 소득을 발생시킬 3개의 소득원을 확보할 가능성이 그만큼 줄어드는 셈이기 때문에 야구 경기에서 타자가 스트라이크존 안에 들어오는 공을 놓치면 심판은 '스트라이크'를 외친다. 사업적인 관점에서 보면 이것은 매달 5,000달러의 소득을 얻을 좋은 기회를 놓치는 것과 다름없다. 손을 뻗어라. 손을 뻗어서 얻게 될 결과는 2개다. 크게 성공하거나 실패로부터 교훈을 얻거나.

스트라이크존 안으로 날아오는 공을 향해 일단 방망이를 휘둘러야만 하는 중요한 이유가 하나 더 있다. 방망이를 휘둘러 공을 놓쳐봐야 공을 못 친 이유를 진단할 수 있다. 프로젝트도 마찬가지다. 프로젝트의 내용은 중요하지 않다. 프로젝트를 진행했다가 접으면 학습 속도가 빨라진다. 좋은 기회라고 판단될 때마다 시도하면 개인의 학습 속도는 아무것도 하지 않았을 때보다 3배 높아진다.

물론 **운**도 따라야 한다. 상당한 운이 따른 덕분에 거대한 성공이 가능했던 사례가 꽤 있다. 운은 무작위로 찾아온다. 하지만 거대한 성공을 이룩한 사람들은 모두 무작위로 찾아온 운을 잡을 준비가 되어 있었다. 어쩌면 그들이 운을 잡을 기회가 되었다고 판단한 운이 그들을 의도적으로 찾아왔는지도 모른다. 토머스 에디슨은 수천 번의 실험을 거쳐 전구를 발명해냈다. 그는 어떤 방법이 효과가 있을지 전혀 몰랐다. 심지어 어쩌다 전구에 불이 들어와도 도대체 왜 불이 켜지는지 몰랐을 것이다. 난 그가 운이 따랐기에 전구를 발명했다고 생각한다. 그럼 그에게 왜 운이 따랐을까? 2개의 원자가 어떤 식으로 충돌하면 전구에 불이 들어오는 것을 보고, 그는 전구에 불이 들어온 이유를 밝히고 결과를 재현하기 위해서 실험 과정을 역으로 분석했을 것이다. 지금이야 전구에 불이 들어오는 것은 지극히 당연한 일이다. 하지만 토머스 에디슨은 항상 불이 들어오는 전구를 발명하기 위해서 말 그대로 수천 번의 실험을 거듭했다. 그의 수천 번의 시도가 항시 불이 들어오는 전구의 발명으로 이어졌다.

운이 좋아서 부자가 되었다고 말하는 사람은 드물다. 처음부터 큰 성공으로 이어지리라 생각했다고 말하는 이가 대부분이다. 하지만 많은 경우에 이것은 대개 거짓말이다. 단언컨대 운이 그들의 성공에 큰 역할을 했다. 한번에 3가지 기회를 좇으면 운이 따를 가능성은 커진다.

3가지 프로젝트를 동시에, 일은 1/3로 줄어든다

3장에는 프로젝트가 3개 이상일 때 시간을 일정량씩 나눠서 각 프로젝트를 진행하는 방법이 나온다. 대부분의 성공한 사업가들이 이런 방식으로 대형 프로젝트를 진행한다. 이 책을 쓰고 있는 지금 내가 추진하고 있는 대형 프로젝트는 톱 앙트러프러너즈, 더 톱 인박스 그리고 겟랏카GetLatka다. 다음 일정표를 보면 내가 시간을 프로젝트별로 어떻게 할당하고 있는지를 알 수 있다. 더 톱 인박스와 관련된 업무에 10%, 팟캐스트 인터뷰에 20%, 겟랏카에 40% 그리고 잡다한 업무에 50%를 할당하고 있다. 지금은 3개 프로젝트 모두 자리를 잘 잡았다. 하지만 프로젝트들을 시작했을 때, 나는 각 프로젝트가 수익을 낼 수 있는 토대를 마련하는 데 대부분의 시간을 썼다. 그 방법은 앞으로 소개하도록 하겠다. 수익을 끌어올려야 하는 프로젝트가 무엇이냐에 따라 일정표는 주 단위로 달라진다.

내 주간 일정표. 수익이 높거나 그럴 가능성이 있는 프로젝트에 80%의 시간을 할애한다.

지금은 시간, 노력과 성과를 극대화하는 법을 익히는 것이 가장 중요하다는 점을 기억하기를 바란다. 이른바 '미친 멀티태스킹'으로 번아웃되길 바라며 한 번에 우물 3개를 파라고 말하는 것은 아니다. 이런 상황을 피할 수 있도록 돕고자 이 책을 썼다. 세 우물 전략이 효과가 있으려면 새로운 프로젝트를 추진할 때 80:20 법칙을 활용해야 한다.

그 누구도 시간을 많이 잡아먹는 대형 프로젝트 3개를 동시에 추진할 수는 없다. 우선 주어진 시간의 80%를 프로젝트 하나에 집중한다. 수익을 가장 많이 발생시키거나 그럴 가능성이 있는 프로젝트에 시간 대부분을 할당한다. 그리고 나머지 20%를 다른 2개의 프로젝트에 적절히 배분한다. 남은 2개의 프로젝트를 상대적으로 작은 규모로 진행하거나 추진 일정을 조금 느리게 잡으면 된다. 아니면 다소 수동적인 성격의 프로젝트를 진행하는 것이다. 가령 처음부터 새로운 프로젝트를 시작하기보다 기존의 프로젝트에 투자한다든지 또는 이미 자리를 잡은 프로젝트와 연계해 새로운 수입원을 만드는 것이다.

주당 근무일이 5일이라고 가정하면 주요 프로젝트에 대략 3일을 투자하면 된다. 주요 프로젝트는 소프트웨어 스타트업, 컨설팅, 부동산 물색 등 당신이 원하는 것은 뭐든지 될 수 있다(8장 참조). 심지어 풀타임으로 일하는 것이 주요 프로젝트일 수 있다. 회사를 관두고 나머지 2개의 프로젝트 중 하나에 본격적으로 전념할 때 필요한 자금을 모으는 것이 목적이라면 말이다. 거듭 당부하건대 처음부터 3개의 대형 프로젝트를 진행하지 마라. 모두 실패하고 의욕이 완전히 꺾일 위험이 있다.

세 우물 전략의 핵심은 검증, 증식 그리고 성장이다

지금까지 '세 우물 전략'에 대해 살펴봤다. 이 전략에는 모든 것이 들어 있다. 아이디어를 테스트하고(방망이를 휘둘러 공을 치고 놓치는 학습을 한다), 아이디어를 증식시키고(패턴을 찾아 활용한다), **여기서 얻은 지식을 이용해서 완전히 새로운 프로젝트를 시작한다.**

현재의 프로젝트들이 새로운 소득원으로 연결될 수도 있다. 프로젝트에서 가지를 쳐서 새로운 프로젝트를 진행할 수도 있다. 예를 들어,

핸드백 사업을 하는 사람은 핸드백을 만들고 남은 자투리 가죽으로 열쇠고리와 팔찌를 만들어서 팔 수 있다. 혹은 고객과의 소통이 새로운 소득원으로 연결되기도 한다. 고객에게 추가로 원하는 것이 무엇인지 직접 물어보자. 그들이 원하는 것이 지금 당신이 제공할 수 있는 것일 수도 있다.

나는 버지니아 블랙스버그Blacksburg에 임대 단지를 소유하고 있다. 이 임대 단지에서 현금 수익이 발생한다. 나는 현재 임대료 수준이 적정한지, 인상할 여지가 있는지, 왜 그들이 임대 주택에 살고 있는지 등이 궁금하다. 그래서 세입자들과 끊임없이 소통한다. 그리고 또한 텍사스 오스틴Austin에 있는 한 호스텔에 투자를 하고 있다. 확신하건대 4~5년이 지나면 어느 한 곳에 임대료를 내며 생활한다는 생각에 거부감을 느끼는 사람들이 점점 늘어날 것이다. 그들은 자신이 원할 때 원하는 곳으로 가서 자유롭게 살기를 바란다. 그들에게는 월회비만 내면 전 세계에 존재하는 호스텔을 이용할 수 있는 일종의 '회원권'이 매력적으로 다가올 것이다. 이런 사람들을 끌어들여 이익을 얻으려면 어떻게 해야 할까? 우선 그들이 내게 가령 매월 1,000달러의 회비를 내고 지낼 수 있는 호스텔이 전 세계 곳곳에 있어야만 한다. 이것이 내가 호스텔에 투자하는 이유다. 그들은 틀에 박힌 장소에서 자유로워져서 좋고 나는 그들을 통해 이익을 얻어서 좋다.

호스텔에 투자하기 전에 나는 이것이 사업성이 있는 프로젝트인지 파악하기 위해서 세입자들에게 직접 물어볼 수도 있다. "이봐요, 지금 내는 임대료로 당신이 원하는 곳에서 살 수 있다면 어떨 것 같나요? 그곳이 어디든지 상관없어요. 하루는 여기서 살고 다음 날에는 지구 반대편에서 사는 거죠. 어떨 것 같아요?" 그들이 이 아이디어를 좋아했다고 가정하자. 그러면 나는 이 프로젝트를 위해 우선 2개의 프로젝트를 진행해야 한다. 호스텔과 부동산에 투자하는 거다. 여기서 소득 증식이 가능해진다. 가령 호스텔 사업을 시작하면서 내가 책을 출간했다고 치자. 출간한 책을 호스텔에 있는 모든 침대에 놓아둔다면 어떻게 될까? 호스텔은 훌륭한 유통 채널이 될 수도 있다.

일론 머스크가 기가팩토리를 세울 때 바로 이런 전략을 활용했다. 그는 다른 프로젝트에서 발생하는 리튬 이온 배터리의 수요를 충족시키기 위해서 기가팩토리를 세웠다. 돈이 더 많은 돈을 낳듯이 아이디어가 아이디어를 낳는다. 한 우물만 파서 부자가 된 사람은 아무도 없다.

그러니 낡은 조언은 잊어라. 당신의 운을 테스트해라. 잘 풀리지 않는 프로젝트는 가차 없이 버리고, 그 실패 경험에서 교훈을 얻어라. 이렇게 하지 않고 한 우물만 파다가는 모든 것을 잃게 될지도 모른다.

2. 제2의 법칙

모방은 새로운 아이디어를
찾는 것보다 훨씬 쉬운 일이다

TO

"좋은 예술가는 모방하고, 위대한 예술가는 훔친다!"

-파블로 피카소Pablo Picasso

SEND | ▼

경쟁자들을 모방하라!

여기에 동의하지 않는다면, 이 책을 읽는 것은 시간 낭비다.

지금 당장 공격적으로 경쟁자들을 모방해라. 재빨리 가능한 최소한의 비용으로 그들을 따라 해야 한다.

누군가를 모방하는 행위를 용납하지 못하는 사람들이 있다. 난 그들에게 입에 침이 마르도록 경쟁자들을 따라 하라고 말한다. 그들은 '누군가의 것을 베끼는 행위'가 비윤리적이라고 생각한다. 그리고 무언가를 시도한다면 뭔가 새로운 것을 만들어내야 한다고 믿는다. 바로 이런 생각이 잘못됐다는 것이다.

모든 성공한 기업가들은 이른바 '따라쟁이들'이었다. 그들은 이것을 인정하려 들지 않겠지만 자신이 누군가를 모방했거나 모방하고 있다고 인지하지 못할 뿐이다. 그들은 다른 누군가의 아이디어를 가져다가 자신만의 색깔을 가미해서 완전히 새로운 산업에 활용했을 뿐이다.

웰스프론트Wealthfront는 AI 알고리즘에 기반해 자산관리 서비스를 제공하는 금융 소프트웨어 업체다. 웰스프론트 CEO 앤디 라클레프Andy Rachleff는 고객층을 확대하기 위해서 바로 이 '모방 전략'을 사용했다.

앞서 말했듯이, 웰스프론트는 소프트웨어로 고객의 자산을 관리해주는 금융 기업이다. 웰스프론트를 처음 이용하는 투자자들은 1만 달러 상당의 자산을 무료로 관리받게 된다. 만약 그들이 새로운 고객을 데리고 오면 데리고 온 고객당 1만 달러씩 무료 자산 관리를 받을 수 있다. 다시 말해, 친구를 데리고 오면 무료 혜택이 확대되는 비즈니스 모델을 활용한 것이다.

웰스프론트는 이 '친구 초대 모델'을 금융 산업에 최초로 도입한 금융 소프트웨어 업체다. 나는 앤디 라클레프와 스카이프로 대화를 나눈 적이 있다. 나는 그에게 어떻게 이 모델을 생각해냈는지 물었고, 그의 대답을 듣고 깜짝 놀랐다.

"그냥 드롭박스를 따라 했어요."

드롭박스는 이용자에게 일정량의 저장 공간을 무료로 제공하는 클라우드 업체다. 친구를 초대하면 무료로 사용할 수 있는 용량이 커진다. 어디서 들어본 이야기지 않나?

웰스프론트의 기존 고객이 데려온 친구들의 15%가 최소한 500달러를 내는 유료 고객이 된다.

그야말로 웰스프론트가 드롭박스의 비즈니스 모델을 '대놓고 그대로 모방한 것'이다. 그렇다고 드롭박스가 딱히 손해를 입은 것도 아닌데, 웰스프론트는 큰 이익을 얻었다.

앞서 소개했던 윌리엄 랜돌프 허스트와 조지프 퓰리처의 사례처럼 모방은 때로 무자비한 결과로 이어질 수 있다. 페이스북은 스냅챗를 바짝 추격하며 스냅챗이 내놓는 새로운 기능 전부를 그대로 모방했다. 분명 스냅챗을 시장에서 몰아내겠다는 의도가 페이스북에 있었을 것이다. 하지만 항상 이런 식일 필요는 없다. 경쟁자를 모방하는 것이 단순한 조사 차원일 수도 있다. 경쟁자들을 모방하면서 이른바 시장에서 먹히는 것과 먹히지 않는 것을 파악하면 한정된 자원을 아주 효율적으로 활용할 수 있다. 이 과정이 끝나면 당신이 따라 했던 경쟁자들이 아무것도 아닌 것처럼 느껴질지도 모른다. 아마도 그렇게 될 것이다. 어쨌든 경쟁자를 모방할지 말지에 대한 결정은 당신 몫이다.

11장에 프로젝트를 시작하는 데 도움이 될 경쟁자에 관한 정보를 모으는 방법이 나온다. 모두 내가 실제로 사용했던 방법이다. 그리고 헤요를 만들 때 사용했던 몇몇 모방 전략도 공개했다.

지금은 모방에 대한 거부감과 저항감을 없애는 데 집중하자. 이것이 큰돈을 벌어들이는 최고의 방법이다. 일단 이 전략에 대한 거부감이 없어야 무자비하게 경쟁자들을 모방할 수 있다.

무엇을, 어떻게? 경쟁자의 패턴을 모방한다

내가 말하지 않았던가? 나는 패턴에 집착한다. 성공한 프로젝트를 연결하는 패턴을 찾으려면 성공의 이면에 숨겨진 비밀을 해독해내야 한다. 성공한 경쟁자들을 모방하려면 이 비밀을 해독해 패턴을 찾아내야 한다. 바로 이 정보가 그들과 경쟁하거나 이길 때 좋은 무기가 될 것이다. 경쟁자들의 비즈니스 모델을 분석해 패턴을 찾다 보면 경영에 필요한 정보와 지식을 무료로 습득하게 된다. 어찌 보면 비싼 돈을 들이지 않고 MBA 과정을 공짜로 밟는 셈이다. 뒤집어 말하면, 경쟁자들을 모방하지 않는다면 자비를 들여서 경영에 필요한 지식과 정보를 얻는 수밖에 없다.

지금 막 프로젝트를 시작했다면 이렇게 경쟁자를 모방하는 것이 좋다. 예를 들어, 가욋돈을 벌고자 에어비앤비에 남는 방을 내놓기로 했다고 가정하자. 굳이 에어비앤비가 아니더라도 온라인에서 상품이나 서비스를 제공하는 사업에 뛰어들었다고 생각해보자. 모든 경쟁자의 전략을 손쉽게 확인할 방법이 있다. 평점이 높은 목록들을 대충 살펴보면 공통적으로 특정 패턴이 눈에 들어온다.

에어비앤비를 시작했다면 헤드라인부터 살펴보는 것이 좋다. 평점이 좋은 숙박 시설을 어떻게 소개하고 있는지 보라. 이 책을 쓰면서 나는 참고로, 덴버에 있는 200명 이상의 이용객이 별 5개를 준 평점이 높은 숙박 시설을 살펴봤다. 이런 숙박 시설에는 다음의 헤드라인이 달려 있었다.

커티스 파크에 위치한 1880년대 캐리지 하우스

다채롭고 사랑스러운 덴버 콘도

트렌디한 리노에서 현지인처럼 생활해보세요

5성급-다운타운까지 2마일-무료 주차-동물원 근처

이 헤드라인들을 보면 사람들이 어떤 요소에 이끌려 숙소를 정하게 되는지 알 수 있다. 재미있거나 편리한 위치, 역사적 명소, 활기찬 생활 공간 등이다. 이런 점들을 염두에 두고 사람들이 원하는 특징을 부각해서 에어비앤비 헤드라인을 작성해라. 사진도 보아라. 어떤 사진을 올려야 당신 숙소가 돋보일까? 경쟁자들의 전략을 모방할 필요도 있지만, 차별화를 위해 그들과 정반대의 전략을 쓸 수도 있다. 숙소에 대한 상세 설명도 살펴보라. 경쟁자들은 자신들의 와이파이에 대해서 어떤 설명을 달아놓았나? '회사 업무를 처리하기에 완벽한 와이파이' 또는 '친구들과 파티를 하는 동안 유튜브 스트리밍 서비스에 최적화된 와이파이'라고 설명했나? 한눈에 봐도 낡은 숙소를 '소박한 숙소'라고 했는지 아니면 '농가의 매력을 물씬 느낄 수 있는 숙소'라고 묘사했는지도 살펴보라. 경쟁자들이 자신들의 숙소를 에어비앤비에 올리면서 사용한 용어들을 꼼꼼히 살펴봐야 한다. 그들이 주로 사용한 용어나 표현을 이용하면 그들과 똑같은 고객층을 공략할 수 있다.

온라인 마켓플레이스도 공짜 가르침이 가득한 금광이다. 엣시는 부업하기에 좋은 온라인 마켓플레이스다. 엣시에서 새롭게 여성 탱크톱을 출시할 계획이 있다고 가정하자. '엣시 → 의류&신발 → 여성 탑&티 → 탱크톱'으로 가서 가장 인기 있는 판매자들 사이에 나타나는 공통된 패턴을 찾는다. 예를 들어, 건방진 문구가 적힌 탱크톱이 잘 팔리고 있다면 건방진 문구가 적힌 옷을 팔아라. 책을 쓸 당시에는 'FEED ME TACOS AND TELL ME I'M PRETTY(타코를 먹여주고 예쁘다고 말해줘)'라고 적힌 탱크톱이 불티나게 팔리고 있었다. 이 상품에 무려 2,941개의 후기가 달렸다. 이 문구를 검색하면 비슷한 문구가 적힌 탱크톱이 쏟아져 나왔다. 이 문구를 두고 여러 판매자들이 치열한 경쟁을 벌이고 있었다. 이 문구가 적힌 탱크톱을 판매하는 사람이 최소 5명이고, 그들이 판매하는 모든 탱크톱에 최소 500개의 후기가 달려 있었다. 커피, 와인, 고양이 또는 요가와 관련된 것들도 인기가 어마어마했다.

스타일도 살펴야 한다. 대충 화면을 훑어봤을 때 대체로 검은 셔츠에 하얀색으로 문구가 적힌 상품이 가장 잘 팔렸다. 자신만의 판매 전략을 고민하면서 경쟁자들을 계속 파고들어야 한다. 특별한 아이디어가 없다면 타코 문구를 넣은 예쁜 티를 만든다. 그리고 가격을 인하하고 더 다양한 색상을 제공하고, 고객이 원하는 문구를 새겨주는 등 자신의 역량에 따라 여러 서비스를 제공해 경쟁력을 높인다. 혹은 가장 인기 있는 아이템 몇 개에서 아이디어를 얻어 상품에 적용해본다. 예를 들어, 요가 자세로 와인을 홀짝이는 고양이를 티셔츠에 넣는 거다. 디자인을 할 줄 모른다면 파이버fiverr나 업워크Upwork에서 아티스트를 찾아서 디자인을 의뢰하면 된다. 셔츠에 프린트할 줄 모른다면 여러 곳에서 견적을 받아보고 저렴하게 프린트해줄 인쇄업자를 찾으면 그만이다.

엣시나 여타 온라인 마켓플레이스에서 성공적인 온라인 숍을 차리는 데 들어가는 노고를 과소평가하고 싶지는 않다. 고객의 이목을 끌고 수익을 내려면 어마어마한 노력이 필요하다는 사실 또한 알고 있다. 그렇지만 이렇게 해서 백만장자가 될 수는 없다. 하지만 경쟁자들의 전략을 모방하다 보면 꾸준한 소득원을 확보하는 데 들어갈 시간과 노력을 줄일 수 있다.

'프리랜서 사이트'를 활용해 경쟁자를 모방한다

컨설팅 사업을 할 계획이라면 프리랜서 사이트를 눈여겨보라. 프리랜서들은 프리랜서 사이트에 자신들이 제공하는 서비스를 공개해 고객을 모집한다. 저가 프리랜서 사이트로 파이버와 업워크가 있다. 엘리트 프리랜서 네트워크인 톱탈Toptal에서는 고가의 서비스를 찾을 수 있다. 평점이 높은 컨설턴트들이 어떤 서비스를 제공하는지 살펴보기를 바란다. 홍보 방식, 가격 정책 등을 중심으로 그들 사이에서 공통적으로 나타나는 패턴을 찾아보라. 그들의 이력, 포트폴리오와 사진을 치밀하게 검토해 당신의 컨설팅 제국을 세울 최상의 포트폴리오를 구성하는 데 도움이 될 요소를 찾아서 모방해라.

오프라인 상품을 판매하는 경우에 유용한 모방 전략은 11장에서 깊이 다루겠다. 우선 간략하게 살펴보면 유형의 오프라인 상품을 판매하고자 한다면, 킥스타터Kickstarter와 인디고고Indiegogo와 같은 크라우드펀딩 사이트가 유용하다. 잘 팔리고 있는 상품을 살피고 왜 잘 팔리는지를 분석한다. 틈새시장을 공략해서 잘 팔리는 것일까? 아니면 크리에이터(혹은 판매자)의 스토리와 동영상이 너무 감동적이어서 자연스럽게 판매로 이어지는 것일까? 실제로 이런 일은 많이 일어난다. 속된 말로 상품은 쓰레기 같은데, 크리에이터의 스토리가 믿기 어려울 정도로 감동적이다. 스토리에 감동한 사람들은 그의 상품이 아무리 형편없다고 하더라도 기꺼이 지갑을 연다. 사람들은 감동적인 스토리를 사랑한다.

팟캐스트나 유튜브 채널과 같은 디지털 상품을 출시할 계획이라면 패트리온Patreon을 샅샅이 뒤져라. 크리에이터들이 매월 후원금으로 얼마를 벌어들이는지 그리고 어떤 콘텐츠로 유료 회원을 모으는지를 정확하게 알 수 있다. 나 역시 다른 팟캐스터들이 어떤 콘텐츠를 제공하고 있는지 알고자 항상 이 사이트를 찾는다. 팟캐스트로 매달 8만 달러 이상의 수익을 올리는 크리에이터들도 있다. 나는 다른 팟캐스터들이 유료 회원들에게만 제공하는 콘텐츠는 무엇이고 무료로 어떤 콘텐츠를 제공하는지를 파악하려고 애쓴다. 이렇게 하면서 유료 회원들을 위해 독점적으로 제공할 콘텐츠에 대한 아이디어를 얻을 수 있다. 여기서 끝이 아니다. 패트리온을 보면, 최고 수익을 올리는 팟캐스터들이 팬들과 어떻게 소통하는지, 결제 등급을 어떻게 설정하고 있는지 그리고 등급별로 유료 회원이 몇 명인지도 파악할 수 있다. 이 모든 정보가 패트리온 안에 있다. 나는 패트리온을 보면서 무엇이 효과가 있는지를 파악하고 효과가 있는 방식을 모방한다.

3. 제3의 법칙

'목표 설정'은
당신을 가난하게 만들 뿐이다

TO

"나는 각자가 스스로를 창조한다고 생각해왔다.
… 우리는 자신의 상상력이 만들어낸 허상이다.
하지만 문제는 사람들 대부분에게 상상력이 없다는 것이다."

- 데이비드 게펜David Geffen

SEND ▼

사람들 대부분이 목표를 설정하고 설정한 목표를 달성하기 위해서 노력한다. 사람들은 편안함을 느끼는 익숙한 삶에서 벗어나 새로운 것을 성취하고자 자신을 채찍질한다. 결국, 그토록 바라던 승진을 하고, 차곡차곡 모은 돈으로 멕시코 여행을 떠나고, 꿈에 그리던 차를 산다. 이런 보상이 목표를 설정하고 성취하기 위해 들어간 온갖 수고를 가치 있게 만든다. 어디서 많이 들어본 이야기인가? 이게 '내 이야기다.' 싶으면 당신은 '목표 설정' 덫에 빠진 것이다.

사람들은 부를 쌓기 위해 노력할 때 가장 큰 실수를 저지른다. 바로 목표 설정이다. 사람들은 달성할 수 있는 목표를 설정한다. 그러나 달성할 수 있는 목표만큼 스스로의 능력을 제한하는 것은 없다. 어떤 경우에는 이번 생에는 결코 달성할 수 없는 목표를 설정하기도 한다. 어째든 목표는 뉴 리치로 가는 여정에 놓인 커다란 걸림돌이다. 그리고 부자가 되기 위해서 지금보다 더 열심히 일할 필요도 없다. 이미 당신은 지나칠 정도로 열심히 일하고 있다. 아이러니하게도 열심히 일하는 것도 문제다.

부자들은 목표를 설정하지 않는다. 그들은 시스템을 만들 뿐이다. 황금알을 낳는 거위 이야기를 기억하나? 이 이야기가 주는 교훈이 하나 더 있다. 이 세상에는 2가지 부류의 사람들이 있다. 황금알에 집착하는 부류와 오랜 시간 더 크고 더 실하고 더 많은 황금알을 낳도록 황금거위의 건강을 관리하는 데 집착하는 부류다. 여기서 황금거위는 시스템이고 황금알은 목표다.

시스템은 개선될수록 점점 빠른 속도로 목표를 뿜어내고 달성해낸다. 시스템이 마련되면 최소한의 자원으로 목표를 달성할 수 있다. 그래서 똑똑한 사람들은 뉴 리치가 되기 위해서 우선 시스템을 구축한다. 시스템이야말로 목표에 집착하는 사람들이 신상 외제차를 타고 다니면서 빈털터리 신세를 면치 못하는 이유가 된다(아마도 임대일 가능성이 크고 임대라면 빈털터리 신세가 더 오래 지속될 것이다).

홍보의 첫 번째 목표는 사람들이 무언가, 즉 황금알을 원하도록 만드는 것이다. 사치품을 판매하는 기업들은 자신들이 갓 출시한 '따끈한 신상 황금알'을 소유하는 것을 목표로 삼도록 사람들을 설득하는 데 수조 달러를 쓴다. 윔블던 테니스 대회에서 로저 페더러Roger Federer가 차고 있는 롤렉스를 본 사람들은 그가 차고 있는 똑같은 롤렉스가 갖고 싶다. 베르사체Versace 신상품을 걸친 킴 카다시안Kim Kardashian의 화보를 본 사람들이라면 그 가운이 갖고 싶을 것이다. 사람들에게 신상 롤렉스와 베르사체 가운은 황금알이다. 그들은 이 황금알을 가지려고 애쓸 뿐, 매달 이 황금알을 안겨줄 황금거위를 키울 생각은 못한다.

당신에게는 매달 롤렉스나 베르사체 가운을 살 만큼 충분한 돈이 있나? 없다면 지금 사치품을 살 생각은 버리고 매달 사치품을 살 수 있는 능력이 생길 때까지 참아라. 지금은 그 능력을 기르는 데 집중할 때다. 이것을 삶의 법칙으로 받아들이기를 권한다. 이게 당신 삶의 법칙이 되면 인생이 완전히 바뀔 것이다. 눈앞의 황금알에 눈이 멀어서 황금거위를 키워보지도 못하는 사람들은 그래서 가난을 면치 못하는 것이다.

일단 크고 대담한 목표를 세운다. 달성할 수 있는가는 중요치 않다. 목표를 세웠으면 그 목표는 잠시 잊고 목표를 달성해낼 시스템을 구축하는 데 집중한다. 이것이 퍼포먼스, 생산성과 결과를 개선하는 방법이다. 일단 시스템이 갖추어지면 달성할 수 없는 것처럼 보이는 훨씬 더 대담하고 상상 속에서나 가능할 법한 목표를 세울 마음의 여유가 생길 것이다.

큰 성공을 위해서는 세세한 것부터 챙겨야 한다

이제 구축한 시스템을 완벽하게 숙지하고 개선하는 데 집중할 때다. 이를 위해 잠깐은 아주 세세한 부분에 최대한 집중해야 한다. 티끌 모아 태산이 되듯이 작은 것들이 모여서 대담한 목표의 지속적인 달성을 가능케 하는 완벽한 시스템을 구축한다. 세세한 것을 챙기라니 지루하게 들릴 수 있다. 상상력을 발휘하는 것과는 정반대의 작업이니 말이다. 역설적이지만 세부 사항에 집착해야 자질구레한 세세한 부분들을 잊을 수 있다. 시스템을 구성하는 세부 사항을 알고 있으면 그 세부 사항을 **자동으로 처리하는 시스템**을 구축할 수 있다. 시스템의 세부 사항에 집중하면 일종의 흐름과 규칙이 눈에 들어온다. 이런 흐름과 규칙을 개선해나가면 최소한의 자원으로도 원하는 목표를 달성해내는 시스템을 구축할 수 있다. 시스템이 구축되는 순간 부가 쌓이기 시작한다. 이것이 바로 뉴 리치들이 하는, 그러나 다른 사람들은 하지 않는 일이다. 그리고 워런 버핏과 같은 억만장자들이 아무 일도 안 하고 엄청난 돈을 버는 것처럼 보이는 이유이기도 하다.

요즘 나는 매달 3~4일에 걸쳐 15~20건의 팟캐스트 인터뷰를 진행한다. 내가 팟캐스트에 쓰는 시간은 이것이 전부다. 2015년 8월 나는 운영팀과 미디어 노출 없이 매출을 발생시키는 시스템을 구축하기 시작했다. 현재 팟캐스트는 600만 다운로드를 기록하고 매달 5만 달러의 매출을 올린다. 그리고 1명의 프리랜서가 팟캐스트를 관리하고 운영하고 있다. 이 덕분에 내게 다른 프로젝트를 시도할 여유시간이 생겼다. 이것이 바로 최소한의 자원으로 성과 혹은 수익을 확대한다는 것이 무엇인지 보여주는 정확한 사례다.

세부 사항에 집중해 시스템을 구축하려면 오늘 당장 수익을 내겠다는 생각은 버려야 한다. 그 대신 미래에 내게 수익을 안겨줄 시스템을 구축하기 위해서 자신의 시간과 에너지를 투자하고 땀을 흘려야 한다. 부를 쌓기 위한 일종의 '사전 작업'인 셈이다. 이게 바로 사람들 대부분에게 문제가 된다. 사람들은 단기적인 이득을 선호하고 즉각적인 만족감을 얻길 바란다. 현재의 소비를 연기할 수 없고, 더 좋은 보상이 기다리고 있더라도 지금 당장 주어지는 보상을 포기할 수 없기 때문이다.

대부분은 이토록 근시안적이어서 미래에 꾸준한 수익을 발생시킬 시스템을 구축하는 데 자신들의 시간을 투자하지 않는다. 그래서 난 기쁘다. 그들이 눈앞에서 번쩍이는 황금알에 현혹되도록 내버려두자. 당신이 나와 함께 시스템을 구축해서 생각하지도 못한 엄청난 부를 쌓을 동안 그들은 여전히 빈털터리 신세를 면치 못할 것이다.

일단 시스템이 구축되면 그것은 기계처럼 자동으로 돌아가야 한다. 다시 말해, 완전한 시스템은 초기보다 훨씬 적은 자원을 투자해도 목표한 성과를 달성해낼 수 있어야 한다.

내 힘으로 처음 번 돈은 700달러였다

내 첫 회사 헤요는 에이전시였다. 나는 '팬페이지 팩토리'라는 이름으로 주문형 페이스북 팬페이지를 개당 700달러에 팔았다. 2010년 오드라Audra가 내 첫 고객이었다.

-----원본 메시지-----
보낸 사람: 네이선 랏카
받는 사람: ▇▇▇▇▇▇▇▇ < ▇▇▇▇▇▇▇▇▇▇▇▇▇ >
보낸 날짜: 2010년 10월 5일 화요일, 11:23pm

주문해주셔서 감사합니다!

주문 정보

상품명: ▓▓▓▓▓▓▓▓▓▓▓▓▓

상품설명: 팬페이지 팩토리 167182995

송장번호: 167182995

결제 정보   **배송 정보**

합계: 700달러

확인 시간

일시: 2010년 10월 5일 09:23:16 PM MT

거래ID: 3221553474

그녀가 내게 돈을 송금한 뒤에 나는 디자인, 코딩, 페이스북 마크업 랭귀지* 작성 등 팬페이지 작업을 시작했다. 그러다가 매달 신규 고객의 팬페이지를 내가 직접 코딩하지 않는다면 이 사업을 훨씬 쉽고 즐겁게 진행할 수 있을 것이라는 생각이 들었다. 그래서 나는 시간과 돈을 투자해서 고객이 직접 코딩할 수 있는 시스템을 개발했다. 내가 직접 일일이 코딩하지 않더라도 코딩 시스템을 구매한 고객이 손쉽게 자신만의 팬페이지를 만들 수 있게 말이다. 새 코딩 시스템이 내 사업의 규모를 키우고 매출을 높일 것이라 생각했다. 게다가 코딩 작업에서 벗어나서 그만큼 여유시간도 생길 것으로 짐작했다. 이렇게 해서 내가 얼마의 수익을 올렸는지 지금부터 확인해보자.

시스템을 구축하기 위해서 나는 몇 주 동안 페이스북 팬페이지 제작 주문을 받지 않았다. 대신에 톱탈에서 적합한 시스템 전문가들을 찾는 데 집중했고, 그들과 함께 코딩 작업을 자동화할 시스템을 개발하기

---

* Facebook Markup Language, FML은 페이스북에서만 통용되는 프로그래밍 언어다.

시작했다. 자동 코딩 시스템을 구축하는 데 상당한 시간이 걸렸다. 중요한 것은 꾸준한 수익을 발생시키는 자동 코딩 시스템을 구축하는 것이었다. 결과적으로 수천 명이 내가 개발한 자동 코딩 시스템으로 페이스북 팬페이지를 설계하면서 매달 30~300달러의 수익이 꾸준히 발생했다. 이는 실로 대단한 성과였다. 자동 코딩 시스템을 구축하기 전에 고객은 고작 수백 명에 불과했고 나는 코딩 작업당 700달러를 받았다.

도대체 내가 무슨 실수를 저질렀는지 보라

다음 차트는 2012년 10월 9일에 개최된 이사회에서 공개한 자료다. 초기 자본으로 50만 달러를 조달하고 대략 5개월 뒤에 이사회가 열렸다(4월에 급격한 상승세가 나타난다). 1월, 2월 그리고 3월에는 이용자들이 매달 30~300달러를 내고 코딩 시스템을 사용했다. 그 결과 3개월 동안 안정적인 수익이 회사로 들어왔다. 사람들이 코딩 시스템을 계속 사용하는 한, 안정적인 수익이 꾸준히 발생할 것이다. 그러면 이 비즈니스 모델은 아주 효율적인 시스템으로 자리 잡게 될 것이다. 당시 내 나이는 불과 21살이었다. 그리고 2011년 땡전 한 푼 없는 상태에서 사업을 시작해 2012년 4월 매달 9만 9,000달러의 수익을 창출하는 회사를 운영하는 번듯한 사업가가 된 것이다.

그런데 그 무렵 나는 큰 실수를 저질렀다. 자동 코딩 시스템을 구축하면서 직원을 너무 급하게 많이 뽑았다. 결국, 직원 수가 무려 18배나 증가했다. 심지어 2012년 10월 9일에 이사회가 열렸을 때는 직원을

4명 더 충원하기까지 했다.

그러던 중 어느 한 기업이 650만 달러에 헤요를 인수하겠다는 제안을 했다. 2012년 창업한 지 고작 1년밖에 안 된 회사의 기업 가치가 무려 1,050만 달러였다. 여기서 나는 내 인생에서 가장 큰 실수를 저지르고 만다. 더 많은 이야기는 나중을 위해 남겨두겠다(405쪽에 헤요 매각과 관련해서 실제로 오간 문서가 있으니, 직접 확인해보기 바란다).

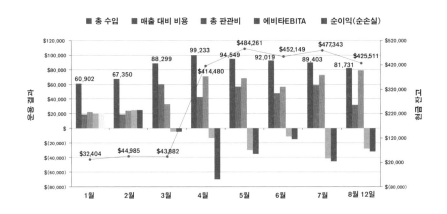

2012년 내 재무제표 요약.

'시간 잡아먹는 일'부터 시스템화하자

시간을 가장 많이 잡아먹는 업무들을 중심으로 시스템을 구축해야 한다. 그런데 사람들은 자신이 어디에 가장 많은 시간을 할애하고 있는지 잘 모른다. 심지어 눈코 뜰 새 없이 바쁜 하루를 보냈지만, 도대체 왜 그렇게 바빴는지 그리고 종일 무엇을 했는지조차 모르는 경우가 태반이다. 모든 것이 한 데 섞여 뒤죽박죽이다. 이런 하루를 보내고 있다면(설령 그렇지 않더라도), 일주일 동안 자신이 무슨 일을 하고 있는지를 기록해라. 이렇게 하면 하루 동안 한 일들을 의도적으로 하나하나 되짚어보게 된다. 눈앞에 있는 일을 아무 생각 없이 기계처럼 하지 않게 될 것이다.

나는 시간을 가장 많이 차지하는 업무를 시스템화할 때 애플의 유선 노트와 베스트셀프 유선 노트를 사용한다.

나는 목표를 달성하기 위해서 매일 혹은 매주 해야 하는 사소한 일을 하나부터 열까지 빠짐없이 기록한다. 주택 마련을 위한 저축이든, 이커머스 스토어를 여는 것이든, 건강을 위해 운동하는 것이든 상관없다. 모조리 기록하는 게 핵심이다. 이런 것까지 기록해야 하나 싶을 정도로 사소한 것들도 기록하는 것이 좋다. 주문이 들어오면 고객에게 어

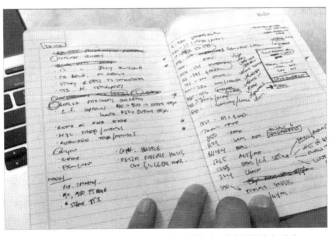

애플 노트에 쓴 메모. 최대한 디테일한 내용을 남겨야 시스템에 활용할 수 있다.

떻게 대답하는지, 우편 라벨을 어떻게 인쇄하는지 그리고 아침 식사를 무엇을 먹었는지도 적어야 한다.

시스템 검증, '스타벅스'로 가라

매일 혹은 매주 똑같은 업무를 반복적으로 하고 있다면 구글 문서에 그 업무를 기록해보자. 업무일지를 작성할 때는 부지런해야지 절대 게을러서는 안 된다. 아주 사소한 부분도 빼먹어서는 안 된다. 당신의 도움 없이, 다른 누군가가 일지만 보고 업무를 완벽하게 수행할 수 있을 정도로 자세하게 기록해야 한다. '이 정도는 당연히 알겠지.'라고 여기며 생략하는 부분이 존재해서는 안 된다. 심지어 다음의 사항까지도 기록해야 한다.

1. 당신이 사용하는 툴의 로그인 정보도 기록한다. 다른 누군가가 이 작업을 수행하게 되면 그에게 로그인 정보가 필요할 것이다.
2. 해당 업무에 관여하는 사람들과의 관계가 어떠한지도 기록해야 한다. 이런 부분은 놓치기 쉽다.
3. 무의식적으로 수행하는 모든 작업을 기록한다.

업무 프로세스를 정확하게 기록했다고 생각되면 문서를 출력한 다음 근처 카페로 가서 시스템을 검증하자.

1. 5달러짜리 기프트카드를 구매한다.
2. 노트북을 켠 낯선 사람에게 가서 "커피를 거의 다 드셨네요. 3분 동안 간단한 과제를 수행하시면 커피 무료 쿠폰을 드립니다. 노트북만 있으면 누구나 금방 할 수 있는 과제입니다. 시간 되시는지요?"라고 말한다.
3. 출력한 문서를 그에게 전달한다.
4. 문서를 큰 소리로 읽고 그대로 작업을 진행해달라고 요청한다. 이렇게 해야 그가 어느 부분에서 혼란스러워하는지 알 수 있다.

위 시나리오에서 낯선 사람에게 주어지는 과제는 잠재적 팟캐스트 게스트 50명에게 메일을 보내는 것 같은 컴퓨터로 이뤄지는 업무일 것이다. 컴퓨터로 이뤄지는 업무가 아니라면 다른 환경에서 동일한 단계를 밟아 시스템을 검증해야 한다. 당신이 하는 일에 대해서 아무런 정보가 없는 사람에게 시스템을 검증받아야 하는 것이다. 당신이 기록한 문서만을 보고 업무를 완벽하게 수행할 수 있는지를 확인하는 것이 이 시스템 검증의 목표이기 때문이다. 어찌 보면 이 작업은 스스로가 시스템을 완벽하게 문서화할 수 있는지를 테스트해보는 것이기도 하다. 이런 과정을 여러 번 반복하다 보면, 해당 업무를 완수하는 데 필요한 단계가 어떤 것들인지 완벽하게 이해하고 기록할 수 있다. 사소하고 당연하다고 여겼던 단계까지 문서에 기록될 것이다.

옆집에 살고 있는 고등학교 신입생에게도 한번 시험해보자. 어쩌면 그 학생은 패스트푸드점에서 아르바이트할 때 받는 시급보다 높은 시간당 10달러를 벌 수 있는 소일거리를 찾고 있을지도 모른다. 그러면 그 학생에게 업무를 맡기는 것이 좋은 방법일 수 있다. 이것이 바로 시스템을 문서화하는 목적이다. 시스템이 명확하면, 나 아닌 다른 누군가가(심지어 다른 무언가가) 더 빨리 그리고 더 저렴하게 그 시스템을 수행할 수 있다.

시스템은 어떻게 수익을 만들까

업무 프로세스의 모든 단계를 낱낱이 밝혀내는 사전 작업은 그럴 만한 가치가 있다. 사전 작업 이후 시스템이 자연스럽게 돌아가기 시작하면 시스템에 대해 잊어버린다. 이제 당신이 할 일은 뒷짐 지고 돈이 들어오기만을 기다리는 것이다. 물론 돈 계산할 때는 예외다. 뒷짐 지고 있으면 돈을 헤아릴 수 없지 않은가. 수익이 얼마나 발생했는지는 직접 확인해야 하지 않겠나? 돈을 세는 것보다 더 즐거운 일이 이 세상에 또 있을까? 적어도 내게는 없다. 눈앞에 놓인 돈다발은 너무나 아름다운 광경이다. 그리고 돈다발을 세는 것은 다른 누군가에게 양보할 수 없는 큰 즐거움을 안겨준다.

카페에서 낯선 이에게 시스템을 검증하는 것으로 필요한 정보를 전부 얻어낼 수 있다. 하지만 당신이 진행하는 프로젝트가 여러 단계로 이뤄진다면, 스스로 돌아가는 시스템을 구축할 때 놓치기 쉬운 부분이 무엇인지 예상해보는 것이 좋다. 얼마나 많은 것을 놓치고 넘겼는지 알게 되면 아마 깜짝 놀랄 것이다. 사람들은 일상의 많은 부분을 당연하게 여긴다. 왜냐면 일상을 구성하는 요소들이 숨겨져 있거나 잘 알려지지 않을 것이기 때문이다. 당신은 더 똑똑해지고 시스템을 개선해 더 많은 부를 얻어 부자가 되려고 지금 이 책을 읽고 있는 것이다. 하지만 장담컨대 다음의 요소들은 분명 생각지도 못했을 거다.

1. 이 책을 인쇄하는 데 사용된 종이의 원료가 되는 나무는 중앙아메리카에서 왔을까? 아니면 미국 동부에서 왔을까?

2. 이 책을 인쇄하는 데 안료성 잉크를 사용했을까? 아니면 유성 잉크가 사용됐을까?

3. 바인딩에 사용된 얇은 실은 린넨일까? 아니면 머서리화mercerize된 면사일까?

맞다. 이런 것까지 신경 쓰는 사람은 없다. 하지만 인쇄와 출판 사업을 준비 중이라면 아마도 엄청나게 신경을 써야 할 부분이다. 이 질문들은 '시스템 블라인드니스system blindness'의 하나인 **머티리얼 블라인드니스**Material Blindness의 사례다. 머티리얼 블라인드니스는 쉽게 말해서 물질적 요소들이 간과되는 현상이다. 이것은 유형의 상품을 개발하려는 사람에게 중요한 개념이다.

타임 블라인드니스 Time Blindness도 흔히 발생한다. 사업을 시작할 때 '시간적 요소'는 간과되기 쉽다. 어떤 업무를 수행할 때는 시간이 소요된다. 사람들 대부분은 실제 필요한 시간보다 더 빨리 업무를 수행할 수 있다고 믿는다. 하지만 시스템이 작동하고 일주일 혹은 한 달이 지나야 작업에 드는 시간은 줄어들기 시작한다. 이 시점부터 시스템을 조금씩 수정하면서 시간 절약 효과를 높여 나갈 수 있다. 타임 블라인드니스와 관련된 대표적 사례가 헨리 포드Henry Ford다. 헨리 포드는 부품은 가만히 있고 사람이 이동하면서 자동차를 조립하는 작업 방식이 시간적 측면에서 비효율적임을 깨달았다. 그래서 그는 반대로 사람은 가만히 있고 자동차 부품이 움직이는 조립라인을 구축했다. 자동차 부품이 작업자에게 운반되고 작업자는 자신의 자리에서 운반된 부품으로 조립을 하는 작업 방식이 더 효율적이었던 것이다.

스타트/엔드 블라인드니스 Start/End Blindness도 존재한다. 여러 단계의 프로젝트에는 1개가 아닌 복수의 시스템이 존재할 수 있다. 이런 경우 어디서, 어떤 시스템이 시작되고 멈추는지를 명확하게 구분하는 것이 어렵다. 신규 프로젝트일수록 CEO가 모든 것을 처리하는 경향이 크다. CEO는 "처리할 일이 한두 가지가 아니라서 정신없어 죽겠어!"라고 외쳐댈 뿐이다. 반면 시스템이 잘 구축되어 연간 5,000만 달러를 벌어들이는 사람은 "매일 똑같은 일만 하니까 지겨워 죽겠어!"라고 외칠 것이다. 프로젝트가 단계별로 명확하게 구분되어 있으면 이런 곡소리가 나올 수밖에 없다. 반복적인 단순 작업은 잘 구축된 시스템들이 모두 처리한다. 반면 시스템화하는 것이 더 어렵거나 비용이 더 드는 부분은 사람이 직접 맡아서 처리한다. 스타트/엔드 블라인드니스 때문에 생기는 현상이다.

프로세스를 정확하게 파악하면 스타트/엔드 블라인드니스를 제거할 수 있다. 가령 CEO에게 발송되는 인터뷰 제안서를 생각해보자(내 팟캐스트 예약 시스템의 출발이다). 이게 시작점이다. 그다음 마지막에 수행되는 것을 생각해본다. 가령 팟캐스트 편집본을 아이튠즈에 보내는 것이다. 이 두 행위 사이에서 일어나는 모든 작업들이 모여 하나의 시스템이 된다.

시작과 끝을 분명히 찾아내면, 조각나 있던 시스템이 눈에 보인다. 이 조각난 시스템을 잘 맞추면 자신의 프로젝트가 어떻게 돌아가는지를 보여주는 큰 그림이 나온다.

뉴 리치 시스템의 해부도를 공개한다

일단 맹점을 찾아냈다면, 조각들을 일렬로 죽 늘어놓고 하나씩 조립해서 시스템을 구축해야 한다. 뉴 리치로 만들어주는 '뉴 리치 시스템'은 다음의 요소들로 구성된다.

인풋: 시스템이 작동되기 위해서는 무엇을 해야 할까? 무엇보다 황금거위가 생존할 물과 먹이를 매일 공급해야 한다.

아웃풋: 구축된 시스템은 무엇을 만들어낼까? 황금거위를 살려두고 계속 황금알을 낳게 해야 한다.

피드백 루프: 시스템의 아웃풋이 더 좋거나 더 저렴하거나 더 빠른 새로운 인풋을 만들고, 이 새로운 인풋이 더 강화된 아웃풋을 만들어낸다면 어떨까? 지금의 시스템이 눈덩이 효과를 만들어내고 있는지 살펴볼 필요가 있다. 눈덩이 효과는 작은 원인이나 행위가 선순환 또는 악순환의 과정을 거쳐 큰 결과로 이어지는 현상을 말한다. 황금거위(시스템)가 낳은 황금알(아웃풋)로 거위 단백질 보충제(새로운 인풋)를 사서 황금거위에게 먹인다. 거위 단백질 보충제를 먹은 황금거위는 일주일에 황금알 두 알(더 강화된 아웃풋)을 낳게 될지도 모른다.

스톡: 스톡stocks은 아웃풋을 자연스럽게 발생시키는 시스템 내부에 쌓이는 모

든 자산이다. 여기서 인풋은 황금거위가 에너지를 얻기 위해서 먹는 음식이다. 그리고 아웃풋은 황금알이다. '스톡'이 바로 황금거위 몸속에 있는 에너지다. 에너지가 줄어들면 더 이상의 황금알은 없다. 에너지(스톡)가 장시간 낮은 상태로 유지되면 황금거위(시스템)는 죽어버린다. 더는 황금알을 낳지 못하는 죽은 황금거위를 좋아할 사람은 아무도 없다. 스톡은 변화의 척도다. 스톡은 다양한 인풋이나 아웃풋이 시스템과 상호작용하는 속도에 따라 그 양과 가치가 달라진다.

연간 100만 달러를 벌겠다는 목표 설정보다 100만 달러를 벌어들일 시스템을 구축하는 것이 더 중요하다. 일단 시스템의 뼈대를 잡으면, 그 시스템들을 가지고 인풋과 아웃풋을 조정하고 스톡을 더 잘 관리하며 경쟁자들이 가질 수 없는 비교우위를 낳는 피드백 루프를 만들어내서 생산성을 크게 개선할 수 있다.

뉴 리치들은 그 어떤 수고도 마다하지 않고 인풋과 프로세스 아웃풋을 명확히 정의해낸다. 그러고 나서 그들은 시스템 안에 쌓이는 스톡을 공부하고 시간을 절약하고 더 큰 수익을 낼 방법을 찾기 위해서 피드백 루프를 살핀다.

단돈 29달러로 9시간을 되찾다

이런 개념들이 내 팟캐스트인 톱 앙트러프러너즈에서 어떻게 활용됐는지 살펴보자.

인풋

▶ 게스트

▶ 트래픽

▶ 에디터

▶ 나('나'라는 인풋은 소득이 꾸준히 상승하는 가운데 자유 시간을 더 확보하고 싶을 때만 사용하기를 바란다. 어떻게 그렇게 하는지 곧 알려주겠다.)

아웃풋

▶ 매일 아침 6시에 블로그, 아이튠즈와 사운드클라우드Soundcloud에 성공적으로 게시된 더 톱 앙트러프러너즈 에피소드

▶ 스폰서 수익

▶ 영향력

스톡

▶ 다운로드 수(인풋과 아웃풋을 어떻게 조절하느냐에 따라 늘기도 줄기도 한다. 인풋은 그대로 두고 아웃풋만을 늘리려고 하는 것은 욕심이다. 스폰서 수익을 늘리기 위해 동일한 콘텐츠에 광고만을 늘린다면 짜증 난 청취자들이 떠날 것이다.)

피드백 루프 기회요소

▶ 게스트(인풋)는 팟캐스트에서 청취자들(인풋)과 자신의 에피소드를 공유한다. 이는 다운로드 수(스톡)를 높이고 그 결과 스폰서십을 높일 기회(아웃풋)가 된다.

이 모든 요소들을 염두에 두고 팟캐스트 에피소드를 제작하고 업로드하는 시스템을 구축한다.

팟캐스트 인터뷰가 담긴 일정표.

프로세스

1. 네이선은 NathanLatka.com/acuity에 일괄 형식으로 팟캐스트 게스트들의 출연 일정표를 작성한다. (나는 매주 대략 50명의 CEO들을 인터뷰한다.) 섭외 담당자 애런Aaron에게 인터뷰가 잡힌 게스트당 12달러를 지급한다.

2. 네이선은 이캠Ecamm을 사용해서 스카이프Skype로 인터뷰 내용을 녹화한다.

3. 네이선은 이캠 파일을 오디오 녹음 및 편집 프로그램인 오더시티Audacity로 편집하고 편집본을 구글 드라이브Google Drive로 내보낸다. 동영상 편집자 샘Sam이 구글 드라이브에서 파일을 다운로드해서 후속 작업을 한다.

4. 샘은 음성 파일에 프리롤 광고와 포스트롤 광고, 인트로, 스폰서 소개 파일 등을 추가해 최종본을 만든다. 그러고 나서 최종본을 구글 드라이브, 유튜브와 팟캐스트 호스팅 사이트 립신Lipsyn에 업로드한다. 나는 이렇게

작업한 에피소드당 7달러를 샘에게 지급한다.

내용	수량	단가	금액
오디오와 비디오 팟캐스트 제작 구글 드라이브에서 음성파일과 영상파일을 다운받아 편집한 뒤 ▨▨▨▨▨에 업로드 ▨▨▨▨▨에 음성 파일 전달(에피소드 1130~1149)	20	$7	$140
	소계		$140
	총계		$140
	지급액		$140

5. 방송 일정은 구글 스프래드시트Google spreadsheet를 통해서 관리한다. 에피소드가 립신에서 방송될 때 나는 가상비서*에게 블로그에 게스트의 약력, 얼굴 사진과 사운드클라우드 영상 링크를 게시하도록 한다. 가상비서 이용료는 에피소드당 대략 5달러다.

6. 이후에 가상비서는 링크드인Linkedin에 에피소드를 게시하고 게스트에게 메일을 보내 인터뷰가 방송됐음을 알려준다. 이 작업에 에피소드당 5달러가 추가로 든다. 결과적으로 5단계와 6단계를 진행하는 데 에피소드당 총 10달러가 소요된다. 아래 견적서에서 13개 에피소드를 작업하는 데 대략 130달러가 들었음을 확인할 수 있다.

---

* virtual assistant. 원격의 공간에서 다양한 분야의 매니지먼트, 크리에이티브 및 기술 서비스를 제공하는 프리랜서.

	Day of Week	Release Date	Episode	Who	Title (Nathan Writes Titles)	Guest	Guest Bio
91	Thursday	7/26/2018	1097	Brandon Kelly	CMS CEO: How to Move 1 Time License Model doing	bran	Brandon is the head honcho at Craft CMS, the word…
92	Wednesday	7/25/2018	1096	Babak Hedayati	How TapClicks is Managaing 60% yoy Growth in Mark	baba	With over 20 years as a senior executive at Fortune 500,
93	Tuesday	7/24/2018	1095	Dominic Edmunds	Why He Gave Up $5m Agency for Customer Data Saa	dom	As the founder & CEO of SaleCycle, I am focused on utiliz
94	Monday	7/23/2018	1094	Brian Reale	How he bought 15 people off cap table, hit $9m in ARR	brian	Brian Reale is a serial entrepreneur. Prior to founding Pro
95	Sunday	7/22/2018	1093	Jeremy Adams	If you're under 30, is agency/coaching a good way to m	jerem	Being one of Forbes' & Influencive.com's Top 30 Entrepre
96	Saturday	7/21/2018	1092	Jordan Mitchell	Why Chef Creator Raised $30m to Replace Walkie Talk	jorda	Jesse Robbins is CEO and founder of Orion Labs. Prior to
97	Friday	7/20/2018	1091	Daniel Nissan	Founded in 1999, How He's Managed a 20+ Year "Over	Danie	See https://www.linkedin.com/in/danielnissan/
98	Thursday	7/19/2018	1090	Chris Ingham Brooke	CEO Eating Own Dog Food for $25m Revenue, $5.5m	chris	Chris Ingham Brooke is the founder and CEO of Pub Ocea
99	Wednesday	7/18/2018	1089	Vijay Tella	Workato CEO: "We're Enterprise Version" of Zapier, Se	vijay	Vijay has led the creation of market leading integration t
100	Tuesday	7/17/2018	1088	Sati Hillyer	How Ex-Salesforce Leader Launched Video for Salespe	sati	Sati is a seasoned entrepreneur who loves building product,
101	Monday	7/16/2018	1087	James Kappen	Yeah I'd sell (Live negotiation)	james	Designer and entrepreneur who loves solving problems using
102	Sunday	7/15/2018	1086	Jake Atwood	Sales outreach tool hits $1.2m ARR, would you sell for	jake	Jake Atwood is the Founder & CEO of BuzzBuilder. He's a
103	Saturday	7/14/2018	1085	Joshua Tillman	We're #1 In Salesforce for Call Routing, Tech with $10m	joshu	Joshua Tillman began building DialSource in 2005, while stud
104	Friday	7/13/2018	1084	Murry Ivanoff	Bulgarian company spends $45k of $65k MRR on paid	murry	Murry founded Metrilo in 2014 to help eCommerce store own
105	Thursday	7/12/2018	1083	nancy hua	How she 2x ARR yoy in mobile testing space to $6m in	nancy	I'm the CEO of Apptimize! We're probably installed on your pt
106	Wednesday	7/11/2018	1082	Mark Grether	Why Public Sizmek Went Private to Fuel Growth via Mc	Sizme	Mark Grether is CEO of Sizmek. He focuses on guiding the ou
107	Tuesday	7/10/2018	1081	Eric Frankel	With $2m in ARR and $16m Valuation for 7+ Years, Do	eric@	Eric Frankel is an innovative business leader with a proven tra
108	Monday	7/9/2018	1080	Danny Wajcman	15,000 Customers at $35 ARPU is $500k+ in MRR righ	danny	
109	Sunday	7/8/2018	1079	Soeren Stamer	How He's Pivoted 3 Times Since 1996, Moving to Clou	soere	CEO & Co-Founder of CoreMedia. Recipient of the German P
110	Saturday	7/7/2018	1078	Nick Mason	How agile content marketing solution Turtl hit $125k/md	nick@	Please can you use the one from my previous submission? Tl
	Friday	7/6/2018	1077	Collin Holmes	We Rootstrapped Our Way to $2m in ARR, Now $10m	collin	Collin Holmes, founder and CEO, started chatmeter in Augus

구글 스프레드시트에 정리한 내 방송 일정.

BILL TO
Nathan Latka
Latka Agency LLC
301 Brazos Street, Ste 703
Austin, TX 78701

INVOICE # 4399
DATE 12/03/2017
DUE DATE 12/05/2017
TERMS Due on receipt

DATE	ACTIVITY	QTY	RATE	AMOUNT
12/01/2017	**Services** Melissa assistant work 11/18/17 -12/01/17 Converted audio files to SoundCloud and posted to site, multiple episodes #847 - #860, emailed respective interviewee, posts to LinkedIn, reading show notes	5.60	22.50	126.00

가상비서를 통한 프리랜스 대금 청구서. 130달러로 13개 에피소드를 완료했다.

에피소드 1편을 제작하는 데 소요된 내 시간:

아무 도움 없이 에피소드 1편을 제작하는 데 소요된 내 시간 – 10시간

아무 도움 없이 에피소드 1편을 제작하는 데 소요된 비용 – 0달러

에피소드 1편을 제작하는 데 소요된 타인의 시간:

누군가의 도움으로 에피소드 1편을 제작하는 데 소요된 내 시간 – 20분 (15분짜리 인터뷰 녹화)

누군가의 도움으로 에피소드 1편을 제작하는 데 소요된 비용 – 29달러

- 애런: 인터뷰가 잡힌 게스트당 12달러 지급
- 샘: 각 에피소드를 편집하고 업로드하고 방송 일정을 잡는 데 7달러 지급
- WMM 가상비서: 블로그에 방송된 에피소드를 게시하고 방송 알림 메일을 게스트에게 전송하는 데 10달러 지급

시스템을 구축하기 전에 나는 매달 300시간을 팟캐스트에 쏟아 부었다. 오롯이 내 시간이었다. (계산기를 두드려보면 이렇게 긴 시간을 쏟아 붓는다는 것은 불가능하다). 하지만 시스템을 구축한 뒤에 상황은 달라졌다. 내가 팟캐스트에 쓰는 시간은 10시간(에피소드 30편×20분)으로 줄어들었다. 대신 870달러(에피소드당 29달러×30편)의 비용이 발생했다. 결과적으로 870달러를 쓰고 290시간을 절약한 셈이었다. 누가 봐도 남는 장사다. 이와 같은 시간 차익거래 시스템을 활용해보기를 바란다.

에피소드 30편을 제작하는 데 870달러의 비용이 발생하지만, 여러 스폰서가 내게 매월 1만 달러 이상의 광고료를 지급한다. 비용보다 훨씬 많은 수익이 발생하고 있다.

시스템의 효율을 극대화하자
(그리고 초효율적인 시스템으로 슈퍼리치가 되자)

프로젝트를 진행하는 데 필요한 업무를 하나도 빠짐없이 찾아내고, 그 단계들을 최소한으로 줄일 방법을 찾아야 한다. 혼자서 수많은 업무를 전부 처리하고 싶은 사람은 아무도 없다. 당신을 대신해서 업무를 처리할 사람들을 찾아 팀을 꾸리는 것이 좋다. 하지만 이때에도 사람이 처리해야 할 업무의 종류나 양을 줄여서 팀을 소규모로 유지해야 한다.

여력이 생기면, 나처럼 시스템을 구축해 업무를 자동화해야 한다. 키친Kitchen은 가볍게 먹을 수 있는 아시아 요리를 빠르게 조리해서 판매하는 식당이다. 웍으로 요리한 볶음밥과 볶음면을 10달러 미만의 저렴한 가격에 판매한다. 키친은 매월 9,000달러에 예약 서비스를 활용했다. 비용을 줄이기 위해서 키친은 서비스를 자동 예약 시스템인 봇키퍼Botkeeper로 바꿨고, 그 덕분에 매달 4,000달러를 절약했다. 현재 키친은 예약 서비스를 도입하기 전보다 더 빠르고 더 정확하게 더 많은 예약을 처리하고 있다. 비용을 들였지만, 결과적으로 키친은 예약 시스템을 자동화한 덕분에 더 큰 이익을 얻을 수 있었다.

우선 프로세스를 자세히 작성하고 한 사람이 맡아서 처리할 수 있는 업무들을 하나로 묶는다. 이를 바탕으로 직무 기술서를 작성한다. 그리고 직무 기술서에 나온 기술을 보유한 사람을 고용한다. 내 팟캐스트를 살펴보자. 나에게는 게스트 섭외가 관련된 모든 업무를 전담하는 애런과 음성 파일과 관련된 모든 업무를 전담하는 샘이 있다(참고로 애런은 파이퍼 크리에이티브Piper Creative에서 채용했다).

시스템에 투여되는 자원이 오직 하나라면 시스템의 효율을 높이는 것은 불가능하다. 심지어 그 하나의 자원이 당신의 시간이라면 시스템의 효율을 향상시키는 것은 훨씬 더 어렵다. 레버리지(혹은 협상력)와 효율성은 항상 하나의 자원이 다른 하나의 자원과 결합해 '1+1=3'이 될 때 나온다.

이것이 가능해지려면 아웃풋 중 일부가 일종의 '적립금'이어야 한다. 다시 말해, 인풋을 추가하고 피드백 루프에서 시스템의 효율성을 높여 수익을 올릴 기회를 만드는 데 사용할 수 있는 자금이 되어야 한다. 그러므로 당신이 구축한 시스템은 다음의 단계로 반복되어야 한다.

1단계: 인풋=당신+파이버 프리랜서

2단계: 인풋=당신+파이버 프리랜서+자동화 소프트웨어

3단계: 인풋=당신+파이버 프리랜서+자동화 소프트웨어(시간적 여유가 생겼으니, 다른 시스템을 구축하는 데 절약한 시간을 쓴다.)

4단계: 이제 시스템은 아웃풋으로 현금 흐름을 발생시킨다. 이 수입으로 새로운 시스템에 투자하거나 새로운 인풋을 만들고 현재 시스템의 효율을 높이는 데 투자한다.

이렇게 시스템들이 누적되면서 하나의 회사가 된다. 이는 마치 크림이나 잼을 사이사이에 넣어 여러 층으로 쌓아 올린 레이어 케이크를 만드는 것과 같다. 빵 사이에 달콤한 잼과 크림을 많이 넣을수록 케이크가 점점 맛있어진다. 4단계에 도달할 때까지 인풋을 줄이고 현금 흐름을 극대화할 방법을 찾는 데 매진해야 한다. 이를 위해 (오로지 수입을

발생시키는 것에 집중하는 것보다) 협상을 통해 피할 수 없는 비용을 줄여나가는 것이 현명하다.

아마존과 월마트는 대량의 물품을 취급한다. 그래서 아마존과 월마트는 인풋(자신들이 판매할 상품)을 상대적으로 저렴한 비용으로 조달할 수 있는 협상력을 갖고 있다. 이 협상력으로 두 기업은 인풋 조달 비용을 절감하고, 비용 절감으로 발생한 대부분의 혜택을 고객에게 돌려준다. 다시 말해, 아마존과 월마트는 판매 상품을 대량으로 저렴하게 확보해 고객에게 저렴하게 상품을 제공한다. 이는 두 기업의 시장 점유율 증가로 이어진다. 이것은 전형적인 피드백 루프다.

지금 당장 프로젝트를 수행하는 데 소용될 모든 비용을 생각해보자. 하드파워와 소프트파워를 이용해서 비용을 줄일 방법을 고민해보자. (하드파워는 "매월 100달러를 할인해주지 않으면, 거래를 끊겠습니다."라는 일종의 협박이고, 소프트파워는 "돈을 모으려고 합니다. 사업이 다시 자리를 잡을 때까지 2달 동안 매월 지출해야 할 금액을 줄여주신다면 큰 도움이 될 것입니다."라고 말하는 것이다.) 다음은 프로젝트를 수행하는 데 드는 공통의 비용들이다. 이런 비용을 줄일 방법을 고민해보자.

소프트웨어: 소프트웨어에 많은 비용이 소요된다면, 해당 소프트웨어의 구매처를 모두 조사하고 현재 거래처에 비용을 줄여줄 것을 요청하라.

재료비: 생산 제품에 사용할 그레이폼 390x 플라스틱을 중국에서 들여오는 데 많은 비용이 소요된다면, 수량할인을 요청해보자. 동시에 현재 거래처를 대체할 다른 업체들을 조사해야 한다. 그래야 수량할인 요청이 받아들여지지

않아 거래처를 변경해야 할 경우, 새로운 거래처에 제시했을 때 서로가 만족할 수 있는 수준의 가격대를 정할 수 있다.

인건비: 대체로 인건비가 지출의 가장 큰 부분을 차지한다. 인건비를 낮추기는 쉽지 않다. 하지만 파이버, 톱탈, 업워크 등과 같은 사이트를 통해서 아주 쉽게 고가 인력을 저가 인력으로 대체할 수 있다. 고정비를 발생시키는 상근직 대신 프리랜서를 활용할 수도 있다(프리랜서를 고용해서 발생하는 비용은 상근직으로 인해 발생하는 비용보다 줄이기가 쉽다). 할 수 있을 때 기술에 투자하는 것도 인건비를 줄이는 현명한 방법이다. 베이커리 전문점 파네라Panera는 1,000달러를 투자해 음식 주문을 받는 가상 단말기를 개발했다. 파네라는 시간당 15달러의 최저임금을 주고 계산대 직원을 고용하는 것보다 일회성으로 1,000달러를 투자해 시스템을 개발하는 것이 비용 측면에서 자신들에게 더 이득이 된다는 사실을 알았다.

그리고 아웃풋을 현금 흐름을 발생시킬 잠재 자원으로 생각해야 한다. 누군가의 나쁜 아웃풋이 다른 누군가의 좋은 인풋이 될 수 있다. 가령 매달 고객이 줄어들고 있는 소프트웨어 회사가 있다고 치자. 이것은 소프트웨어 회사에는 부정적인 아웃풋이다. 하지만 이것을 현금 흐름을 일으키는 인풋으로 전환할 방도가 있다. 이탈 고객의 정보를 저가 시장에 있는 경쟁사들에 파는 것이다(이것은 누이 좋고 매부 좋은 상황이다).

수백만 달러의 수익을 내는 팟캐스트 시스템을 구축하다

일단 시스템이 황금알을 낳으면, 더 큰 그림을 그리고 더 많은 수익을 창출하는 데 눈을 돌릴 여유가 생긴다. 내게 황금알은 일일 에피소드 1편이다. 왜냐면 1편의 에피소드가 스폰서십 수익을 기반으로 수천 달러의 가치를 지니기 때문이다(2018년 2월 29달러의 비용으로 에피소드 1편을 제작해서 매일 4,000달러의 수익을 봤다. 좋은 마진율이다).

긴 시간과 에너지를 할애하지 않아도 기업이 돌아가는 시스템을 갖추지 않았다면, 내게 이렇게 큰 이익을 벌어들일 방법을 고민하는 데 쓸 여력과 시간이 없었을 것이다. 그 덕분에 또 다른 시스템을 구축했고, 이 시스템이 새로운 스폰서를 끌어들였다.

각 에피소드에는 새로운 CEO와의 인터뷰가 담긴다. 애큐티 스케줄링Acuity Scheduling이라는 툴로 CEO들이 직접 인터뷰 날짜를 선택한다. 그래서 일정을 조율해줄 직원을 따로 둘 필요가 없다. 인터뷰가 완료되는 즉시 애큐티 스케줄링이 CEO에게 메일을 보내 감사의 마음을 전하고 인터뷰가 방송되는 날짜를 알려준다. 여기서 끝이 아니다. 이 프로그램으로 인터뷰를 한 CEO에게 광고를 내보낼 수 있는 빈 시간대를 알려주고 스폰서십에 관심이 있는지도 물어볼 수 있다.

다음은 애큐티 스케줄링이 발송한 메일과 그에 대한 회신이다. 윌리엄William은 이날 팟캐스트 인터뷰를 했던 CEO다.

Re: 방송 스케줄과 관련해

보낸 사람: 윌리엄 ▓▓▓▓▓▓▓▓▓▓▓▓▓▓
받는 사람: 나, 사라

안녕하세요. 애런.
정말 즐거운 시간이었어요. 인터뷰에 초대해주셔서 감사했습니다. 메일에 사라 ▓▓▓▓▓▓▓▓▓▓▓▓▓▓를 첨부했어요. 그녀가 소셜 미디어 포스트를 담당하고 있어요.
팟캐스트 광고를 해본 적이 한 번도 없습니다. 어떤 내용인지 자세히 들어보고 싶네요.
주요 청취에 대한 정보와 비용을 알려주시면 감사하겠어요.
감사합니다.

윌리엄 드림

2018년 2월 12일 월요일 12:49 PM 네이선 랏카 ▓▓▓▓▓▓▓▓▓▓▓▓▓▓님이 작성:

안녕하세요. 윌리엄.

네이선과 팟캐스트 인터뷰를 진행해주셔서 정말 감사드립니다.
인터뷰 방송일을 관련해 연락드렸어요.
아이튠즈, 스티처, 구글 플레이를 통해서 당신의 인터뷰가 담긴 팟캐스트를 구독할 수 있습니다.
추가로 다음 사항을 알려드립니다.

1. 다음 분기에 스폰서십 한 계좌가 남아 있습니다.
고객 확보를 위해 팟캐스트 광고를 해보신 적이 있는지요?
2. 콘텐츠 헤드를 복사해서 이 메일에 회신해주세요. 그리고 소셜 미디어 포스트, 메일 전송이나 다른 유통 채널 일정을 조율하기 위해 연락을 해야 할 담당자 정보를 전달 바랍니다.

3. 주변에 알고 지내는 CEO 중에서 (비슷한 업계면 좋겠습니다) 우리 팟캐스트에 적당한 분이 있다면 소개 부탁드립니다.

감사합니다.

애큐티 스케줄링이 보낸 이런 메일에 대한 회신율은 90% 이상이다.

나는 하루에 1명꼴로 CEO를 인터뷰한다. 매달 30명의 CEO에게 팟캐스트의 스폰서가 되어달라고 요청하는 셈이다. 이중 10%가 팟캐스트 스폰서십에 관심을 보이면 3명의 잠재 스폰서를 확보하게 되고, 실제로 이들 중 1명과 실제 스폰서십 계약을 체결해도 대단한 성과가 된다. 스폰서십은 최소 3만 달러에서 시작되고 최대 18만 달러까지 커질 수 있기 때문이다.

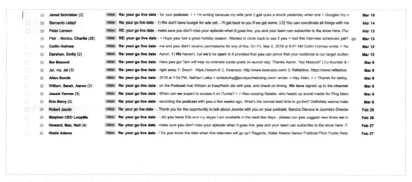

애큐티 스케줄링은 통상적인 나의 메일 업무를 90% 이상 줄여준다.

이처럼 추가적인 현금 흐름과 직접적인 상관관계를 지닌 시스템들이 있다. 그런 시스템들을 개선하는 데 대부분의 시간과 돈을 투자해야 한다. 그것은 스폰서십으로 이어지는 프로그램 다운로드 수이거나, 장바구니에서 담아뒀다가 실제 구매로 이어지는 웹사이트 노출 횟수이거나, 오프라인 매장으로 더 많은 사람들을 유인하는 신문 마케팅일 수 있다.

나는 인스타그램과 페이스북에 팟캐스트 에피소드에 관한 그래픽을 올리곤 했다. 이 작업을 하는 데 에피소드당 3달러의 추가 비용이 발생했다. 이렇게 하면 다운로드 수가 증가하리라고 생각했다. 하지만 생각과 달리 인스타그램과 페이스북에 포스팅한 그래픽이 다운로드 수 증가로 이어지지는 않았다. 다운로드 수가 1만 이상이 되면, 스폰서들에게 에피소드당 500달러의 광고료를 추가로 부과할 수 있다. 다시 말해, 다운로드 수의 증가가 스폰서십 수익으로 연결되어 현금 흐름이 발생한다. 하지만 그래픽이 다운로드 수의 증가로 이어지지 않았기 때문에 현금 흐름도 발생하지 않았다. 그래서 나는 인스타그램과 페이스북에서 그래픽을 삭제했다.

안타깝게도 시간을 많이 잡아먹고 현금 흐름을 일으키지 않는 시스템에 매달리는 경우가 많다. 시스템으로 아무것도 달성하지 못하더라도 시스템을 구축하고 개선하기 위해 시간을 투자하는 자신이 대견하게 느껴질 수 있다. 하지만 분명한 의도를 가지고 아주 의식적으로 시간을 활용해야 한다. 다시 말해, 현금 흐름을 발생시킬 가능성이 있는 시스템에 의식적으로 시간을 들여야 한다. 수익 증대와 직접적인 관계가 없는 시스템은 과감하게 제거할 줄도 알아야 한다.

나 대신에 둘을 고용하면 120%의 아웃풋이 된다

다른 누군가에게 업무를 맡기기를 두려워하는 사람들이 있다. 그런 사람들은 다음의 2가지 생각을 하고 있을 것이다.

1. 그 누구도 나만큼 이 업무를 잘해낼 수 없어.
2. 다른 사람에게 업무를 맡기면, 내 팀에서 더는 내가 필요하지 않을 거야.

하지만 이 세상에서 어떤 분야에서든 당신이 최고일 확률은 매우 낮다. 자신이 최고라고 말하는 자아에 속아서 스스로가 중요한 존재라고 생각하고 있을 가능성이 크다. 물론 당신에게 버금가는 아웃풋을 낼 사람이 없을 수는 있다. 하지만 아웃풋이 당신의 60%밖에 되지 않는 사람 둘을 고용하면 120%의 아웃풋을 낼 수도 있다. 심지어 120%의 아웃풋을 내는 데 당신의 시간은 전혀 들지 않는다.

프로젝트를 추진하기 위해 반드시 처리해야 할 작업이 있다. 그 작업을 나를 포함해 그 누구보다 가장 잘해내는 사람이 이 세상에 분명히 존재한다. 그래서 나는 항상 그런 사람을 찾고 나와 함께 일할 것을 제안한다. 각 분야의 최고 인재들을 두루 모아서 프로젝트를 추진하는 것이다. 이 전략은 모든 프로젝트에 적용할 수 있다. 한 우물만 파고 주변을 보지 못하는 스페셜리스트 전략보다 각 분야의 인재를 두루두루 채용해 함께 일하는 제너럴리스트 전략이 더 효과적일 수 있다.

"하지만 네이션, 내가 다른 누군가로 대체되면 내 팀은 더는 나를 필요로 하지 않을 겁니다!"

이런 생각으로 제너럴리스트 전략에 거부감을 느끼는 사람들이 분명 존재한다. 하지만 이런 생각이 팀 전체를 망치는 것은 시간문제다. 미국 정치시스템을 살펴보자. 대통령 임기가 4년인 데는 이유가 있다. 임기 제한이 없는 다른 나라들도 있다. 이런 나라에서 권력을 얻은 지도자는 다른 누군가가 자신의 위치까지 올라오지 못하도록 하는 시스템을 아주 복잡하게 만들려고 한다. (그런데 이것은 돈을 왕창 벌어다주는 시스템을 발견한 사람에게는 훌륭한 비즈니스 전략이 된다. 미국 택시 업계를 봐라. 그들은 자신들의 기득권을 지키기 위해 각종 로비를 통해 시스템을 복잡하게 만들었다. 그러나 지금 1조 달러 이상의 IPO를 준비 중인 우버가 정면으로 미국 택시업계에 도전하고 있다).

시스템을 복잡하게 만들면, 당신이 그 시스템의 유일한 인풋이 된다. 당신이 유일한 인풋이 되는 시스템은 결코 아웃풋을 성장시키지 못한다. 하지만 이런 상황에서도 아웃풋을 키울 방도는 있다.

1. 똑같은 인풋으로 시스템을 더욱 효율적으로 돌아가게 만든다.
2. 시스템에 저렴한 인풋을 투입해 인풋 대비 아웃풋 비율을 높인다.
3. 1번과 2번을 동시에 한다.

장기적인 성공을 원한다면 생산성을 높여야 한다. 다시 말해, 자신의 시간과 에너지를 포함해서 인풋과 시스템을 업데이트해야 장기적인 성공이 가능하다. 지금까지 혼자서 모든 업무를 처리했다면 각각의 업무를 맡을 인재를 구해야 한다. 이때 소규모 프로젝트를 시도해보라. 누군가의 수행 능력을 판단하려면 하루 종일 이력서를 읽는 것보다 작은 프로젝트를 던져주고 어떻게 해내는지 보는 편이 훨씬 더 효율적이다. 나, 네이선 랏카처럼 학교에서 낙제점을 받았던 창의적인 학생들을 사랑하는 사람은 아무도 없다. 당신이 낙제점을 밥 먹듯이 받던 창의적인 학생이라면 주저 말고 내게 연락하기를 바란다(nathan@nathanlatka.com). 내가 당신을 고용하겠다.

인재를 찾을 때 유용한 사이트들이 있다.

1. **파이버**: 프리랜서 구인구직 사이트다. 모든 프로젝트는 5달러에서 시작한다. 인재를 채용하고 싶은 분야가 정해졌으면, 그 분야와 관련된 간단한 프로젝트를 만들어서 파이버에 올린다. 그리고 해당 프로젝트를 맡을 프리랜서(인재)를 찾아 수행 과정을 살핀다. 좋은 성과를 내는 사람이 있다면 시스템의 인풋으로 삼는다. 다시 말해, 그에게 함께 일해보지 않겠냐고 직접 제안하는 것이다. 그에게 시급을 주면서 일할 수 있고 정식 계약을 체결할 수도 있다. 그와 일하는 방식은 당신이 선택하면 된다.

2. **톱탈**: 코딩이나 소프트웨어 개발에 능통한 사람이 필요하다면, 최고의 소프트웨어 개발자들을 연결해주는 톱탈을 이용해보라. 톱탈에는 전 세계 상위 3%에 해당하는 소프트웨어 개발자들이 존재한다. 비용은 시간당 50달러에서 시작된다. 겟랏카와 관련해 1,000달러 프로젝트를 톱탈에 올렸다. 이 프로젝트를 맡은 개발자는 훌륭하게 일을 수행했고, 나는 그와 계속 일하기 위해서 톱탈에 더 높은 금액의 프로젝트를 올리고 있다.

3. **업워크**: 업워크는 가격과 인력 측면에서 파이버와 톱탈이 적절히 결합된 프리랜서 사이트다. 업워크에 등록된 프리랜서들은 프로젝트의 성격에 따라 시간당 2달러를 받는다. 나는 더 톱 인박스와 관련해 2,000달러 프로젝트

를 업워크에 올렸다. 이 프로젝트를 따낸 개발자는 일을 잘해냈고, 나는 그가 너무 마음에 들었다. 결국 나는 그에게 6개월 동안 총 2만 달러를 지급하고 프로젝트를 진행했다.

때로는 인재 채용이 능사가 아닐 수 있다. 하고 있는 일이 반복적이라면 더욱 그렇다. 가령 반복적인 작업으로 이뤄진 프로젝트를 추진할 때 사용되는 애플리케이션을 통합할 필요가 생길 수 있다. 이런 경우, 자피어Zapier를 이용하는 것이 더 저렴하고 효율적일 수 있다. 자피어는 사용자가 작업 흐름을 쉽게 자동화할 수 있도록 750개 이상의 애플리케이션을 연결하는 애플리케이션 자동화 플랫폼이다.

나를 오스카로 보낸 '결정 시스템'이 있다

엄청나게 비싼 제품이나 서비스를 구매할 때, 그 소비가 가치 있는지 없는지를 어떻게 판단할까? 며칠 전에 나는 엄청나게 비싼 LA 베벌리힐스 호텔에 투숙할지를 두고 고민하고 있었다. 하룻밤 숙박료가 600달러다. 대체로 감당하기에는 너무 비싼 요금이다. 나는 아주 간단한 '결정 시스템'을 구축했다. 이렇게 비싼 소비를 앞두고 이 시스템을 활용해서 결정을 내린다. 그 덕분에 매번 비싼 돈을 지출하고 무언가를 사거나 어떤 서비스를 이용할지 말지를 고민하는 데 에너지를 덜 쓸 수 있다. 그리고 아주 간단한 시스템이라서 활용도도 높다.

현재의 월 소득으로 매일 이처럼 비싼 상품과 서비스를 이용할 수 없다면 상품과 서비스를 구매하지 않는다. 이렇게나 간단한 시스템이다. 이것이 내 법칙이다. 차를 사든, 집을 사든, 휴가를 떠나든, 저녁 식사를 하든 모든 것에 이 시스템이 적용된다.

가령 내가 한 달에 3,000달러를 벌고 비용을 제외한 월 순소득이 1,000달러다. 하룻밤에 600달러를 호텔에 쓸지를 결정해야 할 때 스스로 '매일 이 돈을 쓸 능력이 되나?'를 묻는다. 한 달 동안 밤마다 600달러를 쓰면, 총 지출은 1만 8,000달러다. 내 월 순소득은 1,000달러이니, 나는 이 호텔에 투숙하지 않을 것이다.

여담으로 나는 매년 엘튼 존의 에이즈 재단을 후원하기 위해서 오스카에 간다. 그리고 하룻밤에 800달러 하는 최상급 호텔인 베벌리힐스-더 런던 호텔에서 묵는다. 이 비싼 호텔에 투숙하는 데 아무 문제가 없기 때문이다. 내게 매달 2만 4,000달러 이상의 불로소득이 들어온다. 하룻밤에 800달러의 불로소득이 들어오는 셈이다. 그러니 나는 하룻밤 800달러의 숙박료를 내고 한 달 내내 런던에서 지낼 수도 있다. 하루이틀 '돈을 펑펑 쓰는 것'은 내게 전혀 문제가 아니다.

이렇게 돈을 쓰기로 마음먹으면 나는 제대로 돈을 쓴다. 평소에는 바나나 리퍼블릭에서 산 검은 티셔츠와 검은 청바지를 즐겨 입는다. 하지만 돈을 쓰기로 마음먹은 때는 이야기는 달라진다.

　여기 두 장의 사진을 보라. 2018년 오스카에 갈 때 나는 베르사체 재킷을 입고 스와로브스키 크리스탈이 달린 페라가모 신발을 신고 랄프로렌 액세서리를 착용했다. 전부 합쳐서 2만 달러가 넘는다(여기에 스타일리스트까지 고용했다).

할리우드 로데오 드라이브에 있는, 전 세계에서 오직 2곳밖에 없는 티파니 펜트하우스에서 베르사체 재킷을 입은 모습.

2018년 엘튼 존 오스카 파티.

　뉴 리치들은 구매할 것인가 임대할 것인가를 두고 매번 이런 식으로 사고한다. 하루에 5,000달러를 주고 전용기를 임대할 것인가? 아니면 500만 달러에 구매할 것인가? 매달 새로운 전용기를 살 수 있는 능력이 된다면, 후자를 선택해라. 이런 결정 시스템을 활용하면 고민하는 데 드는 에너지를 줄여줌으로써 다른 생산적인 일에 더 집중할 수 있게 된다. 이 간단한 법칙이 빠른 결정으로 이어진다.

4. 제4의 법칙

금광석을 캐는 광부에게
곡괭이를 팔아라

"'금을 캐거나 곡괭이를 팔 수 있다.'

이것은 캘리포니아 골드러시를 빗대어 한 말이다.

수많은 사람이 금을 캐기 위해서 캘리포니아로 몰려들었을 때,

레비 스트로스와 새뮤얼 브래넌과 같은 성공한 사업가들은 직접 금을 캐는 대신에

외바퀴 손수레, 텐트, 청바지, 곡괭이 등 금을 캘 때

필요한 물품을 광부들에게 판매했다.

금을 직접 캐내는 것이 부자가 될 가능성이 더 큰, 매력적인 방법이었지만

실제로는 그렇지 않았다. 금을 캐는 데 필요한 물품을 판매하는 것보다

금을 캐는 행위가 자본과 노동 수익률이 낮았다."

- 비즈니스 인사이더Business Insider

SEND ▼

누차 말하지만, 부자가 되기 위해서 완전히 새로운 아이디어를 고민하는 것은 어리석은 짓이다. 당신은 이미 이 사실을 알고 있다. 새로운 아이디어는 실패할 확률이 너무나 높다. 게다가 당신보다 먼저 이미 수많은 사람들이 가본 길일 가능성도 크다. 불가능에 도전하고자 한다면 반직관적으로 접근해야 한다. 대중들의 시선을 한 번에 사로잡을 생각은 버려라. 그 대신 그들이 무엇을 좇는지 봐라. 그것을 중심으로 이미 시장이 형성되어 있을 것이다. 이미 형성된 시장에 뛰어들어라.

여기서 '금을 캐는 광부에게 곡괭이를 파는 전략'의 강점이 발현된다. 금을 캐는 광부들이 힘든 일을 모두 하도록 내버려두고 그들이 만들어낸 시장에서 수익만을 취한다. 이 전략은 B2B 시장과 소비자 시장 모두에 효과가 있다. 예를 들어, 모두가 피젯 스피너^{fidget spinner} 장난감에 돈을 쓰는 동안에 당신은 '피젯 스피너 스티커 키트'를 파는 거다. 아마존은 제조업체로부터 도매가에 물건을 받아 직접 판매하는 온라인 상거래 방식이 아닌 외부 판매자들, 즉 제삼자 판매자를 위한 마켓 플랫폼을 운영하고 있다. 아마존이 제삼자 판매자들과의 거래를 통해 수익을 창출할 동안에 당신은 제삼자 판매자들을 위한 재고 추적 시스템을 개발하는 것이다. '곡괭이'는 모든 시장에 존재한다. 단, 숨어 있어 눈에 잘 보이지 않을 뿐이다. 하지만 '곡괭이'를 찾으려고 애쓸수록 더 많은 '곡괭이'가 스스로 모습을 드러낼 것이다.

사람들 대부분이 금을 캐는 대신 곡괭이를 파는 아이디어를 반길 것이다. 하지만 곡괭이를 생산해 판매하기 위해서는 상당한 자제력이 필요하다. 전망이 밝은 시장에서 다른 사람들이 성공하는 것을 보면서 시장에 곧장 뛰어들지 않을 수 있는 자제력 말이다. 그런데 그 시장이 참을 수 없을 정도로 매력적이면 어떻게 해야 할까? 투자자인 친구가 벤처캐피털에 관해 이야기할 때 그랬다. 그는 2014년 스타트업이 유치한 벤처자금이 총 483억 달러였다고 내게 말했다. 2016년 벤처자금은 691억 달러가 됐다. 이 데이터에 호기심을 느낀 나는 다른 스타트업 창업자들에게 벤처자금이 어떤 의미인지 묻기 시작했다. 대다수가 스타트업을 시작한 뒤에 개인적으로 벤처자금을 모으기 위해서 벤처캐피털의 도움을 받았고, 벤처캐피털에 들어가는 것이 자신들의 꿈 중 하나라고 말했다. 당시 벤처캐피털 업계는 급격히 성장하고 있었다. 돈을 사랑하는 내 심장이 뛰기 시작했고 이 업계에 당장 뛰어들라고 말했다. 하지만 나는 더욱 유망한 곡괭이를 찾아냈다.

벤처캐피털 업계는 모두가 좇고 싶은 금광이다. 이 업계에서 곡괭이는 데이터다. 벤처캐피털 회사는 안정적인 이익을 얻기 위해서 기업(스타트업) 데이터에 많이 의존한다. 나는 수백 개의 벤처캐피털 회사들이 존재하지만, 그들의 스타트업 정보에 대한 접근성은 제한적일 것이라고 생각했다. 그래서 나는 겟랏카를 설립해 벤처캐피털 회사에 기업 정보를 팔아서 돈을 벌기로 마음먹었다.

물론 이미 이 사업을 하고 있는 기업들이 있었다. 그래서 나는 그들의 비즈니스 모델을 **공부**하고 **모방**하고 **개선**했다. 마이클 블룸버그는 거의 모든 경제 데이터의 조회가 가능한 '블룸버그 터미널Bloomberg Terminal'을 금융 업계에 팔아서 막대한 수익을 챙겼다. 그는 경제 데이터를 소유했다. 피치북PitchBook, HG 데이터HG Data, 매터마크Mattermark, CB 인사이트CB insights, 크런치베이스Crunchbase, 지라Jirra, 아울러Owler 등이 기업 데이터 시장에 뛰어들었다. 나는 이것이 내가 만들어서 팔아야 하는 곡괭이인지 확인하기 위해 이들이 실제로 수익을 내고 있는지 확인해야 했다.

CEO들이 나에게 수익을 공개하는 이유

다짜고짜 그들에게 전화해서 "지난달에 얼마나 버셨어요?"라고 물어볼 수는 없는 노릇이다. 그래서 나는 그들에게 팟캐스트 인터뷰를 제안하는 메일을 보냈다. 팟캐스트에서는 그들의 수익과 사업 전략을 자유롭게 물어볼 수 있다. 이렇게 얻은 정보를 분석하고 정리했고 경쟁자들을 물리치기 위해서 나만의 전략을 세웠다. 매터마크는 2015년 240만 달러의 수익을 올렸다. 직원 47명을 두고 있는 매터마크는 1,800만 달러의 펀드를 조성했고, 2016년 4월부로 월간 27만 5,000달러의 펀드를 운용하고 있었다(매터마크는 풀콘택트FullContact에 50만 달러에 급매로 팔렸다). 비슷한 시기 아울러는 수익을 올리기 전이었지만 1,900만 달러의 자금을 조달했다. CB 인사이트는 2015년 800만 달러의 수익을 올렸고, 2016년에는 수익이 1,440만 달러였다. 매터마크가 범했던 실수만 피할 수 있다면, 기업 데이터 시장은 상당한 수익을 얻을 수 있는 '핫한' 시장이었다. 매터마크는 오직 벤처캐피털 회사에만 단돈 월 몇백 달러에 기업 데이터를 팔았다. 결국 데이터를 판매할 벤처캐피털 회사들이 바닥났고 저가 정책에 발목이 잡혔다. 이 문제를 깨닫고 일반 영업팀에 기업 데이터를 판매하는 것으로 전략을 수정했지만, 때는 이미 늦어버렸다.

나는 고가 전략을 펼칠 생각이었다. 그러므로 겟랏카가 두드러져야만 했다. 기존 경쟁자들 사이에서 고객의 관심을 끌기 위해서 저가에 데이터를 마구 팔아치우고 싶지는 않았다. 이 부분에서 팟캐스트를 활용하기로 했다. 이는 마치 내가 키우고 있던 황금거위가 새로 데려온 황금거위에 숨을 불어넣는 셈이었다. 단, 키우던 황금거위가 데려온 황금거위보다 훨씬 더 크고 더 많은 황금알을 낳아야만 가능한 일이다.

팟캐스트는 2가지 황금알을 낳고 있었다. 하나는 팟캐스트 스폰서십이었다. 나는 팟캐스트의 스폰서십을 통해 상당한 수익을 올리고 있었다. 스폰서십으로 벌어들이는 수익은 수십만 달러에 달했다. 나는 그해 여러 스폰서들에게서 광고 수익을 올렸다.(39쪽 참조)

다른 하나는 겟랏카다. 팟캐스트에서 CEO를 인터뷰하면, 나는 그들에게서 얻은 정보를 데이터베이스에 저장한다. 이렇게 하면 수익 정보, 성장 정보 등 여러 소프트웨어 회사들에 대해 다양한 데이터가 축적된다. 나는 이렇게 축적한 데이터를 벤처캐피털 회사에 판매하고 그들에게 해당 기업의 CEO들을 연결해주기도 한다. 벤처캐피털 회사 입장에서 기업 정보는 매우 중요하다. 그리고 자금을 조성하려면 CEO들과의 인맥도 상당히 중요하다. 최고의 기업가들을 찾고 그들로부터 투자를 끌어내야 하기 때문이다. 그래서 대형 벤처캐피털 회사들과 사모펀드 회사들이 월 5,000~1만 5,000달러를 내고 겟랏카의 데이터 세트에 접근하는 이유다. 나는 매달 가격을 올린다. 당신이 이 글을 읽고 있는 이 순간에도 겟랏카의 이용료는 올라가고 있다.

추가로 나는 매주 새로운 B2B 소프트웨어 CEO들에게 팟캐스트 인터뷰를 위해 전화를 한다. 15~25통 정도 된다. 벤처캐피털 회사에 소속된 애널리스트들의 경우에는 기껏해야 일주일에 4~6통이 전부다.

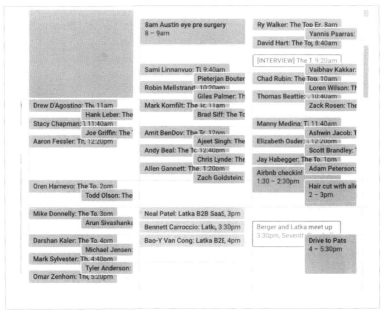

일주일 동안 CEO들과 나눈 통화 내역.

107

내가 보유한 기업 데이터는 해당 기업의 CEO에게서 직접 나온 것이다. 그래서 구매할 가치가 충분하다. 기업을 이끄는 CEO보다 더 정확한 수익 데이터, 고객 데이터, 팀 데이터, 가입자당 평균 매출액 데이터 혹은 고객 이탈 데이터 등을 제공할 수 있는 사람은 없다. 내 경쟁자들은 웹사이트와 블로그에서 고객 규모 등 기업 데이터를 긁어모은다. 그래서 그들의 데이터는 정확하지 않다. 매출액조차 파악하지 못하는 경우가 태반이다. 경쟁자들은 이런 유용한 데이터를 찾을 수가 없는 것이다.

엄밀히 말하면 벤처캐피털 회사들은 내 팟캐스트를 듣기만 하면 겟랏카에서 제공하는 기업 데이터를 모두 얻을 수 있다. 하지만 그들은 편안하게 팟캐스트를 청취할 시간적 여유가 없다. 그래서 겟랏카에 비용을 지급하고 데이터베이스에 접근하는 것이다. 내가 하는 일은 벤처캐피털 회사들이 좀 더 쉽게 정보에 접근하고 소비할 수 있도록 팟캐스트가 무료로 제공하는 콘텐츠를 데이터베이스로 정리하는 것이 전부다.

겟랏카는 이렇게 운영된다.

1. 겟랏카로 가서 전체 데이터베이스의 5%를 무료로 본다.

NAME	ARR	MRR	RAISED	2016 REVENUE	TEAM SIZE	REVENUE/EMPLOYEE
CloudCherry	$1M-$1.2M	$88K-$100K	$9.5M	$333.3K	74	$4.5K
LeanData	$5.0M-$7.5M	$416.5K-$625K	$18M	$5.0M	50	$100.0K
Cirrus Insig...	$12M-$14.4M	$1M-$1.2M	$1.1M	$7.7M	58	$132.4K
Chatmatic	$300K-$540K	$25K-$45K	$0	$1.4M	8	$175K
Buzzbuilder	$1.2M	$100K	$0	$600K	10	$60K

2. 더 많은 정보를 확인하고 싶은 회사를 클릭한다.

3. 자세히 확인하고 싶은 데이터 포인트를 클릭한다(밑줄 쳐진 데이터 포인트). "월 매출은 100만 달러 혹은 1,200만 달러 정도입니다."와 같은 직접적인 데이터는 시러스 인사이트 CEO의 인터뷰를 통해 확보한 것이다.

4. 시러스 인사이트 CEO 브랜든 브루스는 인터뷰 영상 40초에서 해당 데이터 포인트를 공개한다. 데이터베이스의 모든 데이터 포인트는 팟캐스트를

위해 촬영한 인터뷰 영상에서 CEO가 해당 발언을 한 부분으로 바로 연결된다.

어떤 기업의 회계장부를 직접 들여다보지 않는 한, CEO에게서 나온 정보보다 더 신빙성 있는 정보는 없다. 벤처캐피털 회사들이 투자 목표를 달성하려면 이런 종류의 구체적인 정보가 필요하다. 그래서 다른 사람들이 황금(투자할 가치가 있는 회사)을 캐러 벤처캐피털 회사에 들어가길 꿈꾸는 동안, 나는 그들에게 황금을 찾을 수 있는 도구를 팔고 있다. 겟랫카는 사업을 시작하고 첫 3개월 동안 10만 달러의 매출을 올렸다. 오늘날에는 몇 배에 달하는 매출을 올리고 있다. 나는 겟랫카에서 얻은 이익(아웃풋)으로 다른 프로젝트에 투자한다. 이것이 바로 수익과 투자의 선순환이다.

5,000달러 추가 수익을 올릴 나만의 '곡괭이'를 찾자

수익성 좋은 사업 아이디어를 원하는가? 그러면 고객에게 무엇을 원하는지 직접 물어보라. 많이 듣던 조언이지 않은가? 실제로 이 말은 매우 끔찍한 충고다. 고객에게 원하는 것이 무엇이냐고 물으면, 그들은 뭔가 거창하고 구미가 당기는 이야기를 한다. 이 아이디어로 사업을 하면 당장 부자가 될 것만 같다. 문제는 누구나 고객에게 무엇을 원하느냐는 질문을 던질 수 있다는 점이다. 다시 말해, 그들의 대답을 듣고 생각해낸 거창하고 구미가 당기는 아이디어는 이미 누군가가 사업화해

수익을 올리고 있을 가능성이 크다. 굳이 고객의 말만 듣고 시장에 뛰어들어 수많은 사람들과 경쟁할 필요가 있을까? 따라서 사업 아이디어를 얻기 위해 고객에게 물어보라는 조언은 끔찍한 조언이고 파산으로 가는 지름길이다.

고객에게 물어보는 것은 좋다. 하지만 그들이 말한 그대로 사업을 하지는 말라. 고객이 매주 현관 앞까지 식재료가 배달됐으면 좋겠다고 말한다고 해서, 곧장 식료품 배달 시장에 뛰어들어 스라이브 마켓Thrive Market, 헬로프레시HelloFresh, 블루 에이프런Blue Apron과 경쟁하지는 말라. 대신에 이런 회사들에 필요한 것이 무엇인지를 고민하고 그것을 제공하자. 창고에서 고객의 집까지 식재료를 배달하는 서비스가 그중 하나다. 온플릿Onfleet은 이런 비즈니스 모델을 보유하고 있다. 보유 고객사도 300곳을 초과했고, 2016년 210만 달러의 매출을 기록했으며, 450만 달러의 자금을 조달했다. 온플릿의 B2B 소프트웨어 프로그램은 식료품 배달 회사들이 배달 시스템을 관리하고 분석하도록 돕는다. 헬로프레시도 온플릿의 고객이다.

식료품 배달 시장은 빙산의 일각에 불과하다. 모두가 수면 위로 드러난 거대하고 햇빛을 받아 반짝이는 부분만을 이야기한다. 굳이 끝까지 말하지 않더라도 내가 하고 싶은 이야기가 무엇인지 알 것이라 생각한다. 빙산의 더 큰 부분은 사람들이 볼 수 없는 수면 아래에 있다. 바로 이 부분에 집중하고 공략해야 부자가 될 승산이 생긴다. 바로 수면 아래에 있는 부분이 당신에게 큰돈을 벌어다 줄 것이다. 그러나 고객들은 수면 아래에 있는 빙산을 보지 못하고 알지도 못한다. 그러므로 고객들에게서 수면 아래의 빙산에 대해서는 단 한마디도 듣지 못할 것이다.

수면 아래의 빙산을 공략하는 전략은 대대로 성공했다. 기억해라. 골드러시 동안 가장 많은 돈을 벌어들인 사람들은 금을 캐려던 광부가 아니었다. 그들에게 금을 캘 수 있게 **곡괭이를 팔았던 사람들**이었다.

사업 아이디어를 얻을 수 있는 고객층에 대한 접근성이 없거나 이 노선을 따르고 싶지 않은가? 그렇다고 걱정할 것 없다. 당신에게 '곡괭이'가 되어줄 사업 아이디어를 찾을 기회는 여전히 무궁무진하다.

▶ **매우 대중적인 상품의 파생상품을 팔아라.** 잘 팔리는 상품들을 살펴보면, 해당 상품과 관련해 추가로 소비자들에게 판매할 만한 아이템들을 찾을 수 있다. 예를 들어, 아이폰과 아이폰 케이스를 생각해보자. 아마존에서 아이폰 케이스를 검색하면, 5만 건 이상의 검색 결과가 나온다. 파생상품은 인기 상품의 수요에 편승할 수 있는 분명 좋은 사업 아이템이다. 잘 팔리는 상품을 살펴보고 그 상품의 파생상품을 팔아라.

▶ **매일 아침에 새로운 시각으로 뉴스 헤드라인을 읽어라.** 내가 이 책을 쓸 때는 해킹이 기업들에게 상당히 큰 이슈였다. 소비자들은 드론, 차량 공유 서비스와 온디맨드On-demand 식료품 배달 서비스에 집착했다. 그리고 암호화폐에 대해서 이야기하지 않는 사람이 없었다. 여기서 암호화폐를 사들이거나 직접 암호화폐공개*를 하는 대신에, 사람들이 암호화폐공개를 추적할 수 있도록 대시보드를 개발했다면 어땠을까? 핫한 시장에 편승해 돈을 벌

---

* Initial Coin Offering, ICO. 암호화폐를 판매해 자금을 조달하는 방법으로 일반 기업들이 주식을 상장하는 기업공개IPO와 유사하다.

어보자. 이 경우에 당신의 곡괭이는 기본적으로 암호화폐공개를 추적하는 데이터 세트가 된다. 뉴욕증권거래소가 기업공개할 때 이와 같은 역할을 한다.

암호화폐거래소인 코인베이스Coinbase는 사람들이 자신들의 암호화폐를 관리하고 실제 세계에서 사용할 수 있도록 암호화폐를 달러로 전환해준다. 회사는 거래 수수료를 챙긴다. 코인베이스는 2012년 설립됐고 미디어가 암호화폐에 열광하며 관련 기사를 쏟아낸 덕분에 급성장했다. 코인베이스는 2017년 1억 달러의 자금을 조달했고 16억 달러의 기업 가치를 기록했다.

▶ **다른 시장을 찾아라.** 영업사원들을 대상으로 컨설팅 사업을 한다면, 영업사원들에게 다양한 클라우드 컴퓨팅 서비스를 제공하는 세일즈포스 앱익스체인지Salesforce AppExchange나 허브스팟HubSpot에서 트렌드를 살펴보기를 바란다. 내가 이 책을 쓸 당시, 겟피드백GetFeedback, 드롭박스Dropbox 그리고 헬로사인HelloSign이 세일즈포스 앱익스체인지에서 가장 많이 다운로드된 애플리케이션이었다. 겟피드백은 기업들이 자신들의 고객들을 대상으로 설문조사를 하고 그 결과를 영업팀에 보내는 프로그램이다. 다운로드 상위권에 랭크된 애플리케이션으로 상당한 매출을 기록하고 있다. 영업사원들이 겟피드백을 통해 입수한 데이터를 잘 분석할 수 있도록 도와주는 것은 어떨까? 영업사원들을 대상으로 교육 컨설팅을 하는 것이다. 여기서 이러한 사업 구상도 가능하다. 영업 프로그램 시장에 뛰어들어 겟피드백과 같은 거대 기업들과 경쟁할 필요가 없다. 영업사원들이 겟피드백과 같은 기업들이 개발한 프로그램을 더욱 효과적으로 사용할 수 있도록 도와

줌으로써 수익을 창출할 수도 있다. 겟피드백과 같은 기업들이 만들어놓은 시장에 발만 살짝 담그는 거다.

이 경우, 고객을 어떻게 찾을까? 세일즈포스 앱익스체인지에서 겟피드백을 클릭해서 후기를 남긴 사람들을 살펴봐라. 그들이 당신의 새로운 컨설팅 서비스의 첫 잠재 고객이 될 것이다.

▶ **온라인 학습 플랫폼을 활용하라.** 유데미Udemy와 같은 이러닝 플랫폼에서 인기 있는 강좌가 무엇인지 살펴보기를 바란다. (사람들이 배우고 싶은 기술을 보유하고 있다면) 기존의 인기 강좌를 약간만 바꿔서 유사한 강좌를 론칭할 수도 있다. 혹은 유사한 니즈를 충족시키는 독립 회사를 세울 수도 있다. 마크 프라이스Mark Price는 이 2가지 일을 동시에 해냈다. 마크 프라이스는 유데미에서 사람들에게 코딩을 가르쳤다. 학생수가 4만 명을 넘자, 그는 2017년 코팅 학습용 SaaS* 업체인 데브스로페스Davslopes를 창업했다. 회사를 창업하고 첫 달에 130명의 학생들이 월 20달러의 수업료를 그에게 지출했다. 이로써 총 2,600달러의 신규 반복 매출을 확보한 것이다. 3개월 이내 그 규모는 1만 달러의 월 반복 매출로 증가했다.

▶ **인플루언서들을 주목하라.** 유명 인사들과 소셜 네트워크 팔로워가 100만

---

* 서비스형 소프트웨어Software as a Service. 소프트웨어 및 관련 데이터는 중앙에서 호스팅되고 사용자는 웹 브라우저 등의 클라이언트를 통해 접속하는 형태의 소프트웨어 전달 모델이다. 온디맨드 소프트웨어라고도 한다.

이 넘는 인플루언서들은 무슨 이야기를 하고 있나? 그들은 전용기와 이국적인 에어비앤비 숙박 시설에서 찍은 사진을 자신들의 계정에 자주 올린다. 게스티Guesty는 에어비앤비에 등록된 숙박 시설에 대해 자산관리 서비스를 제공하는 소프트웨어 업체다. 게스티는 에어비앤비라는 호랑이 등에 올라타서 매출을 올리고 있다. 에어디앤에이AirDNA도 마찬가지다. 에어디앤에이는 에어비앤비에 등록된 임대 숙소에 대한 데이터를 제공한다. 제트스마터JetSmarter는 자신의 전용기를 임대로 내놓거나 다른 사람의 전용기를 임대할 수 있는 플랫폼을 만들었다. 두 회사 모두 이미 형성된 시장에서 고액 개인 자산가들에게 서비스를 제공한다. 멋진 비즈니스 모델이다.

진출하고 싶은 업계와 관련된 블로그도 살펴라. 블로그에는 어떤 회사들에 관한 이야기가 올라와 있나?

▶ **킥스타터와 같은 크라우드펀딩 사이트의 트렌드를 읽어라.** 분명 자금이 몰려드는 분야가 있을 것이다. 바로 그것이 뜨는 분야이고 그 분야로 모든 것들이 집중될 것은 자명하다. 리버티플러스Liberty+의 무선 이어폰인 사운드버즈Soundbuds는 킥스타터를 통해 170만 달러 이상의 자금을 모았다. 점점 많은 기업이 음향산업에 진출하고 있다. 애플은 무선이어폰 에어팟을 출시했고, 구글은 인공지능 스피커 구글 홈을 선보였으며, 아마존은 스마트 스피커 아마존 에코를 공개했다. 이는 이 분야가 앞으로 계속 성장할 것이라는 강한 신호다. 이 음향기기들로 무엇을 할 수 있을까? 이 모든 음향기기들은 아마존 AI 비서 플랫폼인 알렉사Alexa 디바이스로 집에서 소비자에게 음성 콘텐츠를 제공하는 알렉사 스킬을 개발하는 데 도움이 된다. 참고로, '스킬'은 알렉사를 통해 작

동하는 명령어이자 일종의 응용프로그램이고, 소비자는 알렉사에 스킬을 추가하는 것으로 더 많은 명령과 기능을 활성화할 수 있다.

킥스타터와 같은 크라우드펀딩 사이트는 트렌드를 읽는 최적의 학습처다.

▶ **패트리온Patreon에서 어떤 디지털 제품이 인기가 있는지 살펴라.** 만화부터 팟캐스트까지 패트리온을 이용하는 크리에이터들은 얼마나 후원을 받았는지 매달 공개한다. 여기서 소비자들이 무엇을 좋아하고 싫어하는지를 파악할 수 있다. 이 책을 쓸 당시, 패트리온의 팟캐스트 부문에서 차포 트랩 하우스가 매달 10만 달러 이상의 후원을 받았다. 이렇게 후원을 많이 받는 프로젝트의 크리에이터 페이지를 방문해 왜 그렇게 후원을 많이 받는지 분석해보자. 인기 크리에이터의 콘텐츠를 청취하고 인기가 있는 이유를 고민해라. 그러다 보면 크리에이터들이 후원자들의 니즈를 충족시키는 데 도움이 될 만한 무언가에 대한 아이디어가 떠오를 수도 있다. IT 분야에 진출하고자 한다면, 프로덕트헌트ProductHunt에서 가장 많이 득표한 아이템들을 살펴봐라. 프로덕트헌트는 테크 스타트업을 소개하고 투표를 통해 순위를 매기는 일종의 '테크 스타트업계의 빌보드 차트'다.

패트리온에 상위 랭크된 크리에이터들.

크리에이터들에게 중요한 것은 무엇일까? 이 물음에 대해 한번 고민해보자. 패트리온의 모든 크리에이터들은 '후원자 이탈'을 매달 경험한다. 여기서 패트리온 파생상품에 대한 아이디어를 생각해낼 수 있다. 가령 크리에이터들이 후원자 이탈을 관리하는 프로그램을 개발한다면 어떨까? 크리에이터들에게 이렇게 말하는 것이다. "이봐! 100명의 후원자들이 50달러씩 매달 후원을 한다고 가정해보자고. 그런데 이 100명의 후원자들이 이탈한다면, 5,000달러의 손해를 보겠지. 20%나 10% 손해를 덜 보게 해주는 툴이 내게 있는데, 한번 사용해보겠나?"

이런 관점에서 산업계를 들여다 보면, 새로운 아이디어가 마구 떠오르기 시작할 것이다. 다른 사람들이 원하는 아이템을 떠올렸다면, 그 아이템이 실제로 사업성이 있는지 입증해야 한다. 다른 사람들이 원하는 아이템은 눈에 보이는 빙산의 일각일 뿐이다. 그것이 합법적인 아이템이라 판단했다면, 눈에 보이지 않는 부분으로 눈을 돌려라. 그리고 눈에 보이지 않는 부분을 직접 만들어나가라. 아니면 이미 증명된 시장을 분석해 파생상품을 판매해라. 너무나 명확하지 않은가? 금을 캐는 광부에게 곡괭이가 필요하듯이, 아이폰 사용자들에게는 아이폰 케이스가 필요하고, 큐리그Keurig 커피 머신 사용자에게는 커피 컵이 필요하다. 아이디어나 산업이 탄탄한 수익을 발생시키고 있는지 확인하는 방법이 몇 가지 있다.

▶ 시프터리Siftery에서 특정 업계에서 기업들이 어떤 툴을 유료로 사용하는지 확인할 수 있다. 다른 사람들이 눈치채기 전에 가장 인기 있는 툴이 무엇인지 확인할 수 있을 것이다.

▶ 소비자들이 애플리케이션을 유료로 사용하는지 확인하려면 앱스토어의 매출 상위 리스트를 확인하자.

▶ 주변 술집의 매출 데이터를 얻고자 한다면 주류 면허 사이트를 살펴보자.

이런 비즈니스 전략의 좋은 점은 일단 아이디어가 사업성이 있는지 확인하고 나면, 해당 아이디어를 소비하도록 사람들을 설득하려고 애쓸 필요가 없다는 것이다. 새롭게 시장을 형성한다는 것은 아주 힘든 일이다. 하지만 그 힘든 일을 이미 다른 누군가가 했다. 당신은 다른 누군가가 힘들여서 만들어놓은 시장에 숟가락만 얹으면 된다.

동영상 콘텐츠를 봐라. 페이스북의 뉴스피드 알고리즘만 봐도, 동영상 콘텐츠가 과거보다 얼마나 다양해졌는지 알 수 있다. 동영상 마케팅은 미래다. 특히 소셜 미디어 이용자들을 공략하고자 한다면, 동영상 마케팅은 절대 간과해서는 안 된다. 그러나 동영상을 제작하는 것은 어렵다. 그래서 비드야드Vidyard와 비디오블록스Videoblocks와 같은 동영상 플랫폼 기업들이 대성공한 것이다. 비드야드는 스톡 동영상의 구매와 이용을 쉽게 만들었다. 그 결과 7,000만 달러의 자금을 조달했다. 직원이 132명에 이르고 2016년에 800만 달러 이상의 매출을 기록했으며, 15만 명 이상의 고객을 보유하고 있다. 스톡 동영상은 개인 또는 기업이 다양한 영역에서 저작권 문제없이 상업적 또는 비상업적으로 동영상을 제작해 사용할 수 있는 동영상 소스를 말한다.

과거의 성공적인 비즈니스 패턴을 모방하라

과거의 성공적인 비즈니스 패턴을 오늘날의 뜨는 시장에 적용하는 것도 좋은 전략이다.

드론 소프트웨어 개발업체인 드론디플로이DroneDeploy가 바로 이 전략을 사용했다. 2013년 드론 소프트웨어를 출시한 이후, 드론디플로이는 3,000만 달러의 자금을 조달했다. 그리고 고객사 수는 1,000곳을 넘어섰고 연 매출은 100만 달러에 이른다. 드론은 새로운 시장이다. 하지만 드론디플로이는 10년 전 애플리케이션 개발사들의 비즈니스 패턴을 그대로 따라 했다. 바로 가장 인기 있는 신규 기기에서 작동되는 소프트웨어를 개발해 매출을 올리는 것이다.

과거 위대한 기업가들에게서 성공적인 비즈니스 패턴을 배울 수 있다. 성공한 사업가의 전기를 읽고 그들을 정상에 올려놓은 행동방식과 전략을 찾아라. '미국의 천재American Genius'와 '미국을 일으킨 거인들The Men Who Built America'과 같은 다큐멘터리도 도움이 될 것이다.

인수 전략과 곡괭이 전략을 결합시키다

테드 터너Ted Turner는 TV라는 금광에서 돈을 벌어 거대한 언론 제국을 건설했다. 광고주들은 많은 사람들이 보는 TV를 통해 광고하기를 몹시 원했다. 테드 터너는 이 점을 잘 알고 있었다. 하지만 사람들의 이목을 TV에 붙잡아두지 못한다면, 광고주들이 TV 광고에 투자할 이유가 없다는 것도 그는 알았다. 그래서 테드 터너는 매력적인 콘텐츠를 개발하기 시작했다.

테드 터너는 사람들이 계속 TV를 보게 만드는 데 집착했다. 그는 이라크 전쟁을 중계했고 스포츠팀들을 인수해 스포츠 경기의 중계권을 확보했다. 월드 챔피언십 레슬링을 인수했고 레슬링의 인기를 되살려 사람들을 다시 TV 앞으로 끌어들였다. 인기 시트콤을 재방송하고 고전 영화를 내보내기도 했다. 그가 보유한 자산 하나하나가 TV라는 금광으로 달려드는 광고주들에게 금을 캘 곡괭이 역할을 했다. 그는 심지어 자신의 쇼에 광고주들의 브랜드를 등장시켰다. 물론 이를 위해 광고주들은 그에게 더 많은 돈을 내야 했다.

테드 터너는 1970년 지역 방송국인 애틀랜타 TV로 언론계에 첫 발을 내디뎠다. 그 이후 그는 지역 방송국들을 인수하며 거대한 방송 네트워크를 형성했다. 그리고 이를 발판 삼아 계속 성장했다. 통신위성 2호는 순식간에 방송권역을 확장해 CNN을 전 세계 방송 네트워크로 변모시켰다. 그 결과 그는 모든 소비자들의 가정에 방송을 내보낼 수 있게 됐다.

오늘날에 누구든지 원한다면 테드 터너가 자신의 언론 제국을 건설하는 데 이용했던 비즈니스 패턴을 그대로 따라 할 수 있다. 테드 터너는 다음의 2가지 전략을 반복적으로 사용했다.

▶ 그는 기존 방송사나 기업을 인수하면서 자신의 사업을 키워나갔다. 그는 처음부터 회사를 창업하는 것보다 이미 설립된 회사들을 사들이는 편이 훨씬 쉽다는 사실을 알고 있었다.

▶ 그는 뜨거운 관심을 받으며 성장하는 광고 매체(TV)로 수익을 창출하기 간절히 바라는 광부(광고주)에게 팔 수 있는 곡괭이(광고)가 무엇인지 알고 있었다.

어떤 사업을 하든 그리고 어떤 산업에 뛰어들든 기억할 것이 있다. 핫한 트렌드가 금광이다. 이것은 물 위에 솟아 있는 부분이고, 모두가 보고 원하는 것이다. 곡괭이는 빙산의 물에 잠긴 부분이다. 그 누구도 볼 수 없지만, 핫한 트렌드가 기능할 수 있도록 기반이 되는 부분이다.

록펠러와 황: 골칫거리를 성장 계획에 녹여내다

존 D. 록펠러는 인수 전략으로 막대한 부를 일궈낸 사업가다. 그는 몇몇 위험을 감수하며 자산을 인수했다. 이는 곧 부채를 떠안는 일이었다. 하지만 그의 사업 전략은 적중했다. 1911년 스탠더드 오일은 독점금지법 위반으로 미연방대법원으로부터 해산 명령을 받았다. 이는 사람들 대부분이 아는 이야기다. 그런데 아는 사람이 거의 없는 숨겨진 이야기가 있다. 그는 경쟁자들을 염탐하며 원유 가격을 조정했다. 이런 사업 방식으로 인해 그에게 숱한 비난이 쏟아졌다. 그러나 그가 석유 산업을 혁명적으로 바꾸고 있다는 사실은 아무도 몰랐다.

19세기 후반 그리고 20세기 초반에 핫한 시장은 '빛'과 관련되어 있었다. 당시는 토머스 에디슨이 전구를 발명하기 전이었다. 당시 사람들은 남포등에 불을 붙여 집안을 밝혔다. 남포등에 불을 붙이려면 등유가 필요했다. 그래서 등유는 금을 채굴하려고 혈안이 된 사람들('빛을 팔고자 하는' 모든 사람들)에게 필요한 곡괭이였다.

존 D. 록펠러는 유전을 사들였다. 하지만 그가 사들인 유전에서 나오는 석유는 황 함량이 높아서 남포등에 사용할 수 있는 등유로 처리하는 것이 불가능했다. 그는 석유에서 황 성분을 없애는 방법을 아는 화학자를 찾을 수 있기를 기대하며 의도적으로 헐값에 황 성분이 높은 유전을 사들였다. 위험을 감수한 것이다. 그는 헤르만 프라시Hermann Frasch라는 화학자를 고용했다. 헤르만 프라시는 탈황법을 고안했고, 그 방법으로 존 D. 록펠러의 유전에서 생산되는 석유로부터 황 성분을 제거해 사용 가능한 등유로 정제했다. 존 D. 록펠러는 인센티브로 헤르만 프라시에게 스탠더드 오일의 주식을 줬다. 헤르만 프라시가 개발한 탈황법은 스탠더드 오일의 등유 생산성을 높였다. 그 결과 스탠더드 오일은 무섭게 성장했고 존 D. 록펠러는 막대한 부를 축적했다. 스탠더드 오일의 급성장은 헤르만 프라시에게도 엄청난 부를 안겨줬다. 존 D. 록펠러는 황 함량이 높은 유전들을 인수했고, 황 문제를 해결해 막대한 부를 쌓았다.

사업을 할 때 문제를 해결해 성장의 발판으로 삼을 방도를 생각해보자. 유전의 높은 황 함량처럼 문제가 있는 자산을 인수해 그 문제를 해결할 자신이 있다면, 존 D. 록펠러처럼 막대한 부를 손에 쥘 수 있을 것이다. 이것이 개인 자산의 묘미라고도 할 수 있다. 내가 더 톱 인박스를 인수했을 때, 회계장부에 10만 달러의 부채가 계상되어 있었다. 하지만 나는 이 문제를 해결할 방법을 알고 있었다. 나는 부채 재조정을 통해 그 부채를 해결했고 더 톱 인박스는 흑자 기업으로 돌아섰다. 더 자세한 이야기는 후반부에 하겠다.

시간차를 줄여라

패스트푸드업계나 식품업계에 몸담고 있다면, 《맥도날드: 아치 뒤에 숨겨진 이야기》를 읽거나 영화 '파운더The Founder'를 보길 바란다. 거기에는 레이 크록과 맥도날드 형제가 매장을 설계하는 이야기가 나온다. 그들은 동선을 최대한으로 줄여서 몇 초 만에 햄버거를 소비자에게 제공할 수 있도록 매장을 설계하고자 했다.

그들은 실제로 분필로 농구 코트에 매장을 그려가면서 설계했다. 소비자가 계산대 앞에서 햄버거를 주문하는 지점부터 햄버거가 소비자에게 전달되는 지점까지의 동선을 가능한 최소화하는 데 중점을 뒀다. 그들은 이런 시스템을 구축해 소비자의 대기 시간을 최소한으로 줄이는 데 모든 것을 걸었다.

외식업계에서 곡괭이는 시스템이다. 인건비와 재료비를 제외하고 임대료가 패스트푸드점의 지출에서 가장 큰 부분을 차지한다. 그러므로 최소한의 공간을 최대한 활용하는 방법을 생각해내야 한다. 요즘에는 공간 활용을 극대화하는 데 도움이 되는 소프트웨어와 툴이 많이 나왔고 많은 컨설턴트들이 이 분야에서 자문해준다. 심지어 그리들과 튀

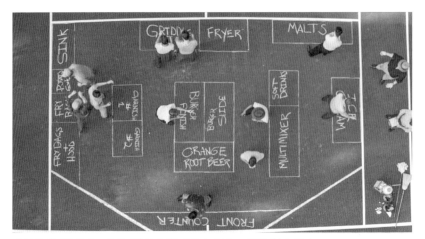

맥도날드의 매장 설계도. 잘 설계된 시스템은 시간과 비용을 크게 줄여줄 수 있다.

김 냄비를 맥주 기계와 탄산음료 기계에 통합시킨 기계들도 있다. 이런 기계들은 공간의 1/10만 차지하고 효율성을 높인다.

오늘의 골드러시: 아마존과 이베이 판매자들을 공략하라

아마존은 맥도날드에 맞먹을 정도로 시간 절약에 집착하고 있다. 아마존은 트럭 배달 시스템을 혁신적으로 개선하고, 물류창고를 자동화하고, 드론으로 물류창고에서 소비자의 집까지 물품을 배송한다. 제프 베조스는 소비자에게 상품이 빨리 배송되면 소비자들이 더 많은 상품을 살 것이라고 생각했다. 그래서 배송 시간을 줄이는 데 광적일 만큼 집착했다. 앞서 언급한 것들은 그의 광적인 집착의 결과물이라 할 수 있다. 그리고 이것이 그가 현존하는 가장 부유한 사람인 이유다.

아마존이나 이베이와 직접 경쟁하기보다 그들의 등에 올라타자. 아마존이나 이베이를 통해 상품을 판매하는 판매자들을 공략하는 것이다. 예를 들어, 그들이 시간을 절약할 수 있도록 돕는 것이다. 이미 많은 사람들이 시간을 절약하는 데 도움이 되는 소프트웨어를 그들에게 판매하고 있다. 이베이 판매자들은 이베이에 상품을 포스팅하는 절차가 너무 복잡해 애를 먹고 있었다. 그들의 애로사항을 알아차린 빅터 레비틴Victor Levitin은 2013년 크레이지리스터CrazyLister를 창업했다. 판매자들은 크레이지리스터가 제공하는 프로그램으로 사진, 문자와 디자인 요소를 가져와 붙이는 간단한 방식으로 이베이 리스팅 페이지를 만들 수 있다. 이렇게 만든 리스팅 페이지 코드를 크레이지리스터에서 복사해 이베이의 백엔드에 붙이기만 하면, 이베이 리스팅 페이지가 개설된다. 5년 만에 크레이지리스터는 월 매출이 2만 5,000달러에 달하는 회사로 성장했다. 고객은 2,000명에 달하고 직원은 8명이고 60만 달러의 자금을 조달했다. 현재 크레이지리스터는 아마존용 리스팅 페이지 편집 소프트웨어를 제공하고 있다. 물류업계를 지원하는 새로운 부류의 컨설턴트들도 존재한다. 판매자들을 공략하든 아니면 소비자들을 공략하든 상관없다. 중요한 것은 공급망에 존재하는 사람들의 시간을 절약할 방법을 찾는 것이다. 판매자들이 아마존이나 이베이에 상품을 올리거나 소비자들이 상품을 받아보는 데 드는 시간을 줄여줄 방법을 찾는다면, 크게 성공할 수 있을 것이다.

성공한 모든 기업에는 배우고 모방할 부분이 있다. 아무리 오래된 기업이라 할지라도 그리고 그들의 성공 전략이 아무리 시대에 뒤처진다고 하더라도 말이다. 그들에게 성공을 안겨준 **패턴** 혹은 **전략**을 찾으려 애쓰자. 대체로 그들의 성공 패턴은 눈에 잘 보이지 않게 숨겨져 있어서 자세히 보지 않으면 찾을 수 없다.

전문가가 되거나 전문가를 찾아라

곡괭이 아이디어에는 계속 찾고 싶은 중독성이 있다. 주변에는 수많은 기회가 존재한다. 그렇다고 여기저기 막무가내로 곡괭이 아이디어를 찾아 헤매지 말기를 바란다. 대체로 전혀 모르는 새로운 분야보다 조금이라도 알고 있는 분야에서 성공하기 쉽다. 그러니 먼저 자신이 몸담은 세계에서 핫한 시장을 찾아보자.

베스트셀러 제조기 터커 맥스Tucker Max는 작가가 됐을 때 출판업계에서 곡괭이를 찾아냈다. 그는 한 분야의 전문가로 자리매김해서 자문료와 강사료를 높이고 싶어 하는 사람들이 존재한다는 사실을 깨달았다. 여기서 자문료와 강사료는 금이고, 소위 자신의 몸값을 높이고 싶어 하는 사람들이 금을 캐려는 광부다. 흔히 어떤 분야에서 책을 출판한 사람은 그 분야의 전문가로 인식된다. 그러니 출판은 금을 캐려는 광부가 금을 캐도록 돕는 곡괭이가 되는 셈이다. 하지만 문제가 있다. 사람들 대부분은 작가가 되기 위한 필요한 시간이나 전문 지식이 없다. 터커 맥스는 즉시 이를 간파하고 2015년 북 인 어 박스를 창업했다(지금은 스크라이브 라이팅으로 바뀌었다). 이후 북 인 어 박스는 500명 이상의 작가들과 작업을 했고, 매출은 2017년 9월부로 1,130만 달러를 넘어섰다. 북 인 어 박스는 대필 서비스를 제공한다. 고객은 최소한 2만 5,000달러의 요금을 내고 몇 가지 질문에 답하면 자기 책을 가질 수 있다. 터커 맥스는 베스트셀러가 되는 것보다 북 인 어 박스로 더 많은 돈을 벌 수 있다는 사실을 깨달았다. 그래서 현재 그는 글쓰기보다 북 인어 박스에 더 긴 시간을 투자하고 있다.

　미디어와 관련된 일을 한다면 페이스북, 버즈피드, 구글과 대형 미디어 회사들의 트렌드를 살펴라. 엔지니어링 분야에 몸담고 있다면, 보잉이 무엇을 하는지 또는 롤스로이스가 무엇을 만드는지에 관심을 가져보자. 한 번 더 말하는데, 최소한의 전문 지식을 보유한 분야에서부터 시작하는 것이 안전하다.

　새로운 것을 배울 여지는 항상 존재한다. 이제껏 접하지 못한 분야에 대한 전문 지식을 쌓는 좋은 방법은 그 분야에 몸담은 사람들과 이야기하는 것이다. 이것은 내가 팟캐스트를 시작한 이유 중 하나다. 알지 못했던 혹은 아는 바가 거의 없는 분야의 전문가들을 팟캐스트에 초대해서 인터뷰한다. 그들과 대화를 하다 보면, 자연스럽게 그들의 전문 지식에 접근할 수 있다. 그들이 말하는 트렌드가 무엇인지 파악하고 그 트렌트가 1년 뒤에도 이어질지를 확인한다. 그러고 나서 새로운 분야에 뛰어든다. 현재 나는 암호화폐에 이런 식으로 접근하고 있다. 나는 팟캐스트에 암호화폐 전문가를 여럿 초대해서 인터뷰했다. 그들에게 업계 전망을 묻고 어떤 부분에 시간을 가장 많이 할애하고 무엇에 투자할 것인지도 묻는다. 그들의 대답을 듣고 수면 아래에 있어 보이지 않는 부분이 무엇인지 고민하고 아이디어를 얻는다.

　팟캐스트에 매력을 느끼는가? 실제로 팟캐스트는 전문가들을 만날 좋은 통로다. 덜컥 팟캐스트를 시작한다는 것이 부담될 수 있다. 그러나 걱정할 것 없다. 지금 내 팟캐스트는 600만 건 이상 다운로드 됐지만, 처음 시작할 때는 0건이었다. 비결은 팟캐스트를 막 시작해서 게스트를 섭외할 때, 그들에게 당신이 해당 팟캐스트의 첫 번째 출연자라고 말하지 않는 것이다. 이 말을 해버리면, 당신의 팟캐스트를 듣는 사람이 아무도 없다는 사실이 그들의 뇌리에 꽂혀버린다. 대신에 이렇게 말해보자. "○○일까지 팟캐스트 다운로드 수는 100만 건에 이를 겁니다." 당신이 인터뷰하고 싶은 전문가와 게스트는 당신의 이러한 자신감을 사랑할 것이다. 그러면 그들은 당신에게 끌려올 것이다. 일단 그들과의 인터뷰가 방송되면, 당신이 처음에 게스트들에게 했던 호언장담은 현실이 된다. 왜냐면 그들은 많은 사람들이 주목하는 소위 거물급 인사다. 많은 이가 그들의 이야기를 듣기 위해 당신의 팟캐스트를 다운로드할 것이다. 새로운 분야에 진출하는 데 최고의 방법이란 존재하지 않지만 톱탈이 큰 도움이 될 것이다. 어떤 분야에 대해 문외한일 수 있다. 그렇다면 톱탈에 당신이 구상하는 프로젝트를 올려보자. 톱탈은 그 프로젝트를 수행할 적격자를 추천할 것이다. 가령 당신은 미용실 예약 시스템의 효율성을 높일 애플리케이션을 개발하려고 한다. 그리고 해당 프로젝트를 톱탈에 올리면 톱탈은 모바일 개발자들을 추천할 것이다. 새로운 분야에 진출하는 것은 이처럼 간단할 수도 있다.

경험이 전혀 없는 분야에 도전한다면, 톱탈에서 전문가(프리랜서)를 찾는 데 추가적인 시간과 에너지를 투자해야 할 것이다. 그들과 함께 일하면서 많은 것을 배우게 될 것이다. 또한 전혀 알지 못하는 새로운 분야에 대해 점점 더 다양한 지식을 얻게 된다. 그래서 다음에 유사한 프로젝트를 진행할 때, 더욱 효율적으로 일할 수 있다. 새로운 분야에서 프로젝트를 거듭 진행할수록, 그 일은 더 쉬워질 것이고 보상은 복리 이자가 붙어서 돌아올 것이기 때문이다.

5. '두려움'을 파는 부자들

밀레니얼 뉴 리치, 신무기를 쥐다

"상대방에게 두려움을 심어주기는 쉽다.
이 두려움을 잘 이용하면 이득을 얻을 수 있다."

- 네이선 랏카

SEND ▼

　나는 이 책을 읽은 당신이 '불공평한 이점'을 갖게 되기를 바란다. 내가 경험을 공유하고 이런저런 조언을 하는 이유도 바로 여기에 있다. 불공평한 이점은 한마디로 '나에게는 유리하지만 다른 사람에게는 불리한 조건'이다. 반드시 이 점을 기억하라. 불공평한 이점이 당신을 뉴리치의 세계로 인도할 것이다.

　그런데 '불공평한' 이점이라고 해서, 이러한 이점을 갖는 것이 정직하지 않은 방법이라는 말은 아니다. 불공평한 이점을 지니고 있다는 것은 동료나 경쟁자가 쉽게 따라잡을 수 없을 정도로 앞서 나간다는 의미이기도 하다. 불공평한 이점을 가진 사람과의 경쟁은 자신보다 두 체급 높은 사람과 레슬링 시합을 하는 것과 같다. 그래서 보통 사람들은 불공평한 이점을 지닌 사람들과의 경쟁에서 승리할 가능성이 없다. 불공평한 이점은 하루아침에 생기거나 얻어지는 것이 아니다. 앞서 공개한 전략들을 습득하고 경쟁력을 키우기 위해서 피나는 노력을 해야 불공평한 이점을 얻을 수 있다.

불공평한 이점을 얻기 위해서는 경영에 관한 기본적 지식은 갖고 있어야 한다. 그렇다고 긴장할 필요는 없다. 여기서 지루한 경영학 개론을 논할 생각은 없으니 말이다. 이 책을 읽는 당신이라면 경영이나 비즈니스에 대한 기본적인 지식은 갖고 있을 것이다. 혹시 경영에 대한 기본 지식이 없다면, 경영 분야에 많은 서적이 시중에 나와 있으니 참고하기를 바란다. 당연히 뉴 리치들이 사용하는 전략도 일반적인 경영 전략에 뿌리를 둔다. 당신과 그들과의 차이는 원하는 바를 성취하기 위해서 경영에 관한 기본적인 지식을 적극적으로 활용하느냐 마느냐. 지금부터 뉴 리치들이 사용하는 기본적인 경영 전략을 살펴보도록 하자.

먼저 능수능란한 설득의 기술이다. 대부분이 설득의 기술을 제대로 사용하지 못한다. 사람들은 상대방에게 '쓸데없는 것'을 얻어내기 위해 설득의 기술을 사용한다. 예를 들어, 상사를 설득해서 더 좋은 사무 비품을 얻어내거나 페이스북 친구를 설득해서 '좋아요'를 얻어낼 뿐이다.

하지만 뉴 리치들은 설득의 기술을 자유 시간을 얻기 위해서 사용해야 한다. 다른 사람을 설득해서 당신 대신에 시간을 많이 잡아먹는 일을 하도록 만드는 것이다. 모두가 자신이 원하는 것을 자유롭게 하고 통제할 수 있는 자유 시간을 원한다. 자유 시간을 얻으려면 어떻게 해야 할까? 지금 자신의 시간을 가장 많이 차지하는 일을 다른 사람이 하도록 만들면 된다. 바로 이 부분에 설득의 기술을 집중해야 한다.

다른 사람이 긴 시간이 소모되는 일을 대신 해주면, 그만큼 시간적 여유가 생긴다. 다시 말해, 자유 시간이 생기는 것이다. 이렇게 얻어낸 자유 시간에 뉴 리치들은 현금 흐름을 늘리는 데 집중한다. 여기서부터는 **협상**의 기술이 필요하다.

협상의 기술을 발휘하게 되는 바로 이 순간부터 비즈니스는 즐거워지고 수익성도 높아진다. 다시 말해, 설득의 기술로 확보한 자유 시간에 협상의 기술로 수익을 창출해내는 것이다. 수익이 많아지면 사람은 자기 시간의 가치에 대해서 생각하기 시작한다. 그러면서 생산성에 대해서도 고민하기 시작한다. 자기 시간의 가치가 대략 이 정도라는 기준이 생기면, 자산의 가치가 시간당 얼마인지 또는 주당 얼마인지를 계산해낼 수 있다. 여기서 자기 시간을 투자했을 때 수익이 최소한 얼마여야 하는가에 대한 기준을 세울 수 있다. 이 기준이 지금 당장 무엇에 집중해야 하는지 그리고 왜 그것에 시간을 투자해야 하는지를 분명하게 만든다.

가장 강력한 감정, '두려움'을 팔다

설득의 기술은 하루아침에 얻어지는 것이 아니다. 그러나 내가 아주 어렸을 때부터 사용한 설득의 기술을 공개하겠다. 모두 막대한 부를 쌓는 데 상당히 도움이 된 기술이다. 내가 설득의 기술로 공략한 것은 단 한 가지였다. 그것은 바로 사람들의 두려움이었다.

소비 행위의 대부분은 감정적 요인에 의해 일어난다. 그중에서도 두려움이 가장 강력한 감정이다. 무언가를 두려워하거나 두려움을 느낄 때, 사람들은 그 두려움을 잠재우기 위해서 무언가를 하게 된다. 실적이 좋은 영업사원들은 소비자의 두려움을 자극하고 해결책으로 자신의 상품이나 서비스를 판매한다. 사람들이 세입자 보험, 자동차 보험 그리고 심지어 노트북 보험에 가입하는 이유가 무엇이라고 생각하는가? 혹시 **잘못될 수 있는** 만약의 사태에 대한 두려움 때문이다.

사람들 대부분은 '이성적으로' 상대방을 설득하려고 한다. 그러나 이성적으로 접근하기 때문에 상대방을 설득해내지 못하는 것이다. 힐러리 클린턴을 봐라. 힐러리 클린턴은 이성적인 사실, 즉 확실한 사실만으로 유권자를 설득해서 선거에서 승리하려고 했다. 하지만 그녀는 사람들의 감정을 이용하고 호소한 트럼프에게 패배했다. 원하는 것을 얻어내려면 감정이 이끄는 곳으로 가야 한다. 상대방을 감정적으로 설득해야 원하는 것을 손에 쥘 수 있다.

상대방의 감정을 이용하다니! 비열한 행위라고 생각될 수 있다. 하지만 이것이 반드시 비열한 행위여야만 하는 것은 아니다. 요즘 사람들은 그 어느 때보다 덜 이성적이고 더 감정적이다. 덜 이성적이고 더 감정적인 사람들에게 선의를 갖고 접근할지 아니면 악의적으로 접근할지는 당신이 결정할 문제다. 사람들이 갖고 있는 두려움을 누그러뜨리는 좋은 상품이나 서비스를 판다면 어떨까? 물론 상품이나 서비스를 팔기 위해서 사람들의 두려움을 자극해야 하지만, 그들에게 도움이 될 무언가를 제공하기 위한 행위이므로 도덕적 딜레마에 빠질 필요가 없다.

사람들이 **두려움**을 느낄 만한 이야기를 던져라. 예를 들면 "이런 일이 당신에게도 일어날 수 있어요."라고 겁을 주고 그들의 두려움을 완화해줄 해결책을 파는 거다.

우리는 모두 매일 이 미끼를 덥석 문다. 암에 걸릴까 봐 생선 기름이 함유된 건강보조제를 사먹고, 자동차가 고장 날 때를 대비해 점프

스타터를 구비한다. 아이폰이 고장 날 때를 대비해 애플케어에 가입하고, 화재에 대비해서 소화기를 준비한다. 지금 당장 주변을 둘러봐라. 사놓고 1년 동안 거의 건드리지도 않은 제품이 분명 있을 것이다. 아마 당신 역시 누군가의 설득에 넘어가서 "○○을 대비해서 이게 필요해."라는 생각에 그 제품을 구입했을 것이다.

나는 매출과 현금 흐름을 높이는 데 유용한 두려움 7가지를 찾아냈다. 물론 두려움을 이용하는 것만이 완벽한 설득의 기술은 아니다. 두려움을 이용하지 않고도 동업자가 당신 곁에 머물도록 하거나 아이들이 숙제하도록 설득할 방법은 수도 없이 많다. 하지만 여기서 핵심은 사람들을 설득해서 당신이 제공하는 상품이나 서비스를 구매하게 하거나 누군가를 설득해서 당신이 원하는 일을 하도록 만드는 데 두려움을 자극하는 것만큼 효과적인 방법은 없다는 거다. 그리고 이 모든 것은 현금 흐름과 직접적인 관련이 있다.

그렇다고 노골적으로 사람들의 두려움을 공략하라는 것은 아니다. 은근하게 두려움을 공략해야 한다. 물건을 팔기 위해서 자극해야 할 두려움이 무엇인지를 이해하고 메시지에 그 두려움을 자연스럽게 녹여낼 수 있어야 한다. 예를 들어 '알지 못하는 것에 대한 두려움'을 이용할 생각이라면, '숨겨져 있다.' '현명하다.' '한 번도 본 적 없는 것이다.'라는 식의 표현을 사용하는 것이 좋다. 반면에 '기회를 놓칠지도 모른다는 두려움'을 자극할 생각이라면, '너무 늦었다.' '거의 남지 않았다.' '나중에 후회한다.' 등의 표현들을 메시지에 담는다.

기회를 놓칠지도 모른다는 두려움: 앞서 말했듯이, 자유 시간을 얻는 가장 빠른 방법은 나 아닌 다른 사람이 내 시간을 잡아먹는 일을 대신 하도록 만드는 것이다. 나는 직원을 고용할 때 지원자가 알아차리지 못하게 그들의 두려움을 자극한다. 그들의 '기회를 놓칠지도 모른다는 두려움'을 자극해서, 나와 함께 일하도록 지원자를 설득한다. 나는 그들의 두려움을 자극하기 위해 이렇게 말한다. "이것 봐요, 우리 회사는 정말 빨리 성장하고 있죠. 3개월 전에 설립됐지만, 지금 매출이 10만 달러니까요. 연말이면 100만 달러의 매출을 올릴 겁니다. 당신이 이 회사에서 저와 함께 일했으면 좋겠습니다. 하지만 설립된 지 얼마 안 된 회사라서, 지금 당장은 예산이 넉넉하지 않아요. 돈을 좀 덜 받고 이 업무를 맡아줄 수는 없을까요? 저 대신 당신이 이 부분을 전담해줬으면 합니다. 그러면 저는 더는 이 업무에 신경을 쓰지 않아도 될 테니 말이죠(겟랏카에서는 팟캐스트 편집이나 데이터 입력과 같은 업무가 될 것이다)." 여기서 내가 하고 싶은 말은 "이렇게 커나가는 회사를 놓치지 마세요. 이 회사는 계속 성장할 겁니다. 그러니 회사 초기부터 저와 함께 일해봅시다."이다.

매출 상승에도 기회를 놓칠지 모른다는 두려움이 이용된다. 콘퍼런스 주최자들은 "표가 얼마 남지 않았습니다. 매진되기 전에 오늘 예매하세요. … 푯값이 오르기 전에 오늘 예매하세요."라는 말을 거의 입에 달고 산다. 디지털 상품 판매자들은 '오픈 카트open cart*' 기법을 사용한다. 예를 들어, "오픈 카트를 진행하고 있습니다. 금요일이면 행사가 끝날 겁니다. 본 행사가 끝나기 전에 구매하세요. 또다시 언제 오픈 카트를 진행할지 모르니까 말입니다."라는 메시지를 소비자에게 보낸다. 영원하지 않은 것이라면 그것이 무엇이든지 간에 기

---

* open cart. 누구에게나 공짜로 개방된 디지털 카트(장바구니). 전자책, 이러닝, 디지털 콘텐츠 등의 마케팅 프로모션에 자주 활용된다.

회를 놓칠지도 모른다는 두려움을 자극해서 상대방을 설득할 수 있다. 특정일에 진행되는 온라인 강의나 제한된 시간에만 제공되는 서비스 등은 그 대표적인 경우다.

알지 못하는 것에 대한 두려움: 사람들은 미지의 것에 두려움이나 공포를 느낀다. 보험부터 구급상자에 이르기까지 미지의 것에서 느끼는 두려움을 자극해서 상당한 수익을 올리는 상품이나 서비스가 많이 존재한다. 건강보험이야말로 알지 못하는 것에 대한 두려움을 자극하는 대표적인 상품이다. 이뿐만 아니라 자동차, 집, 전화기 등 유형의 상품을 중심으로 수십억 달러에 이르는 보험 시장이 형성되어 있다. 기업은 일반책임보험과 종업원상해보험에 가입한다. 상점은 장난감부터 냉장고에 이르는 모든 상품에 대한 파생보험을 구매한다. 보험뿐만이 아니다. 사람들은 정전에 대비해서 손전등과 건전지를 미리 사둔다.

사람들은 욕실 약장과 자동차 앞 좌석 앞에 있는 사물함을 구급약으로 가득 채운다. 이처럼 사람들은 '만약 그런 일이 일어나면 어쩌지?'라는 두려움에 엄청나게 많은 돈을 쓴다. 기업은 이를 놓치지 않고 이런 두려움을 부추긴다. 최고의 광고회사는 단 한 번도 생각해본 적 없는 '○○○면 어쩌지?'라는 두려움을 사람들의 머릿속에 심는 데 선수다. 이런 메시지를 받으면, 뭔가 다급해지고 마음이 불안해진다. 타이레놀 광고는 "해변으로 휴가를 떠나나요? 타이레놀을 잊지 마세요. 두통으로 여행을 망쳐서는 안 되잖아요?"라고 말한다.

소프트웨어 업계도 '○○○면 어쩌지?'라는 두려움을 부추긴다. 보안 소프트웨어를 살펴보자. 노비포KnowBe4는 해커 방지 소프트웨어를 개발하는 보안 업체다. 블라디미르 푸틴과 러시아는 이 소프트웨어 업체의 매출 급성장의 일등

공신이다. 2016년 선거 기간에 러시아 해킹이 주목을 받기 전, 노비포의 매출은 2,000만 달러였다. 하지만 2017년에 매출이 6,000만 달러를 넘어섰다. 이런 매출 급증은 할인매장 타깃의 고객정보 유출사고, 멕시칸 프랜차이즈 식당 치폴레Chipotle의 칩 리더기를 통한 신용정보 유출 사고 혹은 러시아의 미국 정부 해킹 시도 등과 직접적인 관련이 있었다.

삶에 대한 두려움: 모든 종류의 생명보험과 유언장 작성을 돕는 변호사를 생각해보자. 요즘 기업들은 이전보다 더 창의적인 방법으로 '삶에 대한 두려움'을 이용한다. 포에버 랩스Forever Labs는 2,000달러를 선지급하고 매달 250달러를 내면 줄기세포를 보관해준다. 나는 포에버 랩스가 설립된 지 얼마 되지 않았을 때 회사 관계자를 인터뷰했다. 내가 인터뷰할 당시 포에버 랩스의 매출은 무려 40만 달러였다. 포에버 랩스는 "만약 당신이 암에 걸린다면, 우리에게 맡긴 당신의 줄기세포로 만들어낸 건강하고 새로운 세포로 암을 치료할 수 있습니다."라는 말로 사람들의 삶에 대한 두려움을 잠재운다.

이렇게 삶에 대한 두려움을 이용하는 상품은 수도 없이 많다. 스키어들과 스노우보더들은 추적기를 소지한다. 만약 그들이 목숨이 위태로운 상황에 부닥칠 경우, 수색대가 추적기의 신호로 그들을 찾아낼 수 있다. 화재에 대비해서 접이식 사다리를 창문 밖에 설치하고, 스카이다이빙 백팩에는 보조 낙하산이 달려 있다. 그리고 비행기에는 산소마스크가 구비되어 있다.

피부에서 반점이 발견되면, 사람들이 제일 처음 하는 일은 뭘까? "세상에나! 혹시 피부암?"이라고 생각하고 구글에 피부암을 검색한다. 그러면 웹엠디Web-MD.com와 같은 웹사이트가 뜬다. 몸에서 이상한 점을 발견하고 두려움을 느끼는 사람들을 공략하는 이런 종류의 웹사이트는 요즘 엄청난 매출을 올리고 있다. 다음에 다룰 두려움도 이런 웹사이트에게는 유용하다.

건강에 대한 두려움: 삶에 대한 두려움은 건강에 대한 두려움과 겹쳐지는 부분이 많다. 그래서 이 두 종류의 두려움을 이용하기 위해서 유사한 전략들이 사용된다. 대표적인 사례가 건강보험이다. 두말하면 잔소리다. 끔찍한 사고나 일이 발생했을 때만 보장을 해주는 보험 상품에 매달 800달러를 쓰는 이유가 뭘까? 심지어 1,500달러가 공제되고 내가 받는 보험금은 5,000달러가 고작인데? 간단하다. 건강에 대한 두려움 때문이다. '암에 걸리면 어쩌지?' 또는 '차 사고를 당해서 끔찍한 후유증에 시달리면 어쩌지?'와 같은 두려움이 그 이유다. 그래서 수백만 명의 사람들이 이 두려움을 완화하고자 돈을 쓴다. 이 두려움이 헬스케어가 수조 달러의 시장을 형성하는 이유이기도 하다.

비타민과 영양제, 헬스클럽 회원권, 헬스트레이너와 단백질바 등 이 모든 상품들은 건강과 삶에 대한 두려움을 이용한 것들이다.

자유를 잃을지도 모른다는 두려움: 생산성 툴은 이 두려움을 이용해 시장을 키운다. 팀 페리스의 《나는 4시간만 일한다》와 데이비드 알렌의 《일을 완수하는 법Getting Things Done》과 같은 베스트셀러도 자유를 잃을지도 모른다는 두려움을 자극한다. 사람들은 누군가의 통제를 받는 것을 두려워한다. 누군가가 자신의 시간을 통제하고 일주일에 80시간을 일하게 만들고 수입에 상한선을 설정할까 봐 두렵다. 사람들은 잃어버린 시간을 되찾고 싶고 자유를 되찾고 싶다. 그것이 당신이 이 책을 읽는 이유이기도 할 것이다.

외로움에 대한 두려움: 소셜 네트워크가 대유행한 이유가 바로 '외로움에 대한 두려움'이다. 소셜 미디어는 이 두려움을 먹고 성장했다. 소셜 네트워크에서 종종 쓰이는 알림음이 사람들로 하여금 자신은 중요한 존재라고 느끼게 만들고, 누군가가 자신을 생각하고 있다고 여기게 만든다. 그래서 소셜 네트워크의 알림음을 들으면 사람들의 뇌에서 도파민이 분비된다. 과연 이렇게 분비된 도파민이 유익한가에 대해서는 의견이 분분하다.

외로움에 대한 두려움을 먹고 성장하는 시장에는 소셜 네트워크만 있는 것이 아니다. 데이팅앱을 생각해보라. 데이팅앱도 '친구를 찾지 못할 거야.' '동반자를 평생 못 만날 거야.' 혹은 '데이트는 죽어도 못할 거야.' 등과 같은 외로움에 대한 두려움을 이용한다. 이런 두려움이 생기면, 사람들은 누군가를 만나길 희망하며 데이팅앱을 실행한다.

물리적인 상품들을 생각해보자. 심지어 화장품 기업들이 사람들의 외로움에 대한 두려움을 이용한다고 주장하는 사람들도 있다. 대부분은 자신이 가진 최고의 모습을 보여주고 자신감을 얻으려고 화장을 한다. 남들에게 당당하게 보여줄 최고의 모습이 아니고 자신감도 없어 보인다. 그런데 이런 상태로 문밖을 나서야 한다면? 아마 사람들은 남들이 자신에게 매력을 느끼지 못할까 봐 두려울 것이다. 화장품 기업들이 마케팅을 할 때 바로 이 두려움을 이용한다. 화이자Pfizer는 남성들의 외로움에 대한 두려움을 적극 공략해서 비아그라를 판매한다. 오드콜로뉴와 향수, 헤어 상품, 속옷, 치아 미백제 등 육체적으로 타인과 관계를 맺거나 자신감이 느껴져 섹스어필을 할 수 있다고 약속하는 상품 전부 외로움에 대한 두려움을 교묘하게 이용한다.

실패에 대한 두려움: 소프트웨어부터 신발에 이르기까지 모든 상품과 서비스에는 이를 이용하는 인간의 보편적인 두려움이 담겨 있다. 모든 사람이 이 두

려움을 안고 살아간다고 해도 과언이 아니다. 바로 실패에 대한 두려움이다. 친구들과 철인3종경기에 나가기로 했다고 치자. 30킬로미터를 달리는 동안 발에 물집이 잡히거나 발목을 삐는 일이 없도록 발에 딱 맞는 운동화를 구해야 한다. 그래서 제일 좋은 운동화를 사는 것이다. 사업에 투자할 생각이라면, 실패에 대한 두려움을 완화하는 분야에 수천만 달러의 투자를 해보는 것이 어떨까? 코칭 서비스, 온라인 피칭 강의, 일류 변호 서비스 등이 실패에 대한 두려움을 공략하는 분야다.

복수의 두려움을 동시에 공략하면 성공 가능성은 치솟는다. 사람들은 건강에 대한 두려움, 실패에 대한 두려움 그리고 몸매가 좋지 않으면 누군가를 평생 만나지 못할 거라는 외로움에 대한 두려움 때문에 헬스클럽에 가입한다. 그리고 기회를 놓칠지도 모른다는 두려움, 자유를 잃을지도 모른다는 두려움과 실패에 대한 두려움 때문에 컨퍼런스에 엄청난 돈을 쏟아붓는다. 컨퍼런스에서 좋은 파트너를 만나 사업을 키울 방법을 찾게 될지도 모르기 때문이다.

두려움은 상대방을 설득해내는 강력한 요인이다. 물론 두려움이 누군가를 설득할 유일한 툴은 아니다. 하지만 현금 흐름에 드라이브를 걸 수 있는 강력한 동인임은 분명하다. '이 세상을 더 살기 좋은 곳'으로 만들자는 메시지만으로 사람들의 마음을 움직일 수는 없다. 이것이 세상을 바꾸기를 원하는 자선단체들이 일반 소비자에게서 자금을 조달하는 데 애를 먹는 이유다. 하지만 두통약, 생명보험, 줄기세포 보관이나 신발을 파는 기업들은 세상을 바꾸거나 암을 치료하는 것도 아닌데 높은 프리미엄을 붙여 서비스와 상품을 판매한다. 소비자의 두려움을 이용하기 때문이다.

협상 테이블에서는 두려움을 느끼는 사람이 진다. 두려움을 드러낸 순간, 그 협상 테이블의 패배자는 바로 당신이다. 그러므로 두려움이 존재하지 않을 때 협상을 시작하라. 쉽게 말해서, 협상할 필요가 없을 때 협상 테이블에 앉는 거다.

협상할 필요가 없을 때 협상하라

헤요 폐쇄

보낸 사람: 네이선 랏카 ██████████

받는 사람: ██████████

██████████씨, 안녕하세요. 우리는 지난 9개월 동안 (소셜 미디어, smb/에이전시 등과) 전혀 무관한 작업에 매달렸고, 해당 프로젝트가 지금 빠르게 성장하고 있습니다.

그래서 헤요를 폐쇄하기로 결정했습니다(현재 진행하는 프로젝트에 최대한 집중하고자 합니다).

헤요에 관심 있으신가요? (브라이트키트와 경쟁 관계에 있습니다.)

작년 최대 매출액은 60만 달러였고 고객은 1만 명입니다(월 정기고객 1,800명).

보낸 사람: ██████████

받는 사람: 네이선 랏카

네이선 씨, 안녕하세요.

간단하게 견적을 뽑아봤는데, 현재 이용자층을 고려해 50만 달러 선에서 인수할 의향이 있습니다. 그리고 선금 5만 달러에 우리 회사 제품과 교차 판매할 의향도 있습니다. NDA(기밀 유지 협약서)를 체결하고 계약 조건에 대해 구체적으로 논의하고 싶습니다. 헤요 인수가 PR에 좋은 기회가 될 수 있을 것 같습니다.

우리는 헤요의 기술에는 큰 관심이 없습니다. 원하시면 기술팀을 데려가셔도 좋습니다. 본 건에 대해서 구체적인 논의를 할 의향이 있으시면, 연락 주세요. 모델링에 대해서 아이디어를 공유할 수 있을 것 같습니다.

뉴 리치의 세계로 들어가는 순간 협상의 연속이다. 협상의 기술에 대해서는 후반부에 자세히 다루겠다(내가 첫 회사를 팔 때 사용한 협상의 기술이 무엇인지 보여주는 스크린숏이 13장에 실려 있다). 이제 뉴 치리의 세계로 들어가는 첫발을 내디뎠으니, 당장 현금 흐름을 발생시킬 협상의 기술을 살펴보자. 수입이 많아질수록 기존의 황금거위를 살찌울 여유가 점점 늘어날 것이다.

여유자금을 확보할 수 있는 가장 빠른 방법은 큰 지출을 줄이는 것이다. 아마도 지금 당신의 가장 큰 지출은 임대료나 대출, 자동차 할부금 그리고(또는) 학자금 대출일 것이다. 사람들 대부분이 평생 빚만 갚다가 볼일 다 볼 것 같다는 암울한 생각을 갖고 살아간다. 하지만 분명이 상황에서 벗어날 방도는 있다. 그렇다고 집을 줄여서 이사하라거나 고물차를 사라거나 융자금을 한데 묶으라고 이야기하지 않을 테니, 걱정은 말라. 이것은 누구나 알고 있는 당연한 방법이다. 현재 당신이 분수에 맞게 살고 있다면, 현재의 생활을 유지하면서 지출을 줄일 수 있다(하지만 스타벅스에서 일하면서 BMW를 타고 다닌다면, 내가 당신을 도와줄 방법은 없다).

예를 들어, 한두 달치 임대료를 낼 수 있는 돈이 은행에 있다면, 현재 재정 압박이 크지 않은 상태라고 볼 수 있다. 바로 이 여유자금이 당신에게 협상력, 즉 레버리지가 될 것이다. 굳이 레버리지를 행사할 필요가 없을 때 레버리지를 행사하자. 나는 이 책을 읽고 있는 당신이 협상할 필요가 없을 때 협상 테이블에 앉기를 바란다. 아래와 같이 간단한 메일을 임대인에게 보내보자.

제목: 임대료 문제
이번 달 임대료를 납부하기 힘들 것 같습니다. 납부와 관련해 논의하실 수 있는지요?
......

더 이상의 말은 필요 없다. 이대로 전송해라.

이런 메일을 보내는 목적은 상대방(임대인)이 기회비용에 대해서 생각하도록 만들기 위함이다. 메일을 받은 임대인 입장에서는 의구심이 생길 것이다. 그리고 두려움처럼, 의구심은 원한다면 자유롭게 만들어낼 수 있는 감정이다. 그래서 의구심을 이용해 막대한 매출을 올리는 기업들도 많다.

자, 임대인의 기회비용은 무엇일까? 당신을 내쫓고 새로운 세입자를 찾는 것은 생각만 해도 그에게 스트레스일 것이다. 그리고 시간이 많이 소요된다. 거의 2달 동안 새로운 세입자를 찾지 못해 월세를 못 받을 수도 있다. 이것은 임대인에게 상당한 손해다. 게다가 새로운 세입자가 들어오기 전에 벽에 페인트를 다시 칠하고 청소를 하는 데도 돈을 써야 한다.

이런 비용들을 고려해봤을 때, 임대인은 당신에게서 월세를 못 받는 것도 싫고 그렇다고 당신을 내쫓는 것도 싫다. 고민 끝에 임대인은 당신이 계속 세입자로 남아 있는 것이 자신에게 더 이득이라는 사실을 깨닫게 된다. 그래서 당신의 메일을 받은 임대인은 월세를 깎아줄지도 모른다. 그게 아니면, 월세 기한을 늦춰주거나 이번 달에 못 낸 월세를 다음 달 월세와 함께 내라고 할지도 모른다. 어떤 것이든 당신에게는 이득이다. 월세를 낼 시간을 더 벌거나 지금 당장 월세를 조금 덜 내도 되니까. 이렇게 단순히 의구심을 만들어낸 것만으로 레버리지를 얻고 지출을 줄일 수 있다.

이런 메일 전략은 주택담보대출에도 활용할 수 있다. 대출 담당 직원에게 당신이 대출이자와 원금을 제때 상환하지 못한다는 것은 큰일이다. 이렇게 되었을 때 그가 밟아야 할 프로세스와 절차가 있다. 이는 매우 복잡하고 그에게 스트레스가 된다. 그는 상사에게 이 일을 보고해야만 한다. 하지만 상사에게 무능한 직원으로 보이기는 싫다. 대형 금융권에서 대출을 받았다면, 당신이 얻을 수 있는 레버리지는 크지 않다. 하지만 담당자의 개인 연락처를 알고 있다면, 그 사람이 대출금 문제를 해결해줄 가능성이 있다. 메일 전략은 자동차 할부금이나 학자금 대출에도 적용할 수 있다.

임대차 계약을 갱신할 때도 이와 유사한 전략을 쓸 수 있다. 임대인은 계약을 갱신할 때 분명 임대료를 인상하기를 원할 것이다(내 경우는 항상 그랬다). 임대인이 임대료 인상을 시도할 때 필사적으로 그와 협상을 해야 한다. 나는 6명의 세입자를 두고 있고 그들은 각각 월 375달러를 낸다. 임대차 계약을 갱신할 때가 되면, 나는 월 40달러씩 임대료 인상을 시도했다. 이는 상당한 인상률이다. 그들은 협상했고 월 10달러 인상을 제시했다. 나는 대체로 그들의 제시를 받아들였다. 왜냐면 새로운 세입자를 6명이나 찾아야 하는 수고를 피하고 싶었기 때문이다. 당신은 임대인에게 이런 레버리지를 항상 가지게 된다. 그러니 그것을 사용해야 한다.

여기서 잊어서는 안 될 가장 중요한 핵심은 **할 필요가 없을 때** 시도하는 것이다. 은행 잔고가 텅텅 비고 나서야 임대인에게 월세를 내기 힘들 것 같다고 말하지 말라. 이런 경우는 역으로 임대인에게 레버리지로 작용한다. 도움이 필요 없을 때 시도해라. 만약 임대인이 월세를 인하해주지 않으면, 정상적으로 월세를 납부하면 된다. 오히려 이것은 임대인과 당신의 관계를 더욱 돈독하게 만들 것이다. 이번 달 월세를 내기 힘들 것 같다고 했는데 제날짜에 정확하게 월세를 지급했기 때문에 임대인은 당신을 신뢰하고 긍정적으로 평가할 것이다. 거짓말을 하는 것이 아니다. 어떤 경우든, 자신에게 유리하게 작용할 혹은 이용할 수 있는 상황을 만들라는 의미다.

협상할 필요가 없을 때 협상을 하면, 선택지들이 생긴다. 단순히 대출금이나 임대료와 같은 사소한 지출을 줄이기 위해서 입씨름하는 것이 아니다. 이렇게 협상해서 지출을 줄이고 여유자금을 확보하면, 새로운 것을 생각하고 시도할 여유가 생긴다. 협상해서 얻어낸 시간적 여유와 금전적 여유를 새로운 무언가에 투자해서 수익을 얻을 방법을 고민할 수 있다. 이렇게 하다 보면 갈수록 이전에는 하지 않았던 색다른 선택을 하게 되고, 이런 관습에 얽매이지 않는 독특한 선택들이 쌓이고 쌓여서 당신의 목표에 성큼 다가서게 될 것이다.

심지어 누가 내게 요즘 무슨 일을 하느냐고 물을 때조차 나는 이른바 '밀당'을 한다. "요즘 하는 일이 뭔가요?"라고 누가 물으면, 나는 "말해줄 수 없어요."라고 답한다. 이는 좋은 태도다. 왜냐면 내가 무엇을 하는지 모르면, 사람들은 나를 공격할 수가 없다. 이것은 모난 곳 없이 둥글둥글한 사람과 각이 진 모난 사람의 차이다. 모난 돌이 정을 맞는다고 하지 않던가. 모가 나 있거나 튀는 사람들은 공격받기 쉽다. 사람들은 당신이 어디에 모가 났는지를 안다. 그리고 당신이 무엇을 하고 있는지를 안다. 둥글둥글한 원은 모서리가 없다. 뭐라고 한정 지을 수가 없다. 어디를 봐도 둥글둥글한 곡선이다. 이렇게 모난 곳을 찾을 수없는 원이 되어야 한다. 다시 말해, 예측 불가한 사람이 되어야 한다. 이것은 당신에게 상당한 레버리지가 될 것이다. 왜냐면 경쟁자들의 관심 대상이 되기 때문이다. 그들은 당신이 어디를 가는지 그리고 무엇을 하는지를 알고 싶어 안달날 것이다. 그리고 당신과 경쟁하게 될까 봐 걱정할 것이다. 뉴 리치의 세계로 들어가기 위해 이 모든 레버리지를 당신 자신의 것으로 만들어야 한다. 그리고 그 레버리지로 새로운 기회를 끊임없이 만들어낼 수 있어야 한다.

어느 방향이든지 나아갈 수 있어야 한다. 그리고 되도록 많은 방향으로 나아가서 새로운 것에 도전해야 한다. 당신의 사업과 인생에서 일어날 수 있는 일들이 무엇인지 생각해보고 가능한 많은 것에 도전해보자.

나는 항상 새로운 기회들을 만들어내기 위해 팟캐스트로 여러 가지 도전을 한다. 많은 CEO들이 내게 팟캐스트 스폰서십에 대해 문의한다(매주 스폰서십 문의가 들어온다). 보통은 그들에게 줄 자리가 없다. 실제로 몇 달 뒤의 스폰서십도 모두 예약이 끝났다. 여기서 자리가 없다고 팟캐스트 스폰서십을 문의한 CEO들에게 말하고 대화를 끝낼 수도 있다. 하지만 굳이 팟캐스트의 스폰서가 되고 싶다는 사람들을 쫓아낼 필요가 있을까? 설령 고객이나 스폰서에게 자리가 없더라도 혹은 어떤 이유로 그들과 함께 일하는 것이 싫더라도, 그들과 일단 대화를 시작하고 그 대화가 어디로 흘러가는지 지켜봐야 한다.

팟캐스트 스폰서십에 대해 문의하는 사람에게 나는 "그러세요? 스폰서십에 대해서 어떤 생각을 갖고 있는지 말해주시겠어요?"라고 말한다. 그리고 그들과 스폰서십 요금, 광고를 내보내는 횟수 그리고 스폰서십으로 얻고자 하는 바 등에 관해서 이야기한다. 그들과 스폰서십 계약을 반드시 체결할 필요가 없기 때문에 나는 주저 없이 높은 가격대를 제시한다. 대화가 마무리될 때쯤이면 내가 선택할 수 있는 선택지들이 눈앞에 그려진다. 여러 상황을 고려해서 그에게 스폰서십을 줄지 말지를 결정한다. 이것은 단칼에 그들을 끊어내는 것보다 훨씬 내게 득이된다.

대부분이 이런 부분을 보지 못하고 기회를 놓친다. 사람들은 대화가 어떤 기회로 이어지는지 지켜보는 대신 흥미롭지 않은 대화를 중단해 기회를 원천봉쇄한다. 하지만 항상 상대방이 제시한 최종 제안을 보고 분석하고 판단을 내려야 한다. 누군가를 고용하거나 어떤 CEO에게 회사를 매각하거나 고객에게 상품을 팔 때도 마찬가지다. 무언가에 관해서 결정을 내리기 전에 가능한 결승선에 가까이 다가가야 한다. 그래야 결승선을 통과했을 때 어떤 일이 일어날지를 최대한 정확하게 예측할 수 있다. 설령 당신이 원하지 않는 거래라도 단칼에 그 거래를 잘라내지 마라. 기억하라. 협상에서 우위에 서려면, 협상할 필요가 없을 때 협상 테이블에 앉아야 한다. 협상 테이블에서 유리한 위치를 선점하면, 당신의 마음을 바꿀 너무나도 좋은 기회나 조건이 생길지도 모른다.

뉴 리치의 시간은 다르게 흐른다

여기서 소개하는 개념들을 완벽히 숙지하면 여유시간이 점점 더 많이 생겨날 것이다. 황금거위는 지속적으로 수익을 창출하는 안정된 시스템이다. 점점 늘어나는 여유시간 덕분에 황금거위를 한 마리 더 키울 수 있게 된다. 황금거위가 한 마리 더 늘어났으니 자연스럽게 현금 흐름도 하나 더 발생한다. 그러면 또 늘어난 현금 흐름으로 황금거위를 한 마리 더 늘린다. 이렇게 황금알을 낳는 황금거위가 점점 더 많은 기회를 당신에게 안겨줄 것이다.

하지만 한없이 황금거위를 늘려나가는 것은 어렵다. 많은 사람들이 이 일을 해내지 못한다. 사람들 대부분은 단 하나의 프로젝트를 성공시키기 위해서 자신의 모든 것을 쏟아붓는다. 그리고 프로젝트의 성공을 위해 해야 하는 일들을 목록으로 정리한다. 하지만 목록에 적힌 일의 10%를 겨우 끝내놓고 힘들다며 도망쳐버리는 사람들이 태반이다.

실상 바로 이 목록이 실패의 원흉이다. 사람들은 목록에 적힌 일을 해내려고 시도하지만 결국 어느 하나 제대로 완수하지 못한다. 그리고는 '하루치 일도 제대로 못 끝내는 내가 어떻게 인생을 바꿀 엄청나게 중요한 일을 불과 몇 달 만에 해낼 수 있겠어?'라고 생각한다. 왜 이런 일이 발생하는 것일까? 사람들은 하루에 엄청나게 많은 일을 할 수 있다고 생각한다. 그러면서 1년이라는 시간은 의미 있는 일을 해내기에는 너무 짧다고 믿는다.

프로젝트를 시작하기에 앞서 생각을 체계적으로 정리해야 한다. 그렇지 않으면, 거대한 프로젝트에 지레 겁을 먹은 머리가 잘 돌아가지 않는 상황이 생긴다. 아이디어를 체계적으로 정리하고 1년 단위로 묶어라. 그리고 주 단위로 진행률을 평가하며 하루하루를 충실히 살아라. 이렇게 시간을 관리해야 허송세월로 인생 전체를 낭비하지 않을 수 있다. 다음의 방법으로 시간을 관리해보자.

10년 계획 세우기 → 연간 계획 세우기 → 주간계획 세우기 → 일일계획 세우기

10년 계획을 세운다

자유롭게 생각하고 상상해라. 조용한 장소에서 자유롭게 살면서 손에 반드시 넣고 싶은 황금거위를 생각해보자. 황금거위들이 낳을 번쩍번쩍 빛나는 황금알도 상상해보자. 오랫동안 구체적으로 스스로가 원하는 10년 뒤 자신의 모습을 머릿속에 그려보자. 10년 뒤에 당신은 어떤 회사를 다니고 어떤 집에서 살고 싶은가? 무엇보다 10년 뒤에는 어떤 인생을 살고 싶은가?

꿈을 실현하기 위해 반드시 해야 할 일이 있을 것이다. 그것이 무엇

이든지 간에 그 일을 해라. 앞서 당장의 보상만을 바라고 행동할 때의 위험에 대해 경고했다. 하지만 지금 당장 어떤 보상이 주어져야 10년 뒤에 그 황금알을 가지게 될 것 같다면, 그 보상을 얻기 위해 행동해라. 하지만 먼 미래에 당신에게 주어질 거대한 황금알이 최종 목표임을 절대 잊어서는 안 된다.

나는 승리를 좋아한다. 승리는 내 큰 동인이다. 그래서 나는 내 또래 사람들과의 소소한 경쟁과 내가 추구하는 큰 목표들을 결부시킨다. 소소한 경쟁에서 승리하다 보면 결국 내가 그토록 바라던 큰 목표를 달성하게 된다. 내가 말하는 소소한 경쟁은 다음과 같은 것들이다.

▶ 라이언 홀리데이의 첫 번째 책보다 내 첫 번째 책이 더 많이 팔리길 바란다(그의 책은 20만 부 이상 팔렸다).

▶ 마틸다 콜린의 프런트보다 큰 소프트웨어 회사를 세우고 싶다(프런트의 월 매출이 90만 달러에 이른다).

▶ 네이트 폴의 월드클래스 홀딩스보다 큰 부동산 회사를 만들고 싶다(월드클래스 홀딩스는 오스틴에 설립된 회사로 부동산 자산이 10억 달러다).

연간 계획을 세운다

나는 앞에서 크고 대담한 목표는 작은 단위로 쪼개고 쪼개진 작은 단위목표를 달성하는 시스템을 구축하라고 조언한 바 있다. 12개월 동안 황금알을 낳는 황금거위가 될 시스템을 고민하고 구축하고 개선해 나가야 한다. 황금거위가 될 시스템이 완전히 새로운 시스템일 수도 있고, 개선해야 할 기존의 시스템일 수도 있다. 그리고 어떤 시스템을 어떻게 연결해야 최대 아웃풋이 나올지도 고민해야 한다. 시스템과 시스템을 연결하는 고리가 아웃풋을 높인다. 어떻게 연결하느냐에 따라 1+1=2가 아닌 1+1=5가 되는 전체 시스템을 구축할 수 있다.

나는 현재 새로운 소프트웨어 회사를 만들 생각이다. 앞서 소개한 방법들을 활용해서 창업을 준비하고 있고, 인수합병을 통해 소프트웨어 회사를 세울 생각이다. 그리고 소프트웨어 회사를 가동하기 위해 구축해야 할 시스템들이 무엇인지 찾고 있다. 지금까지 다음의 시스템들이 필요함을 알아냈다.

▶ 투자자를 모으기 위해 자금 조달 시스템이 필요하다. 소프트웨어 회사를 창업하기 위해서는 내 개인적인 자금을 써야 한다. 하지만 다른 투자자들도 필요하다. 2011년 헤요를 창업할 당시 동업자와 함께 나는 재무제표와 시장을 분석해 간략한 보고서를 작성했다(NathanLatka.com/surprise에서 보고서를 확인할 수 있다). 그러고는 엑셀로 30~40명의 잠재 투자자 목록을 만들었고, 투자기한을 명시한 분석 보고서를 그들에게 보냈다. 한두 명이 투자하겠다고 연락이 왔고, 우리는 회신이 없는 잠재 투자자들에게 다음의 메일을 보냈다. "투자 진행 상황이 궁금하실까 봐 연락했습니다. 이미 제 사업에 투자하겠다고 의향을 표한 투자자들이 있습니다. 한번 보시겠습니까?" 누군가가 투자했다고 하니 회신이 없던 사람들도 헤요에 관심을 가지기 시작했다. 투자자가 다른 투자자를 불러 모은 셈이다. 목표액은 50만 달러였지만, 이 방식으로 우리는 55만 달러의 자금을 조달했다.

▶ 유망한 프로젝트를 가동하고 인수할 기업을 찾을 시스템을 구축한다. 아래는 인수 혹은 매각을 검토하던 기업들을 정리한 엑셀 파일의 스크린숏

이다. 인수 가능성을 기준으로 등급이 매겨져 있다. 기업 유형, 인수/매각 대상 유무, 고객층, 진행 상황, 향후 계획 그리고 생각하는 적정 인수가 등이 정리되어 있다. 이것은 내가 인수할 기업을 찾기 위해서 사용하는 기본적인 시스템이다.

Likley to acquire?	I L	Notes/Type		Type	Link	users	Action		Next Step	Acq. Price	F
3		B2B Leads		Buy	https://gainful.io/		Emailed 1/27/2017			$22,000	0
10	In	Dhruv chatting w		Buy			Emailed 10/28/2017		Dhruv chatting w	$100k	$
Done Deal		Direct		Buy		35,094	Emailed 8/20/18			$1,000	
Done Deal		Direct		Buy	https://chrome.goc	7000	Emailed 10/28/2016			$100	
Done Deal		Direct		Buy	https://chrome.goc	39493	Emailed 7/5/2016			-$15k	F
7		churn saas redu									
	1	Direct		Buy			Called 1/9/2018				
		B2B leads									
8		Direct		5/5/2016	https://chrome.goc	378,000 users 1	Emailed 10/29/2017		com	1.4 cents per ma	$
8		Direct		5/5/2016	https://chrome.goc	11984	Emailed 8/7/2017			$1,200,000	
7		Direct			https://chrome.goc	1700	Emailed 1/27/2017			$10,000	
7	S	Direct		sold scripted to 5			Emailed 8/7/2017		He's holding on t	$200k	
7		Direct		Buy	https://chrome.goc	2337	Emailed 1/27/2017		Asked Trever Fa	like nothing	
7		Direct					Emailed 8/7/2017			$250k total rever	
7		Direct			https://chrome.goc		Emailed 8/7/2017		One of them goir		
6		Direct			https://chrome.goc	15,000	Called 1/27/2017		He's thinking for		
5		Direct		Buy	https://chrome.goc	98000	Emailed 11/10/2016				
4		Direct		not sure							
4		Direct			https://chrome.goc	26109					
4		Direct			https://chrome.goc	3439	Meet in SF, 212-729-7551				
1		Direct		5/5/2016	https://chrome.goc	1107530 users					1
1		Direct		5/5/2016	https://chrome.goc	54300					

인수 기업 검토 리스트. 유형, 대상, 고객층, 계획 등 상세한 기록을 남겨야 한다.

▶ 많은 거래를 빠르게 처리하기 위해서 표준문안을 마련한다.

▶ 인수한 기업을 성장시키기 위한 향후 계획을 체계화할 실행 프레임워크를 마련한다.

맛있는 레이어 케이크를 굽기 위해서 정성들여 빵을 하나씩 쌓는 과정이라고 생각하면 이해하기 쉬울 것이다. 나는 여러 시스템이 유기적으로 연결되어 돌아가는 기업은 빵을 한 장 한 장 쌓아 올려서 만든 레이어 케이크와 같다고 앞서 말했다. 시스템을 구축하자마자 실행해보면, 이 시스템으로 움직이는 기업이 어떻게 될지 대략 예상할 수 있다. 단층의 빵을 맛보면 맛있는 **레이어 케이크**가 될지 어떨지를 예상할 수 있는 것과 비슷한 이치다. 나는 이렇게 기존의 소프트웨어 회사를 인수해 여러 시스템을 구축하고 유기적으로 연결해 회사를 운영했다. 그 결과 연 매출이 무려 100만 달러에 이르는 소프트웨어 회사가 됐다. 지금 나는 소프트웨어 회사로 벌어들인 수익을 다시 소프트웨어 회사에 재투자해서 평생 황금알을 낳는 황금거위로 키워나가고 있다.

주간계획을 세운다

이 단계에서 야심 찬 꿈들이 현실과 맞물린다. 향후 10년간 그리고 1년간 이미 자신이 무엇을 하고 싶은지를 알고 있다. 꿈꾸던 일들을 현실로 만들기 위해 어떤 시스템들이 필요한지를 알고 구축했다. 이제 각각 시스템의 일일 운영 현황에 집중할 때다. 한마디로 아주 세세한 부분에 집착할 때인 것이다. 프로젝트 개발 단계라면, 프로젝트의 순조로운 시작을 위해서 주간 단위로 완수해야 할 일이 무엇인지 고민한다. 시스템들이 이미 돌아가고 있다면, 프로젝트를 계속 진행하면서 키워나가기 위해서 매주 달성해야 할 목표나 성과가 무엇인지 생각해본다.

나는 시스템 운용일지를 작성한다. 여기에는 시스템당 소요시간도 기록한다. 하나의 시스템에 너무 긴 시간이 소요되기 시작하거나 효율을 극대화하기 위해서 시스템에 쓰는 시간을 절반으로 줄일 필요가 있다고 생각되면, 운용일지를 보면서 시스템을 자동화할 방안을 찾는다. 그리고 자동화된 시스템을 레이어 케이크(소프트웨어 회사)에 적용한다. 시스템을 자동화하는 방법은 유용한 툴을 찾아서 활용하거나 해당 업무를 전담할 사람을 채용하는 것이다.

나는 팟캐스트 게스트를 섭외하는 데 매주 4~5시간을 썼다. 이후 게스트 섭외 절차를 상세히 기록한 업무일지를 애런에게 전달했다. 애런은 게스트 섭외 업무를 전담하고 게스트를 한 명 섭외할 때마다 12달러의 인센티브를 받는다.

첫 출근 날에 나는 애런에게 게스트 섭외 시스템을 개선할 것을 요청했다. 애런은 자신이 시스템을 어떻게 개선했는지를 기록한다. 애런이 퇴사하고 새로운 사람이 게스트 섭외 업무를 맡게 되면 그가 작성한 업무일지를 참고하게 될 것이다. 지금 나는 팟캐스트 게스트 섭외에 시간을 전혀 쓰지 않는다. 애런을 고용한 뒤에 자연스럽게 게스트 섭외 업무에서 손을 떼게 됐다. 효율적인 시스템이 레이어 케이크에 추가됐기 때문이다. 누이 좋고 매부 좋은 상황이 만들어졌다. 이제 게스트를 많이 섭외할수록 내 지갑도 두둑해지고 애런의 지갑도 두둑해진다.

일일계획을 세운다

이 단계에서 프로젝트의 성패가 결정된다. 사람들은 하루에 해야 할 일을 목록으로 정리하고 함께 못한 일은 다음날로 넘긴다. 이렇게 해야 할 목록은 줄어들 줄 모르고 계속 늘어난다. 이런 악순환이 영원히 지속된다. 나는 애플노트에 해야 할 일 목록을 작성했다. 하지만 일주일이 지날 때마다 해야 할 일 목록은 줄줄이 늘어지기만 했다.

왜 이런 일이 일어나는 것일까? 목록에서 해야 할 일을 없애야 한다는 생각을 못하기 때문이다. 목록에서 끝낸 일에 줄을 그어 표시하라는 말이 아니다. 며칠, 몇 주가 지나도 목록에서 사라지지 않는 일은 과감히 목록에서 삭제해버려라.

나는 30일 법칙으로 옷장을 정리한다. 30일 동안 단 한 번도 입지 않은 옷과 앞으로 30일 동안 입을 계획이 없는 옷은 곧장 쓰레기통으로 들어간다. 해야 할 일 목록도 이렇게 정리해야 한다. 나는 30일 동안 목록에서 사라지지 않은 일은 과감하게 목록에서 지운다. 양단간에 결정해야 한다. 이렇게 목록에 오랫동안 남아 있는 일을 지우지 않으면, 쌓여만 가는 일을 어떻게 처할지를 고민하는 데 아까운 시간과 에너지를 쓰게 된다. 쇠뿔도 단김에 빼랬다. 지금 당장 해야 할 일 목록에서 오랫동안 존재했던 일을 과감히 지워 없애라.

해야 할 일 목록은 간단하게 작성해라. 하루 안에 끝낼 수 있는 2~3가지 일을 정하고 거기에 집중한다. 매일 조금씩 일을 해나가면, 주간 단위 목표가 달성되고 결국 1년 목표도 달성하게 될 것이다. 오늘 못한 일은 몇 주 혹은 몇 년이 지나도 못한다. 다음에 해야지 하는 생각으로 목록에 남겨두지 마라. 그럼 해야 할 일이 계속 쌓이고 쌓여서 심적 부담만 커진다. 그러니 미련을 갖지 말고 오늘 못한 일은 목록에서 과감히 삭제해버려라.

그렇다고 아주 쉬운 일들로만 목록을 작성해서는 안 된다. 이것은 거짓 모멘텀을 만들어낸다. 사람들은 하루 동안 아주 쉬운 일들만 처리하면서 목표를 향해 착실히 나아가고 있다고 착각한다. 단순히 할 일 목록에서 끝낸 일에 줄을 그어 없애는 재미에만 빠진다. 하지만 이런 단순한 재미를 좇는 데 모든 에너지를 소진한 나머지 중요하고 어려운 일로 평생 넘어가지 못한다. 그래서 나는 아침에 중요한 일부터 먼저 처리한다. 이번 주, 1년 뒤 그리고 10년 뒤에 달성하고 싶은 가장 중요한 일에 충분한 에너지를 쏟는다. 내 지인 중에 성우 준비생이 있다. 그는 성우가 되기 위해서 다음의 계획을 세웠다.

▶ **10년** 뒤에 탄탄한 고객층을 구축하고 성우로서 연간 수십만 달러의 수입을 올린다.

▶ **올해**는 단골 고객 10명을 확보하고 에이전트를 구한다. 이 목표를 달성하기 위해서 5개의 시스템을 구축해 실행한다.

- 시스템1: 오디오북, 라디오/TV 광고, 기업 홍보 동영상과 관련해 데모를 만들어 녹음한다.
- 시스템2: 데모를 전시할 포트폴리오 웹사이트를 만든다.
- 시스템3: 보이스와 보이스123과 같은 웹사이트를 통해 일주일에 30개 배역에 오디션을 본다.
- 시스템4: 일주일에 에이전트 10곳에 연락한다.
- 시스템5: 일주일에 오디오북 출판업체 5곳에 연락한다.

▶ **매주** 그는 이 시스템을 가동하고 해야 할 일을 처리해나갔다. 다른 시스템을 가동하기 위해서 먼저 가동해야 할 선행 시스템이 존재한다. 그는 선행 시스템에 제일 먼저 집중했다(가령 오디션에 참가하거나 에이전트와 오디오북 출판업체에 연락하기 전에 데모부터 제작하는 것이다). 그는 성우가 되기 위해서 매주 각 시스템을 실행해 매일 해야 할 일을 완수하는 데 집중했다. 이것이 쌓이고 쌓이면, 그가 성우로서 성공할 날에 가까워질 것이다.

1년 내내 야심 찬 목표들을 달성하기 위해서 정신없이 달렸으니, 한 발짝 뒤로 물러나 내가 잘해오고 있는지를 확인해야 한다. 그렇다고 새해 전날 지난 한 해를 반성하기 위해서 몰스킨 다이어리를 집어 드는 가식적인 행동은 마라. 실제로 이렇게 하는 사람도 없을 것이다. 생산성에 관한 책을 얼마나 많이 읽었느냐는 중요하지 않다.

지난 한 해 동안 했던 일들을 모두 평가하지 않아도 한 해의 성과가 어떠한지 확인할 방법이 있다. 딱 한 가지만 확인하면 된다. 바로 은행 잔고다. 1년 전보다 은행 잔고가 증가했는지 확인해보라. **그리고 1년 전보다 지금 더 행복한지 생각해보라.**

두 질문에 "그렇다."라고 대답할 수 있다면, 당신은 뉴 리치의 세계에 들어온 것이다. 뉴 리치의 세계에 오신 것을 환영한다!

뉴 리치는 어떻게 적은 시간으로 많은 일을 할까

이제 황금거위를 키워낼 전략이 마련됐다. 오늘, 이번 주, 올해 그리고 앞으로 10년 동안 무엇을 해야 하는지도 안다. 지금은 오전 9시, 뉴 리치 액션 플랜의 첫날이다. 메일을 확인하고 제일 먼저 해야 할 일을 한다. 판매할 티셔츠를 중국 업체에 발주할 계획이다. 중국 의류업체가 견적서를 보내왔다. 회신하려는 순간, 새로운 메일이 들어왔다. 그래서 수신함부터 빠르게 확인하기로 한다. 10통의 메일을 삭제하고 3통의 메일을 열어서 읽는다. 그리고 나중에 다시 확인하기 위해서 '읽지 않음' 표시를 해둔다. 그리고 재빨리 오늘 중으로 견적서에 적힌 비용을 보내겠다고 중국 의류업체에 회신한다.

재빨리 송금앱 벤모Venmo로 중국 업체에 약속한 돈을 송금하려고 하는데, 문자 메시지가 3통이나 들어왔다. 그래서 송금하다가 말고 새로 들어온 문자 메시지 3통을 확인한다. 그런데 트위터 알림음이 계속 울린다. 트위터를 아주 빨리 확인한다. 트윗을 날린 두 사람에게 회신하고 나서야 벤모로 중국 업체에게 대금을 보낸다.

돈을 보내고 나니 2명의 고객에게 돈을 받지 못했다는 사실이 기억난다. 젠장! 그들에게 견적서를 지금껏 보내지 않았다. 후딱 견적서를 작성해서 2명의 고객에게 보내고 나니, 다른 고객이 결제 기한을 넘겼다는 사실이 기억난다. 결제 기한을 넘긴 고객에게 메일을 보내려고 시계를 봤더니, 벌써 10시 30분이다. 중국 의류업체에 회신하려고 열어둔 메일 작성 페이지가 텅 빈 채로 모니터에 띄워져 있다. 무슨 내용을 작성하려고 했는지 도저히 기억나지 않는다. 도대체 90분 동안 무슨 일을 한 것인가?

너무 익숙한 광경이지 않은가? 당신의 아침과 비슷하지 않은가? 계속 전화가 오고 채팅 메시지가 뜨고 미팅이 이어져서 해야 일에 도저히 집중할 수가 없다. 방해가 끊임없이 들어온다. 당신이 나서서 멈추지 않는다면 이런 상황은 지속될 것이다. 이 일 저 일 바꿔가면서 처리하면, 이전에 하려고 했던 일에 다시 집중하는 데만 5~10분이 소요된다. 하루 동안 업무 변경이 10회 일어나면, 매일 100분 또는 거의 2시간의 생산성을 잃는 셈이다.

시간을 효율적으로 사용하는 사람들에게는 그들만의 시간 관리법이 있다. 그들은 시간을 배치 단위로 묶는다. 뉴 리치도 이런 방법으로 시간을 관리한다. 이것이 산만하게 일을 처리하는 평범한 사람들이 뉴 리치들을 따라잡을 수 없는 이유다. 대부분이 하루 내내 천여 개의 소소한 일을 처리한답시고 호떡집에 불난 듯이 여기저기 뛰어다니다가 정작 중요한 일을 놓친다. 뉴 리치들은 이런 상황을 용납하지 않는다. 사소한 일을 챙겨주는 비서를 둔 사람들은 예외다. 그들을 부러워할 필요는 없다. 내 조언을 따르면 당신도 그들 중 1명이 될 수 있다. 하지만 자기 시간을 스스로 통제하고 중요한 일을 처리해내지 못한다면, 평생이 걸려도 그들처럼 비서를 곁에 두지 못할 수도 있다.

시간을 배치 단위로 묶는다는 것을 어렵게 생각할 것 없다. 최소한 3시간 단위로 시간을 묶어서 하나의 업무나 프로젝트에 할애하면 된다. 그 시간 동안에는 오로지 하기로 한 일에만 집중한다. 큰 프로젝트 여러 개를 동시에 진행하고 있다면, 일일 단위로 시간을 묶는 편이 더 도움이 될 것이다. 잭 도시Jack Dorsey도 이런 방식으로 스퀘어와 트위터를 운영한다. 〈테크노미Techonomy〉와의 인터뷰에서 그는 두 회사를 동시에 경영하는 자신만의 비결을 소개했다.

자신이 세운 법칙을 철저하게 지키고 실천에 옮겨야 한다. 나는 일일 테마를 잡는다. 내게 이것은 꽤 효과적인 시간 관리법이다. 월요일에는 관리와 운영에 집중한다. 스퀘어에서는 경영 방향을 결정하는 회의를 열고, 트위터에서는 경영 전략 회의를 연다. 화요일에는 상품에 집중한다. 수요일은 마케팅, 커뮤니케이션과 성장에 집중할 날이다. 목요일은 개발자와 파트너십의 날이다. 금요일은 조직, 문화 그리고 채용을 위한 날이다. 토요일에는 업무를 모두 잊고 재충전을 위해 하이킹을 한다. 일요일에는 지난주를 살펴보고 다음 주를 준비한다. … 지난주에 어떤 일을 했고, 성과가 무엇이었는지 사람들에게 알리고, 다가오는 주에는 무엇을 목표로 할 것인지 설명한다.

잭 도시는 큰 목표를 달성하기 위해 시간을 배치 단위로 묶어서 일일계획과 주간계획을 세우고 실천한다.

나는 애큐티 스케줄링이라는 앱을 사용해서 시간을 배치 단위로 묶는다(NathanLatka.com/schedule에서 확인할 수 있다). 사람들은 이 앱에서 내 빈 시간을 확인하고 그 시간에 내게 미팅을 요청한다. 나는 팟캐스트 인터뷰에 3시간을 할애한다. 인터뷰당 20분을 쓴다. 팟캐스트 게스트들은 내 애큐티 스케줄링 링크를 받게 된다. 그들은 거기서 빈 시간대를 확인하고 나와 인터뷰 약속을 잡는다. 일정이 잡히면 1시간 동안 20분씩 인터뷰 3건을 연달아서 진행한다. 이 업무 저 업무를 바꿔가며 처리할 필요가 없으니, 낭비되는 생산성도 없다. 아주 효율적으로 시간을 활용할 수 있다.

시간을 배치 단위로 묶는 것이 쉽게 들려도, 막상 시작하려면 생각보다 쉽지 않다는 사실을 알게 될 것이다. 우리의 뇌는 끊임없이 발생하는 새로운 자극에 반응하도록 프로그램화되어 있다. 다음 주에 하루를 정해서 하나의 일이나 테마에 집중하고 순간적으로 생기는 일은 무시하는 연습을 해보라. 자기 통제도 필요하다. 업무를 방해하는 사람이 아무도 없더라도, 메일, 소셜 미디어, 문자 메시지 등을 수시로 확인하다 보면 업무를 망칠 수 있다. 그러니 자기 절제를 해야 한다. 스마트폰을 다른 방에 두거나 가방에 넣어두는 것도 한 방법이다.

프리덤Freedom과 같은 인터넷 차단 툴을 이용해보자. 뇌가 아무리 메일이나 소셜 미디어를 확인하라고 신호를 보내도, 인터넷을 사용할 수 없으니 확인할 수가 없다. 정해진 시간 동안 오롯이 하나의 일에 집중하면, 하루를 마무리할 때가 되어도 그렇게 힘들거나 피곤하지 않을 것이다. 하던 일을 멈추고 새로운 일을 한 뒤 다시 하던 일로 돌아가는 데 시간과 에너지를 허비하지 않았기 때문이다. 그리고 이렇게 시간을 배치 단위로 나눠서 일을 처리하면, 생산성은 훨씬 향상된다.

뉴 리치의 연장통

- 두려움을 이용하라.

- 협상할 필요가 없을 때 협상 테이블에 앉아라.

- 해야 할 일 목록의 작성은 관두고 시스템을 구축하라.

- 시간을 배치 단위로 묶어라.

II

돈: 소유하고, 유지하고, 성장시킬 것

6. 숨은 돈 찾기

무엇이든 자산으로 바꾸는
레버리지 전략

"부자는 가장 가난한 자들의 희생으로 더 부유해진다."

\- 프라디파 판디얀 Pradeepa Pandiyan

"물질적인 것을 손에 넣는다고 경제적 평화가 얻어지는 것은 아니다.
수입보다 덜 쓰는 법을 배워야 한다.
이렇게 해야 어딘가에 투자할 여윳돈이 생긴다.
그 전까지 부자가 될 수 없다."

\- 데이브 램지 Dave Ramsey

SEND ▼

새롭거나 중요한 일에 집중할 여유시간을 가지려면, 많은 노력이 필요하다. 프로젝트의 세부 사항을 하나도 빠짐없이 꼼꼼히 챙기고, 자신만의 시스템을 구축하고, 현금 흐름을 발생시키도록 시스템을 조정해나가야 한다. 그렇지 않으면, 신경 쓰지 않아도 자동으로 돌아가는 것은 아무것도 없다.

하지만 손쉬운 해결책이 있다. 최소한의 비용으로 새로운 프로젝트를 시작하는 것이다. 누구나 알고 있는 상식이 아니냐고 하겠지만, 이것을 실천하는 이는 드물다. 분명 덜 쓰는 것은 현명한 행동이다. 하지만 여기서 사람들 대부분이 놓치는 것이 있다. 단순히 지출을 줄이는 것이 아니라 부채를 자산으로 전환할 줄 알아야 한다.

자산이 없다고 말하지 마라. 정말 자산이 없다고 믿는다면, 유통기한이 지난 쿨에이드를 마셨거나 현재 가지고 있는 것의 잠재 수입을 제대로 이해하지 못한 것이다. 로버트 기요사키(《부자 아빠 가난한 아빠》 저

자) 같은 고전적인 경영 작가들이 부채라고 부르는 것들에 특히 주목해야 한다. 집, 자동차, 보트 등 매달 당신의 주머니에서 돈을 빼내는 이런 자산들을 잘 활용하면 이익을 얻을 수 있다. 우린 로버트 기요사키를 용서해야 한다. 그가 하와이에서 부자가 되는 법을 배울 당시에는 공유경제라는 개념이 존재하지 않았기 때문이다.

공유경제에 주목해보자. 공유경제에는 우리가 소유하거나 임대한 거의 모든 것을 현금 기계로 바꾸는 힘이 있다. 로버트 기요사키가 자신이 그토록 경고했던 낡은 '부채'로 돈을 마구 찍어낼 수 있다는 사실을 알았다면, 그는 당장이라도 공유경제에 뛰어들었을 것이다. 공유경제를 잘 이용하면, 지출을 깡그리 없앨 수도 있다.

사람들 다수가 이것이 자신에게 해당되는 이야기가 아니라고 생각할 것이다. '내가 가진 거라곤 빚, 임대료 그리고 자동차 1대뿐인데 무슨 소리야!'라고 할 수도 있다. 하지만 인내심을 갖고 끝까지 이 책을 읽어주길 바란다. 자산으로 전환해 활용할 수 있는 부채가 분명 당신에게도 존재한다. 이것들의 수입 잠재력을 과소평가하지 마라. 뉴 리치의 세계에 들어서고 싶다면, 이 단계를 건너뛰어서는 안 된다. 부채를 자산으로 전환하면, 뉴 리치가 되는 날을 좀 더 앞당길 수 있다. 여윳돈이 생기면 하기 싫은 일을 안 해도 되는 자유가 생긴다. 악몽 같은 시간을 안겨줄 것이 자명한 고객과 일하지 않아도 되고, 단순히 공과금을 내기 위해서 하기 싫은 일을 하면서 돈을 벌 필요도 없다. 그리고 여윳돈이 생기면 인내심도 생긴다. 좋은 제품을 만드는 데 더 긴 시간을 쓸 수도 있다. 생활비를 벌기 위해서 동동거릴 필요가 없기 때문이다. 부채가 부채를 갚는 상황이 벌어질 것이다. 심지어 부채를 활용해 번 돈으로 부채를 갚고 나서도 돈이 남을 수 있다.

부채를 자산으로 전환해서 현금 흐름을 발생시킨다는 게 어렵게 들릴 수 있다. 하지만 아주 쉽다. 당신이 가지고 있는 것을 사용하고 싶어 하는 사람들만 찾으면 된다. 그런 사람들은 어떻게 찾을까? 에어비앤비와 같은 툴을 활용한다. 지금부터 이런 툴을 자신에게 유리하게 사용하는 방법을 소개하겠다. 그리고 자동차와 사무 공간부터 온라인 콘텐츠에 이르기까지 개인 소유물로 불로소득을 얻을 수 있는 잘 알려지지 않은 마켓플레이스도 소개할 것이다.

이번 장은 확실한 자원으로 수익을 얻거나 아끼면서 생활하는 방법을 다루지 않는다. 이것은 완전히 다른 주제이고, 이 주제를 다루는 책이 시중에 많이 나와 있다. 나는 이번 장에서 내가 직접 시도했고 최소한의 노력으로 꽤 효과가 있었던 방법들을 집중적으로 소개할 것이다.

공유경제로 숨겨진 돈을 벌어보자

지난 10년간 주변에 일어나는 일들에 관심을 갖고 살았다면, 분명 에어비앤비는 익숙한 단어일 것이다. 알다시피, 에어비앤비는 빈집이나 빈방을 활용해 임대수익을 얻길 바라는 개인과 저렴한 숙소를 찾는 여행객을 연결해주는 웹사이트다. 내가 집에 머무르는 날은 열 손가락에 꼽을 정도로 며칠 안 된다. 그래서 나는 에어비앤비를 빈집을 통해 여행객들에게 임대를 내놓는다. 이 책을 쓸 당시에 나는 오스틴 집을 구매했다. 지금은 에어비앤비로 벌어들인 임대수익으로 주택담보대출을 갖고 있다. 주택담보대출금을 제외하고도 500~600달러가 남는다. 자세한 내용은 다음과 같다.

▶ 주택 구입비용은 42만 5,000달러이고 매매가의 3%를 초기 납입금으로 지출했다.

▶ 매월 주택담보대출금과 세금으로 2,700달러를 낸다.

▶ 한 달에 집을 비우는 날은 거의 20일에 달하고, 이 기간 빈집을 타인에게 임대한다. 에어비앤비를 통해 발생하는 월평균 임대수익은 3,300~3,500달러이다. 그래서 이것저것 따져보면, 대출금과 세금을 한 푼도 내지도 않고 공짜로 오스틴 집에서 사는 셈이다. 그리고 심지어 임대수익으로 대출금과 세금을 내고도 돈이 남는다.

물론 모두가 나처럼 주거비용을 내고도 남을 정도의 임대수익을 에어비앤비로 벌어들일 수는 없다. 나도 이를 알고 있다. 그리고 모두가 에어비앤비를 통해 주거비용을 충당할 정도의 수익을 올리는 것도 아니다. 예를 들어 도시나 해안, 스키장, 대학가 등과 가까운 곳에서 사는 사람들이 에어비앤비에서 고객을 구하기 훨씬 쉽다. 하지만 외진 곳에 살고 있다고 해서, 당신의 집이 가진 수입 잠재력을 무시하지 말기를 바란다. 외딴 지역에 사는 가족이나 친지를 만나러 온 사람들도 잠재 고객일 수 있다. 그리고 고객을 만나러 온 출장자들도 있다. 이렇게 다른 지역에서 와서 잠시 머무르는 사람들이 아니더라도, 현지인들도 당신의 잠재 고객이다. 누군가는 집을 수리하거나 수도관이 터져서 잠시 지낼 곳이 필요할 수 있다. 아니면 오랜만에 온 장모님 때문에 스트레스를 받아서 도저히 집에 있을 수 없는 사람도 있을 수 있다.

이런 상황에서 집 주변에 제대로 된 호텔이 없다면, 에어비앤비는 돈을 벌 기회가 될 것이다. 집을 수리 중이거나 수도관이 터졌거나 장모님이 집에 계시는 등 피치 못할 사정으로 자기 집에서 머무르지 못하는 사람들에게 잠깐 빈방을 내어주는 것이다. 집이 아주 외진 곳에 있다면? 그렇다면 작가, 예술가 그리고 요가 수행처럼 조용히 휴식을 취하면서 생각을 정리할 곳을 찾는 사람들을 공략하자. 당신의 공간을 낯선 누군가와 기꺼이 공유할 생각이 있다면, 에어비앤비는 한번 시도해 볼 만하다.

에어비앤비에 집이나 빈방을 내놓을 생각이 있나? 내게는 수입 잠재력을 높이는 비결이 있다. 내 비결을 지금부터 공개한다.

일일 숙박요금을 낮추고 청소요금을 높인다. 에어비앤비는 최고의 가치를 기준으로 추천을 한다. 예를 들어, 요금이 가장 저렴하고 방이 가장 많고 최고의 후기가 달린 집이나 방이 검색 결과의 상단에 뜬다. 하지만 청소요금은 고려 대상이 아니다. 그러니 일일 숙박요금을 낮게 잡고 청소요금을 높게 책정하는 것이 유리하다. 현재 1박에 200달러를 받고 청소요금으로 25달러를 부과한다면, 숙박요금을 200달러에서 100달러로 인하하고 청소요금을 25달러에서 125달러로 인상하자. 이렇게 하면 요금을 조정하기 전과 수익이 같거나, 오히려 더 많은 수익을 낼 수 있다. 하지만 머무를 장소를 찾는 이들에게는 후자가 더 저렴한 숙박 시설로 다가올 것이다. 나는 에어비앤비를 시작하고 첫 3개월 동안 1만 5,000달러를 벌었다. 에어비앤비에 투자한 시간은 내 시간의 20%였고, 청소요금으로만 2,000달러를 벌었다.

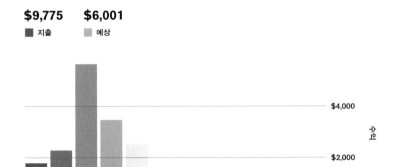

$15,776

2018년 예약 수익

$9,775　**$6,001**

■ 지출　　■ 예상

청소비용을 절약한다. 나는 에어비앤비에서 고객에게 1박당 150달러의 청소 요금을 부과한다. 하지만 청소업자에게는 청소 1회당 50달러를 준다. 나로서는 무려 100달러가 이득이다. 에어비앤비에 정기적으로 빈집이나 빈방을 내놓는다면, 청소비에 대해 단체 할인을 시도해볼 만하다. 청소업자에게 "청소 1회당 75달러는 너무 비싸요. 50달러에 해주시면 청소를 월 5회 맡기겠습니다."라고 제안한다. 아마 청소업자는 이 제안을 받아들일 것이다. 이 제안을 받아들이면, 월 250달러가 꾸준히 들어온다. 나는 이 조건으로 샌디와 청소 용역 계약을 체결했다. 그녀는 청소를 잘하고, 나는 청소 1회당 50달러를 그녀에게 송금하고 있다.

사진이 전부다. 사진에 투자해라. 사진을 잘 찍는 친구가 없다면, 스냅퍼Snappr 에서 아주 저렴한 가격으로 사진작가를 구할 수 있다. 스냅퍼는 전 세계 프리랜서 사진작가들의 네트워크다. 섬택Thumbtack에서 현지 사진작가를 찾을 수도 있다. 누구와 작업을 하든지 최고의 사진을 에어비앤비에 올려야 한다.

다른 일을 하는 동안, 이 사이트가 관리비를 내줄 것이다

자차를 이용해 출퇴근하는 사람은 대체로 다음과 같은 사용패턴을 보인다.

▶ 9시쯤 사무실 도착한다.

▶ 주차장에 차를 주차한다.

▶ 차는 5시까지 주차장에 있다.

물론 몇몇 변수는 있을 수 있다. 지하철을 이용하는 사람은 집에서 지하철역까지 차를 타고 가서 지하철 주차장에 주차해둘 것이다. 핵심은 근무시간 동안에는 차가 사용되지 않는다는 것이다. 휴가를 갈 때, 차는 휴가 내내 주차장 신세다.

자동차를 마냥 놀릴 필요가 있을까? 사용하지 않는 몇 시간 동안 필요한 사람에게 대여료를 받고 대여해주는 것은 어떨까?* 투로Turo는

---

* 참고로, 국내에서는 '여객자동차운수사업법'에 의해 사업용 자동차가 아닌 개인 자동차(자가용)를 돈을 받고 빌려주는 것을 금지하고 있다.

카셰어링 웹사이트다. 하이레카HyreCar와 겟어라운드GetAround도 믿을 만한 카셰어링 웹사이트다. 차가 필요한 사람들이 시간 혹은 일일 기준으로 요금을 내고 웹사이트에 등록된 차를 대여한다. 보험은 보통 카셰어링 서비스를 제공하는 업체가 부담한다. 카셰어링 웹사이트에 자동차를 등록하면, 한 달에 몇 백 달러의 대여 수익을 얻을 수 있다. 아무것도 하지 않으면, 자동차는 부채일 뿐이다.

보트(겟마이보트, 보트세터), 오토바이(라이더스-셰어, 트위스티드로드, 바이크반디트) 그리고 자전거(스핀리스터)를 위한 믿을 만한 웹사이트들도 있다. 심지어 여유 주차공간을 대여해줄 수도 있다(파크리). 새로운 공유시장이 계속 등장하고 있다. 누군가가 가치 있게 여기는 무언가를 갖고 있거나 임대하고 있다면, 이러한 공유시장을 활용해보라. 구글을 검색하면 다양한 공유시장을 확인할 수 있을 것이다.

나는 검은 티셔츠로 돈을 번다

정확하게 말하면, 내 옷이 돈을 벌어주지는 않는다. 옷에 관한 한 나는 미니멀리스트다. 그래서 옷을 사는 데 돈을 많이 쓰지 않는다. 바나나리퍼블릭에서 구매한 검은 색 티셔츠와 검은색 슬림컷 팬츠는 내게 교복이나 다름없다. 좀 춥다 싶으면, 파타고니아 검은색 재킷을 입는다. 내 옷장은 이 아이템들로 채워져 있다.

입던 옷을 바나나리퍼블릭에 가져가면 신규 주문에 한해 30% 할인

위아래 검은색 티셔츠와 팬츠를 입고 페이스북 본사 '스몰 룸'에 있는 나

을 받을 수 있다. 물론 깨끗하게 착용한 옷이어야 한다. 바나나리퍼블릭은 이렇게 모은 중고 의류를 기부한다. 바나나리퍼블릭은 전 상품에 대해 50% 할인 행사를 자주 진행한다. 이때 나는 제일 좋아하는 검은색 티셔츠와 검은색 슬림컷 팬츠를 잔뜩 구매해서 쟁여놓는다. 35달러짜리 티셔츠를 12달러에 사들일 수 있으니 나에게는 완전 이득이다.

물론 이것이 의류비용을 줄이거나 중고 의류로 돈을 버는 유일한 방법은 아니다. 다만, 나는 이렇게 의류비용을 줄이고 있다.

구세군과 같은 비영리 단체에 중고 의류를 기부하고 세금공제를 받는 방법도 있다. 적은 액수지만, 차곡차곡 모이면 상당한 액수가 된다. 여기서 비결은 중고 의류를 대량으로 기부하는 것이다. 옷장 옆에 양동이를 두고 더는 입지 않는 옷을 담는다. 그리고 1년 혹은 6개월에 한 번 양동이에 담긴 옷을 한꺼번에 기부하고 세금환급을 위해 기부 영수증은 보관한다.

시간을 투자해서 중고 의류 판매에 도전할 생각이라면, 위탁 판매점을 이용해보자. 위탁 판매점에 중고 의류를 맡기고 판매 수익의 일부가 입금될 계좌를 개설한다. 여기서 핵심은 최소한의 인풋이다. 물론 부업으로 중고 의류 판매에 정식으로 도전할 수도 있다. 입던 옷으로 불로소득을 얻을 방법을 찾는다면, 중고 의류를 가져다주고 할인을 받거나 기부하는 것이 가장 쉬운 방법이다.

사무 공간으로도 돈을 벌 수 있다

누군가는 사무실을 임대하고, 다른 누군가는 직접 매입한다. 사무 공간이라는 부채도 자산으로 전환될 수 있다. 많은 중소기업이 사무 공간을 가득 채울 정도로 성장하지 못한다. 그리고 많은 중소기업이 보유하고 있는 사무 공간 전부를 매일 사용하지도 않는다. 이런 미사용 공간을 방치하기보다 일일 혹은 시간 단위로 빈 사무 공간을 대여해주면 어떨까? 브리더Breather는 사무 공간 공유 서비스를 제공한다. 책상 하나부터 회의실이 딸린 완전한 사무실을 브리더에 올리면, 공간이 필요한 누군가가 당신이 올린 책상이나 사무실을 대여한다. 하루를 통째로 누군가에게 빌려줄 수는 없지만 짧은 시간이라도 대여하고 싶다면, 브리더가 도움이 될 것이다. 노는 공간을 활용해서 추가 이익을 얻을 수 있다.

브리더는 임차인에게도 유용한 웹사이트다. 사무 공간을 정식으로 임대하거나 매입하지 않고도 고객을 만나거나 회의를 진행하는 등의 업무처리 공간을 브리더를 통해 구할 수 있기 때문이다.

헷갈리지 마라. 이것은 코-워킹 스페이스Co-working Space와 다르다. 비슷한 개념이지만, 브리더는 사무 공간이 필요한 누군가에게 잠깐 대여해주는 것이다. 에어비앤비와 호텔의 차이와 유사하다. 전 세계 어디에서든 사무 공간을 대여할 수 있다. 그리고 코-워킹 스페이스처럼 타인과 공간을 함께 사용할 걱정을 하지 않아도 된다.

빈 호텔방도 돈이 될 수 있다

이 책을 읽는 독자 중에서 호텔을 소유한 이는 거의 없을 것이다. 하지만 호텔을 가지고 있는 사람이 있을 수도 있으니, 호텔방을 이용해서 추가 수입을 얻는 방법도 소개하겠다. 호텔을 가지고 있는 사람은 리차지Recharge를 알아두면 좋다. 리차지에서는 빈 객실을 시간 단위로 임대할 수 있다. 예를 들어, 샌프란시스코 에어포트 힐튼에서 어느 투숙객이 오전 11시에 체크아웃을 했다. 다음 투숙객은 오후 6시에 호텔에 도착할 예정이다. 객실 청소할 시간을 따로 배정했지만, 족히 5시간 동안 이 방은 공실이다. 그런데 누군가가 이날 샌프란시스코에 도착해서 미팅 전에 잠깐 눈을 부치고 샤워할 만한 장소를 찾고 있고 치자. 그는 리차지에서 오후 1시부터 오후 4시까지 샌프란시스코 에어포트 힐튼에 빈방을 예약한다. 오후 1시부터 3시간 동안 누군가가 이 방을 써도 오후 6시에 도착하는 투숙객을 맞이할 준비를 하기에는 시간이 충분하다. 결과적으로 샌프란시스코 에어포트 힐튼은 객실 한 개로 최대한 많은 수입을 얻었다.

나 역시 무박으로 출장을 가면 리차지를 사용한다. 미팅 때문에 하루에도 비행기를 타고 이 도시에서 저 도시로 이동하는 경우가 많다. 이럴 때 나는 비행기에서 묻은 때를 제거하고 잠깐 눈을 붙일 장소를 리차지로 찾는다. 이때 비용은 호텔 1박 비용보다 훨씬 저렴하다.

패트리온을 활용하면 디지털 상품을 팔 수 있다

앞서 패트리온에 대해 언급했지만, 이번 장에서는 이 웹사이트를 좀 더 주의 깊게 살펴보고자 한다. 블로그, 팟캐스트나 기타 디지털 플랫폼을 통해 디지털 콘텐츠를 제작한다면, 패트리온 페이지는 필수다. 패트리온에 페이지를 개설하면, 팬들이 월 단위로 당신의 프로젝트에 후원금을 낸다. 나는 최근에 시험 삼아 팟캐스트를 홍보하려고 패트리온 페이지를 개설했다(내 패트리온 페이지는 NathanLatka.com/patreon에서 확인할 수 있다). 페이지를 개설하고 이틀 뒤에 13명의 후원자들이 월 593달러를 후원했다. 2달 뒤에 후원자는 29명으로 증가했고 월 후원금은 2,300달러 이상이 됐다.

패트리온은 후원자들을 위한 보상 시스템을 구축했다. 이 보상 시스템이 후원자들에게 인센티브가 된다. 점점 많은 사람이 후원할수록, 그들이 받게 될 보상이 커진다. 후원자를 모으는 비결은 프로젝트 보상의 희소성을 높이는 것이다. 나는 패트리온 프로필에 단계별로 10개 정도의 보상만 공개했다. 이것은 '소진되기 전에 보상을 잡으면, 당신은 ○○을 가진 몇 안 되는 사람이 된다.'라는 메시지를 사람들에게 보낸다. 그리고 배타성을 강화한다. 대중에게는 제공되지 않는 콘텐츠, 인맥이나 기회를 후원자들에게 제공하는 거다. 나는 최고의 보상으로 월 500달러를 후원하는 사람에게 팟캐스트에 출연할 기회를 제공한다. 딱 2명만 이 보상을 가질 수 있도록 했다. 이 보상은 페이지를 개설하고 이틀 만에 소진됐다.

이번 장의 목표는 당신이 현재 보유하고 있는 자산을 현금화할 수 있도록 돕는 것이다. 이미 디지털 콘텐츠를 보유한 사람에게 패트리온은 매우 유용하다. 물론 이 웹사이트를 사용해서 새로운 프로젝트로 현금 흐름을 만들어낼 수 있다. 하지만 이것은 조금 다른 이야기다. 내 패트리온 활용법은 이미 디지털 콘텐츠를 보유한 사람들에게 더 유용하다. 디지털 콘텐츠를 갖고 있다면, 나처럼 패트리온을 이용해 추가 수익을 올리는 것을 추천한다.

7. 똑똑한 협상가

소유하지 않고도
왕처럼 행동하는 법

"어떤 행동을 계속하면, 인간에게는 어떤 자질이 생긴다."

- 아리스토텔레스

SEND ▼

부자가 되고 싶은가? 그렇다면 부자처럼 행동해라. '지금 당장 먹고 죽을 돈도 없는데, 어떻게 부자처럼 행동해?'라고 푸념을 늘어놓는 사람이 분명 있을 것이다. '진짜가 될 때까지, 진짜인 척하라.'라는 말이 있다. 지금이 바로 이 말을 실천할 때다. 땡전 한 푼 쓰지 않고 원하는 것을 손에 넣는 비결이 있다. 앞서 잠깐 이야기했듯이, 나는 35만 달러짜리 롤스로이스 고스트를 공짜로 얻었다. 부자 행세를 하겠다고 전 재산을 탕진하는 사람들이 있다. 어리석은 인간이라 혀를 끌끌 차고 있는가? 하지만 놀랍게도 분수에 맞지도 않는 삶을 살다가 신세를 망치는 사람들이 꽤 많다. 뱁새가 황새를 좇다가 가랑이가 찢어진 격이다. 하지만 우리는 그들과 다르다. 황새를 '영리하게' 좇아보자. 내 조언을 따르면, 황새를 무턱대고 좇다가 가랑이 찢어지는 뱁새가 되진 않을 것이다.

지금부터 뉴 리치들이 사랑하는 사치품들을 '공짜로' 누리며 부자처럼 사는 비결을 공개하겠다. 이렇게 공짜로 부자처럼 살다가 수익이 생기면, 약간의 비용을 부담하고 더욱 호화로운 생활을 할 수 있다. 아니면 돈이 있어도 계속 공짜로 부자처럼 살 수도 있다. 뉴 리치들에게는 비밀이 있다. 그들이 단순히 돈을 많이 벌어서 부자인 것은 아니다(물론 돈을 많이 쓴다고 부자인 것도 아니다). 뉴 리치들은 돈을 많이 벌고 잘 관리한다. 그리고 돈을 덜 쓰고 원하는 것을 얻는다. 그래서 그들이 부자인 것이다.

분명히 아주 적은 노력을 들여서 돈을 버는 방법이 있다. 공짜로 원하는 것은 얻지 못한다면, 적어도 쉽게 벌 수 있는 돈을 얻어내는 방법 정도는 알고 있어야 한다. 이 돈이 사업을 키우거나 생계비를 충당하는 데 요긴하게 쓰일 수 있다. 설령 지금 당장은 감당할 수 없더라도, 일단 뉴 리치처럼 살아라. 이런 조언을 하는 데에는 2가지 이유가 있다. 첫 번째 이유는 뉴 리치처럼 살려면 비용이 너무 많이 들 거라 생각하겠지만, 사실은 충분히 감당할 수 있는 삶이다. 하지만 이보다 더 중요한 이유는 성공한 사람이라는 분위기를 풍기면, 더 많은 성공이 따라온다. 세상만사가 이런 이치로 돌아간다.

내가 이 책에 공유하는 뉴 리치가 되는 방법을 활용하려면, 우선 유용한 툴이 무엇인지부터 파악해야 한다. 하지만 유용한 툴을 찾았다고 해서 모든 것이 끝나지는 않는다. 예를 들어, 에어비앤비에서 값비싼 대저택을 공짜로 빌리려면, 유용한 툴만 알아서는 안 된다. 뻔뻔해야 하고 야단법석도 떨 수 있어야 한다. 이렇게 할 수 있다면, 요구하는 만큼 얻게 될 것이다.

먼저 줍는 사람이 임자다

분명 '줍는 사람이 임자'인 돈이 있다. 돈이 떨어진 곳이 어딘지만 알면 된다. 쉽게 가질 수 있는 돈만 좇아서는 뉴 리치의 세계에 입문할 수 없다. 하지만 땅에 떨어진 돈도 돈이다. 다른 사람이 가져가기 전에 날름 주워서 관리하고 자신만의 왕국을 세울 때 유용하게 사용해보자.

항공사로부터 400달러를 돌려받는 방법

나는 거의 1년 365일 비행기를 탄다. 비행기가 결항되는 등 문제가 발생하면, 클레임콤파스ClaimCompass와 에어헬프AirHelp를 이용해 문제를 해결한다. 이 두 웹사이트에 탑승권을 제출하고 간단한 양식을 작성하면, 나를 대신해서 항공사에 결항에 대한 손해배상을 청구해준다. 이렇게 해서 나는 보통 건당 몇 백 달러를 받았다(평균 400달러 정도다). 연착된 비행기를 탔더라도 연착에 대한 손해배상을 받을 수 있다.

항공사는 법적으로 소비자 수백만 명에게 분실 수하물과 비행 지연에 대해 보상할 책임이 있다. 하지만 항공사로부터 손해배상을 받으려면, 변호사를 고용해서 항공사의 서비스 약관과 최종 사용자 라이선스 계약을 꼼꼼히 살펴봐야 한다.

합리적인 사람이라면 400달러 받겠다고 수천 달러에 이르는 변호사를 고용하지 않을 것이다. 클레임콤파스와 에어헬프에는 우리와 같은 소비자를 대신해서 항공사를 대상으로 손해배상을 청구할 법무팀이 있다. 주로 항공사를 대상으로 집단 소송을 진행하고 항공사로부터 받아낸 손해배상금을 웹사이트에 손해배상을 청구한 사람들에게 나눠준다.

시간이 오래 걸리지 않고 쉽게 400달러를 벌게 된다. 이렇게 손해배상금 400달러를 받으면 다음번에는 300달러에 비행기를 타는 셈이다.

1,000달러가 보장된 킥스타터 캠페인

크라우드펀딩에 관심이 있다면, 펀디드 투데이Funded Today에 주목해라. 이 웹사이트가 모금액을 수 배 높여줄 것이다. 서비스 이용료는 모금액의 일부다. 이 돈이 아깝다는 생각이 드는가? 하지만 펀디드 투데이를 이용하지 않고 쥐꼬리만큼 모금을 받는 것보다 조금의 돈을 들여 몇 배의 모금액을 달성하는 편이 훨씬 낫다. 그러니 펀디드 투데이와 수익을 나눌 가치가 분명히 있다. 펀디드 투데이 CEO 제크 스미스Zach Smith는 자신들의 성공률이 95% 이상이라고 말한다. 이렇게 높은 성공률이 나올 수 있는 까닭은 펀디드 투데이는 이미 킥스타터 캠페인과 인디고고 캠페인에 기부한 경험이 있는 수백만 명의 사람들에게 메일을 보내기 때문이다. 예를 들어, 펀디드 투데이와 함께 킥스타터 캠페인을 진행하면 펀디드 투데이는 앞서 말한 수백만 명의 사람들에게 당신의 캠페인을 마케팅한다. 이것이 목표 모금액의 초과 달성을 가능케 한다.

똑똑한 트레이딩으로 100달러를 1,000달러로 만드는 법

이것은 재미있는 전략으로 어디에나 적용할 수 있다. 이베이로 가서 경매 상품이나 첫 판매 상품 목록을 살핀다. 우리의 목표는 마감이 임박한 경매 상품이나 판매품이다. 그리고 나서 아마존에서 똑같은 상품을 찾는다. 그 상품이 아마존보다 이베이에서 더 비싸게 거래되고 있다면, 아마존에서 그 상품을 한두 개 구매해 즉시 이베이에 내놓는다.

이렇게 하는 것이 조금 귀찮을 수 있다. 이베이는 수입의 일부를 가져가고 상품을 구매자에게 직접 배송해줘야 한다. 그리고 구매자가 반송하는 리스크도 존재한다. 하지만 시도해볼 만하다. 저가 제품이라면 큰 의미가 없지만, 전자기기처럼 값비싼 제품을 되판다면 말이다. 비싼 아이템 위주로 도전한다면 주말에 쉽게 1,000달러 또는 2,000달러를 벌 수 있다.

돈 들이지 않고 45일 동안 아시아를 여행했다

거의 돈을 쓰지 않고 45일 동안 아시아를 여행할 수 있을까? 저렴하게 혹은 공짜로 여행하면 가능하다. 그렇다고 여행 내내 불편한 생활을 해야 하는 것은 아니다. 나는 자비를 거의 들이지 않고 45일 동안 아주 편안하게 아시아를 여행했다.

최근에 나는 텍사스 오스틴에서 방콕으로 45일 동안 여행을 떠났다. 일등석을 탔고, 헬로키티가 그려진 침대에서 잤으며, 맛있는 음식을 먹으면서 재미난 TV쇼도 봤다. 뉴 리치들의 성공비결을 알지 못하는 사람들은 9,000달러를 주고 일등석을 구입했으리라 생각할 것이다. 하지만 나는 공짜로 일등석을 탔다. 어떻게 그럴 수 있었을까?

나는 먼저 모든 여행비용을 체이스 사파이어 리저브 신용카드로 결제했다. 이렇게 하면 포인트를 최대한 쌓을 수 있다. 포인트를 쌓기 위해서 나는 메일 마케팅 서비스업자에게 납부하는 비용도 이 카드로 결제한다. 카드를 사용하는 족족 포인트가 쌓인다. "네이선, 아주 좋은 팁 이야! 그런데 돈 주고 책을 샀더니, 기껏 해주는 조언이 포인트가 쌓이는 신용카드를 사용하라는 거야?" 이렇게 생각하는 사람도 있을 수 있다. 흥분을 가라앉히고 내 말을 좀 더 들어봐라.

차곡차곡 쌓은 포인트를 쓰기 전에 플라이트폭스Flightfox 웹사이트에서 가장 효율적이고 화려하게 여행할 방법을 찾아달라고 전문가들에게 의뢰해라. 나는 50달러를 내고 플라이트폭스 서비스를 이용했다. 플라이트폭스는 기본적으로 4,800달러 항공권을 제안했다.

내가 직접 검색을 했을 때는 3,000달러 비즈니스 클래스가 최선이었다. 침대도 없고 기내식 메뉴도 제한적이다. 항공사에서 제공하는 잠옷을 입고 침대에 편안하게 누운 모습을 사진으로 남길 수도 없다. 내가 실제로 지출해야 하는 비용은 1,000달러였고, 나머지 2,000달러는 신용카드 포인트로 결제할 수 있었다.

하지만 나는 플라이트폭스에 2,000포인트를 쓰고 더 저렴한 항공권을 찾아줄 것을 의뢰했다. 그 결과 플라이트폭스는 무려 8,800달러가 인하된 일등석 항공권을 찾아냈다. 내가 지급해야 할 돈은 겨우 120달러였다. 내가 직접 저렴한 항공권을 찾으려고 했을 때, 같은 포인트를 사용했지만 겨우 2,000달러만 절약했다(그것도 3,000달러 비즈니스 클래스에서 말이다).

여행을 떠날 때마다 나는 플라이트폭스를 이용한다. 항공 마일리지와 여행지를 알려주면, 플라이트폭스가 최고의 제안을 한다. 여행 일정이나 여행지를 정하지 않아도 된다. 예를 들어, "포인트를 사용하고 항공권 가격이 가장 저렴한 날에 500달러 이하로 향후 6개월 안에 중국, 일본 혹은 시드니로 가는 항공권을 찾아줘요."라고 요청하는 거다. 이

조금만 부지런하면 누구나 최고급 숙소와 비행기 일등석을 값싸게 이용할 수 있다.

렇게 조건을 제시해도 플라이트폭스가 당신이 원하는 항공권을 찾아줄 것이다.

플라이트폭스에 3개 지역을 45일 동안 여행하기 위해 항공 일정을 의뢰할 때, 아래의 정보를 보냈다.

요청사항

2월 10일 발리에 도착해야 합니다. 텍사스 오스틴에서 출발하고,
2월 말에는 오스틴으로 돌아왔으면 좋겠습니다.

각 날짜에 아래 숙박 시설을 예약했습니다.

발리: http://www.samabe.com (2월 10일~11일)
http://jamahal.net (2월 12일~13일)
http://www.alilahotels.com/manggis (2월 14일~16일)

아래와 같은 기간에 3개 지역을 여행할 생각입니다.

호주 3~4일
태국 방콕 3~4일
일본 2~3일

어느 지역을 먼저 가든지 상관없습니다. 하지만 발리가 첫 여행지가 되어야만 합니다.
도와주시겠어요?

뉴 리치처럼 사는 법

시작은 쉽다. 이번 장에서 소개한 자원을 활용하면 누구나 돈을 벌
수 있다. 돈을 못 벌더라도 최소한 비용을 절약할 수 있다. 금상첨화로
그리 힘들이지 않고 이용할 수 있는 자원들이다. 여기까지만 하고 만족
하며 살아도 좋다. 하지만 조금만 부지런하면 거의 공짜로 대저택, 자

동차, 옷, 휴가 등 **호화로운 것들을** 전부 누리며 살 수 있다.

인스타그램이나 페이스북의 '인플루언서들'이 새로 산 자동차나 대저택 앞에서 포즈를 취하거나 이국적인 여행지에서 여유롭게 시간을 보내는 모습을 찍은 사진을 볼 때마다 나는 구역질이 난다. 나는 사진 속 화려한 것들이 전부 그들의 것이 아니고 심지어 그들이 그 모든 것을 사거나 누릴 여유가 없다는 것을 너무나도 잘 알고 있다. (대부분이 파산 상태일 것이다). 분명 가진 것이 없어도 왕족처럼 화려하게 사는 방법이 있다. 그들이 이 방법으로 겉으로 봤을 때 화려한 삶을 살아가고 있다. 물론 인플루언서들은 순순히 그 방법을 공개하지 않을 것이다. 걱정하지 마라. 내가 그들의 비결 혹은 비밀을 이 자리에서 폭로할 테니.

성가신 만큼 인플루언서들은 '더럽게' 똑똑하다. 그들은 기업들이 목을 매는 자신들의 유일한 상품을 최대한으로 활용하는 법을 잘 안다. 바로 '영향력'이다. 기업은 수익을 내기 위해서 상품과 서비스에 대중의 이목을 최대한 잡아둬야 한다. 이것이 그리 새로운 사실은 아니다. 과거에는 광고가 대중과 소통하고 그들의 이목을 끄는 가장 효과적인 방법이었다. 기억나는가? 테드 터너는 1970년대와 1980년대 이러한 기업의 니즈를 활용해 자신의 TV왕국을 건설했다. 알다시피 이제 TV광고의 시대는 지났다. 언제 마지막으로 광고를 보고 상품이나 서비스를 구매했나? 요즘에는 웹사이트에 올라온 후기나 스타일 등 무언가를 따라 하고 싶은 누군가의 추천에 영향을 받고 구매 결정을 내리는 경우가 더 많다. 수백만 달러를 투자해 홈인테리어 신상품 광고를 제작할 수 있다. 하지만 인스타그램 팔로워가 많은 사람들에게 무료로 상품을 보내주고 #targetstyle이라는 태그를 달아서 사진을 올리도록 하는 편이 더 효과적이다. 소비자들은 친구의 자연스러운 추천을 상품에 대한 칭찬으로 받아들인다(심지어 단 한 번도 직접 만난 적 없는 '친구'라도 말이다). 회사는 무료 홍보를 해서 좋고, 인플루언서들은 무료로 신상품을 사용할 수 있어서 좋다. 그야말로 일석이조다.

따르는 사람들이 많으면 영향력이 생긴다. 인플루언서들은 이 영향력을 활용해 공짜로 상품이나 서비스를 이용한다. 아니라고 말하는 인플루언서가 있다면, 그건 새빨간 거짓말이다. 나 역시 내 영향력을 이용해서 발리의 5성급 고급 빌라에서 15일 동안 돈 한 푼 내지 않고 머물렀다. 소셜 미디어 팔로워가 적어도 영향력을 가질 수 있다. 영향력을 가지려면, 자신이 가지고 있는 것 중에서 다른 사람들이 원하는 것이 무엇인지부터 알아야 한다. 보통은 '노출'이다. 내게는 팟캐스트, 팟캐스트 출연자들의 메일 주소록, 인스타그램 계정이 있다. 이 모든 것이 트레이드의 대상이 된다.

이런 종류의 영향력이 없다면, 양질의 인맥을 활용할 수도 있다. 양질의 인맥이 없나? 그럼 지금부터 만들면 된다. 기업은 어떤 부류의 사람들과 관계를 맺기를 바랄까? 누가 당신이 원하는 것을 가지고 있을까? 이 질문에 대한 답을 고민하면 머릿속에 떠오르는 부류가 있을 것이다. 호텔 소유자는 트립어드바이저TripAdvisor와 같은 여행 블로그에 올려진 후기를 중요하게 여길 것이다. 그러니 그들에게 며칠 동안 호텔을 이용하게 해준다면, 유명 여행 블로그에 후기를 올리겠다고 제안해보자(꿀팁: '미디어 요율*'을 요청해라. 모든 호텔은 미디어 요율이라는 것을 갖고 있다. 이 할인율을 적용받으면 30% 이상 숙박비를 할인받을 수 있다). 그리고 유명 여행 블로그 운영자에게 해당 호텔에 관한 특집기사를 포스팅하는 것이 어떻겠냐고 제안한다. 블로그 운영자는 양질의 콘텐츠를 무료로 얻게 되어 좋고, 당신은 새로운 친구를 사귀게 되어서 좋다. 이 상황에서 당신, 호텔 그리고 블로그 운영자 모두가 행복하다.

이 전략을 거의 모든 것에 활용할 수 있다. CEO들, 인스타그램 인플루언서들 또는 기업이 연결고리를 만들고 싶어 하는 거대한 공동체의 리더들과 친분을 쌓는다. 그리고 기업에 영향력 있는 공동체에 사진, 기사 등 기업의 상품이나 서비스를 노출시키겠다고 제안한다. 기업에서 원하는 것을 무료로 제공받는 대가로 기업에 마케팅 서비스를 제공하는 셈이다. 이런 종류의 거래를 중개하는 방법은 조금 뒤에 소개하겠다.

이런 트레이딩의 효과에 대해 회의적인가? 내가 5성급 빌라에 공짜로 숙박했던 이야기를 들으면 그 회의적인 생각이 바뀔 것이다.

호텔

발리에 소재한 비스마 에이트Bisma Eight는 하루 숙박료가 325달러 수준이다. 사람들로 붐비는 거리에서 샛길로 빠지면 양옆으로 풀이 우거진 폭 60센티미터의 격자무늬 콘크리트 보도블록이 나온다. 이 보도블록을 따라가면 비스마 에이트에 이른다. 리조트 풀장은 내가 머물렀던

---

* media rate. 광고를 목적으로 한 다양한 유형의 매체(빌보드, 온라인 미디어, 신문 삽지 등)에 대한 할인된 표준 요율.

숙소에서의 나. 여행뿐 아니라 우리 일상의 모든 것이 레버리지가 될 수 있다.

빌라의 뒤편에 있는 숲에서 9미터 높이에 매달려 있었다. 나는 여기서 총 3일을 머물렀다. 3일 투숙비용은 900달러 이상이다. 하지만 나는 밤마다 아래와 같이 사진을 찍어서 인스타그램 계정에 올리는 조건으로 무료로 투숙했다.

이 이메일은 반드시 읽고 넘어가라

나처럼 하고 싶은가? 아래는 내 파트너십 담당자(제크)가 비스마 에이트의 호텔 매니저에게 보낸 무료 숙박 협상 메일이다.

제목: 협업 제안

내용:

안녕하세요? 저는 ○○○입니다.
저는 소셜 미디어에서 유명인들, 기업가들과 소통하고 있습니다. 저의 소셜 미디어 계정에 비스마 에이트의 사진을 올려 그곳에서의 경험을 다른 사람들과 공유하고 싶습니다. 2017년 1월 22일~27일 2인실을 무료로 제공해주실 수 있는지 확인 요청합니다. 최고의 객실과 함께 다양한 서비스(공항 픽업 서비스, 룸서비스, 스파 등)도 무료로 제공해주실 의향이 있으신지 궁금합니다.
이에 대한 대가로 우리는 다음의 서비스를 제공해드릴 수 있습니다.

1. 무료 숙박일(최소 2박)에 대해 매일 인스타그램에 (1건의) 긍정적인 게시물을 등록한다.
2. 트립어드바이저와 페이스북에 (1건의) 긍정적인 후기(별 5개)를 올린다.

소셜 미디어 채널은 @nathanlatka, @mygoodtravel입니다.
참고로, 팔로워 200만 명 이상이며, 할리우드 인플루언서가 많습니다.
유입 비율은 미국 내 10~40세 여성이 70% 차지(85%가 미국인, 15%가 유럽인)합니다.
우리 계정의 게시물은 인스타그램에서 최고 인기 게시물이 될 것으로 기대합니다. 사람들이 #balihotels #bali, #balispa 등을 검색하면, 비스마 에이트가 제일 먼저 검색될 겁니다. 사람들은 제 사진을 클릭하고 캡션을 보고 비스마 에이트가 운영하는 인스타그램이나 웹사이트도 방문할 겁니다. 이들이 잠재 고객이 되어 자연스럽게 호텔의 매출도 증가하리라고 생각합니다. 이런 방식으로 포시즌&쉐라톤부터 부티크 호텔에 이르기까지 다양한 형태의 호텔, 빌라 그리고 잘츠부르크의 호텔 빌라 칼튼, 방콕의 호텔 무세, 보라카이의 만달라 스파 앤 빌라 등 여러 숙박업체와 협업했습니다.

참고자료 등 추가 자료가 필요하면 연락해주세요. 감사합니다.

다음과 같이 회신이 왔다.

보낸 사람: 로비 우드워드

받는 사람: 제크 벤슨

제목: 개인 메일 회신

메일에서 새로운 연락처가 확인되었습니다.: 로비 우드워드 ▬▬▬▬▬▬▬▬▬

안녕하세요?

오하나를 말씀하시는 건가요? 아니면 비스마 에이트?? 어느 곳이든지 좋습니다!

이 회신을 네이션 랏카 씨가 우리 시설을 사용하시는 것을 승인하는 확정 메일로 생각하셔

도 좋습니다.

제공 혜택:

캐노피 스위트룸 3박

2017년 2월 17일~20일

조식 포함

석식 1회 제공

요청 사항:

숙박하는 동안 매일 @mygoodtravel 포스팅 x 1건

숙박 이후(최대 2주가 지난 뒤에) #throwback라는 해시태그를 붙여

@mygoodtravel 포스팅 x 1건

트립어드바이저에 비스마 에이트에 대한 후기 x 1건

스냅챗 x 2건

인스타그램 스토리 x 2건

위 조건으로 진행 가능한지 검토바랍니다.
감사합니다.

로비 우드워드
이사

당장 5장에서 소개한 협상의 기술을 활용하자. 다음 주에 무료로 호화스러운 경험을 하고 있는 자신을 발견하게 될 것이다. 비스마 에이트처럼 발리의 알릴라 리조트와도 같은 조건으로 인플루언서 마케팅을 진행했다. 그곳에서 지내면서 찍은 사진을 인스타그램에 올리고 해시태그를 달았다. 그리고 트립어드바이저에 후기도 올렸다. 참고로 알릴라 리조트 1박 요금은 400달러를 훌쩍 넘는다. 이제 이게 어떤 식으로 돌아가는지 이해되기 시작할 것이다. 이런 속사정을 모르고 아래 사진을 보는 사람들은 '비용을 어떻게 감당하는 거야?!'라고 생각할지도 모른다.

내 대답은? 나는 땡전 한 푼 쓰지 않았다! 나는 자산을 트레이딩해 무료로 이 호화로운 시설을 사용했다.

영향력이 없다면? 사면 해결된다!

이 말을 돈으로 소셜 미디어 팔로워를 사라는 뜻으로 받아들여서는 안 된다. 소셜 미디어에서 영향력이 상당한 작은 기업을 저렴하게 인수하고 그 기업의 소셜 미디어 영향력으로 앞서 내가 했던 것처럼 자산 트레이딩을 시도해보자.

기업을 인수할 때, 나는 항상 기업의 소셜 미디어 계정을 살핀다. 마이 굿 트래블My Good Travel을 인수할 때도 그랬다. 나는 3,000달러에 마이 굿 트래블을 인수했다. 인수 당시 이 회사의 인스타그램 계정의 팔로워는 10만 명 이상이었다. 마이 굿 트래블를 인수하면서 자연스럽게 인스타그램 팔로워도 내 것이 됐다. 나는 인수 즉시 마이 굿 트래블의 소셜 미디어 영향력을 이용했다. 스폰서십 인스타그램 포스팅을 건당 몇 백 달러에 팔기 시작했다. 10건의 거래를 성사시켜 투자금 3,000달러를 모두 회수했다. 그리고 발리의 비스마 에이트에서 무료로 3일 동안 머물렀던 것도 마이 굿 트래블의 영향력을 이용한 것이었다.

인스타그램은 마르지 않는 샘이다. 마음껏 스폰서 광고를 할 수 있다. 자리가 없어서 새로운 기업과 스폰서 광고 계약을 체결하지 못할까 봐 걱정할 필요가 전혀 없다. 그래서 인스타그램은 마르지 않는 샘인 것이다.

많은 사람들이 인스타그램이나 페이스북과 같은 소셜 미디어 계정으로 돈을 벌려고 한다. 하지만 그들이 공통적으로 저지르는 큰 실수가 하나 있다. 그들은 자신들이 직접 팔로워를 늘리려고 애쓴다. 그 대신 이미 상당한 팔로워를 거느린 소셜 미디어 계정을 소유한 기업을 저가에 인수하는 것이 훨씬 효율적이다.

실행 계획은 아주 간단하다.

- 인스타그램 팔로워가 10만 이상인 소규모 기업을 찾는다. 대체로 이런 기업의 바이오에는 "문의사항은 DM으로 보내주세요."라고 적혀 있거나 프로필에 메일 링크가 달려 있다.

- '기업 인수 제안'이라는 제목으로 메일을 보낸다. "우연히 기업의 인스타그램을 봤습니다. 지금 하는 사업이 무척 마음에 드는데, 제가 인수할 수 있을까요?"라는 내용으로 메일을 보내보자. 소셜 미디어 계정을 파고 사는 행위는 법적으로 모호하다. 그래서 가장 좋은 방법이 팔로워가 많은 소셜 미디어 계정을 보유한 기업을 통째로 사는 것이다. 이것은 기업 인수가 곧 그들의 계정을 인수하는 것과 다를 바 없다.

- 몇몇 사람들에게 메일을 보내본다. 이런 회신을 받은 적이 있다. "우리는 회사를 매각할 생각이 없습니다. 하지만 매각을 검토하고 있는 몇몇은 알고 있습니다." 그러고 나서 그는 인스타그램 팔로워가 많은 소규모 회사를 경영하고 회사 매각을 고려하고 있는 사람들이 있는 그룹미GroupMe 채팅방에 나를 초대했다. 이것이 계기가 되어 나는 마이 굿 트래블을 3,000달러에 인수했다.

기업을 사고파는 방법에 대해 자세히 알고 싶다면 9장을 참고하기를 바란다. 하지만 이렇게 메일을 주고받는 간단한 방법으로 기업을 인수하거나 매각할 수 있다. 일단 초소형 기업을 경영하는 사람들에게 연락해서 이것저것 물어보자. "아니요."라는 대답이 몇몇 사람을 거쳐 "네."라는 대답으로 이어질 수도 있다.

에어비앤비 펜트하우스를 할인받자

팔로워도 많지 않고 팔로워가 많은 계정을 운영하는 기업을 인수할 계획도 없다면, 어떻게 하면 좋을까? 그렇다 할지라도 뉴 치리의 세계로 들어갈 방법은 있다. 특히 에어비앤비에서 말이다. 인맥을 활용하는 것이다. 내가 지금부터 소개하는 방법은 실제로 영향력 있는 사람들과 친분이 없어도 가능한 방법이다. 진심이다. 일명 '코끼리 사냥'이다. 달리 말해서 무언가를 이용해서 다른 무언가를 얻는 것이다.

우선 에어비앤비에서 꿈의 집을 찾는다. 최고가부터 최저가까지 둘러본다. 마음에 드는 집을 찾았으면, 주인에게 메일을 보내 거물급 인사들을 초청해서 모임을 열건데 그 모임 장소로 사용하고 싶다고 제안한다. CEO, 예술가, 벤처캐피털리스트 등 주인이 만나고 싶어 할 만한 사람들을 생각해본다. 이런 사람들을 초청할 생각이라고 이야기하고 슬쩍 몇 명의 이름을 거론한다. 실제로 그들을 몰라도 괜찮다. 그냥 그들을 초대할 '계획'이라고만 해라. 대폭 할인된 가격으로 집을 임대하면, 그 집의 예쁜 사진을 이용해서 심지어 알지도 못하는 사람들을 초대할 수 있다. 당신이 중간에서 이 둘을 연결하는 중개인이 되는 것이다. 누구나 이 전략을 이용할 수 있다. 용기를 내서 배짱 있게 협상에 뛰어들면 된다.

다음은 내가 에어비앤비 호스트와 주고받은 메일이다. 해당 펜트하우스는 1박에 799달러였다. 하지만 나는 이 가격의 절반 이하로 샌프란시스코 펜트하우스를 임대했다. 호스트와 주고받은 메일을 보면, 내가 어떻게 비싼 펜트하우스를 저렴하게 임대했는지 알 수 있을 것이다.

콜드메일을 보내고 협상을 진행한다.

안녕하세요, 토미

샌프란시스코에서 잠시 머무를 집을 찾고 있습니다. 여기서 10~15명의 셀럽 인사들을 초대하는 마스터마인드를 개최할 생각입니다(저녁 만찬도 진행될 예정입니다). 에어비앤비에서 본 귀하의 펜트하우스가 마음에 들어서 연락드립니다. 그런데 에어비앤비 사이트에 나와 있는 가격으로 계산하면 준비된 예산을 초과할 것 같아서 문의를 드립니다. 가격 조정이 가능한지요? 가능하다면 24일부터 26일까지 사용하고 싶은데. 최대한 얼마까지 가능할까요?(마지막 날인 26일에는 밤 9시에 체크아웃할 계획입니다.)

회신 바랍니다. 감사합니다.

네이선 드림

2014년 3월 5일

네이선 씨

3박을 하겠다는 말씀이시죠? 죄송하지만, 마지막 날에 숙박료를 치르지 않고 정오까지 계실 수는 없습니다. 이렇게 하면 우리는 하루를 그냥 날리는 셈입니다. 웹사이트에 나와 있는 3박 요금은 이미 대폭 할인된 요금입니다. 저 역시 사업하는 입장인지라 비용에 아주 민감합니다. '마스터마인드'에 대해서 좀 더 구체적으로 설명해주시겠어요? 이게 어떤 행사인지를 안다면, 요금을 조정하는 데 도움이 될 것 같네요.
감사합니다.

토미 드림
2014년 3월 5일

안녕하세요, 토미

마스터마인드는 유명인들과의 네트워킹 행사입니다. 저는 23일 밤, 24일 밤 그리고 25일 밤에* 각각 10명의 셀럽들을 초대할 예정입니다.
24일 밤: 창의적인 활동을 하는 샌프란시스코의 CEO들을 초대할 겁니다. 저녁 식사는 키칫kitchit의 케이터링 서비스를 통해 준비할 생각입니다. 25일 밤에는 샌프란시스코에 소재하는 기술 기업의 CEO들을 초대할 계획입니다. 이날 저녁도 24일과 마찬가지로 키칫의 케이터링 서비스를 이용할 생각입니다. 26일 밤은 저와 함께 eMA에 참석했던 유명 인플루언서들과 연사들을 초대할 예정입니다. 물론 키칫의 케이터링 서비스로 저녁을 준비할 거고요.
저 역시 당신의 매력적인 펜트하우스를 거저 이용할 생각은 전혀 없습니다. 하지만 1박에 799달러는 예산을 한참 초과하네요.
제가 초대할 유명인들을 만나보시는 건 어떠세요? 우리와 시간을 함께 보내시고 요금을 조금 더 할인해주시는 것은 어떨까요?(그들은 새로운 트렌드를 만들고 이끌어가는 거물들이랍니다. 예를 들어, 릭 루드만은 주문형 소프트웨어 애플리케이션을 제공하는 보커스의 CEO입니다. 보커스의 시가총액은 무려 20억 달러죠. 이런 사람들을 초대할 생각입니다.)

제가 초대하는 모든 사람들이 당신의 펜트하우스를 이용할 잠재 고객이기도 하죠. 좋은 마케팅 기회라고 생각합니다.

저의 제안에 대해 생각해보시고 연락해주세요. 추가 할인이 힘들더라도 이해합니다.

감사합니다.

네이선 드림

2014년 3월 5일

- 토미, 1박에 560달러라는 파격적인 가격을 제시했다. -

네이선 씨

좋은 제안입니다! 그럼 이렇게 하시죠. 3박에 1,500달러로 하고 저도 만찬에 참석하겠습니다. 사실 저는 행사 대행사인 미인수Miinsu라는 회사도 운영하고 있습니다. 네트워킹이 사업하는 사람에게 필수지만 좋은 사람들과 만나기가 쉽지 않죠.

마스터마인드를 준비를 미인수에 맡겨보시는 것은 어떻게 생각하시나요? 생각해보시고 알려주세요. 비용에는 다른 것들을 제외하고 180달러의 청소비도 포함됩니다.

토미 드림

2014년 3월 5일

토미 씨

정리하면 저는 3일 동안 세 부류의 셀럽들을 초대하려고 합니다. 이 행사를 위한 예산은 2,200달러입니다.

토미 씨는 1박 1인 식비로 50달러를 제안하셨네요. 그럼 1박에 10인분 식사비용은 500달러가 되는 군요. 제가 3일 동안 식비만 1,500달러이고, 여기에 3박 숙박요금을 합하면 총비용은 3,000달러가 되네요.

제 예산을 훨씬 초과하는 금액이네요. 예산 범위에서 생각하면 마스터마인드를 이틀만 진행할 수 있겠어요. 그럼 2박 식비는 1,000달러이고 2박 숙박요금은 1,000달러이니, 총비용이 2,000달러가 되네요.

하지만 3일째 행사도 진행해야만 해요. 그럼 이렇게 하는 것은 어떨까요? 3일 동안 당신의 캐이터링 서비스를 이용하고 1,000달러를 지급하는 거죠. 그러면 3박 식비가 1,000달러이고 3박 숙박요금 1,500달러이니, 총비용은 2,500달러가 되네요.

대신 토미 씨는 3일 연속 마스터마인드에 참석하시는 거죠. 그럼 그들에게 미인수를 알리고, 운이 좋다면 새로운 고객도 찾을 수 있을 거예요!

제 제안이 마음에 드신다면, 연락 주세요. 500달러를 예산으로 더 확보하려면 처리해야 할 일이 있거든요. 내일까지 연락 주시면 감사하겠어요.

이렇게 좋은 제안을 해주셔서 감사합니다. 당신의 멋진 펜트하우스에서 3일 동안 함께 아주 멋진 행사를 진행할 수 있기를 바랍니다.

2014년 3월 5일

네이선 씨

정말 좋은 생각이네요. 그렇게 하시죠!

청소비 180달러를 고려해서 예산을 조금 더 확보하는 데 힘써주세요. 이 요금은 저와 거래하는 청소 도우미들에게 지급됩니다. 저도 숙박요금과 관련해서 파트너들과 이야기를 나누겠습니다.

감사합니다.

토미 드림
2014년 3월 5일

정리하면, 협상을 통해 3박에 2,400달러 하는 펜트하우스를 1,000달러에 빌린 셈이다(다시 말해서 1박에 800달러 하는 펜트하우스를 1박에 333달러에 대여했다). 할인율이 무려 60% 이상이다!

설령 이것이 터무니없게 들린다고 할지라도, 한번 시도해보기를 권한다. 누구든지 콜드메일을 아무에게나 보낼 수 있다. CEO를 포함한 사람들 대부분이 기꺼이 당신의 이야기를 들어줄 것이다. 그들은 당신의 호화로운 에어비앤비 펜트하우스에서 열리는 파티에도 참석할지 모른다. 콜드메일을 보내고 그들에게 당신의 파티에 참석해야 하는 분명한 이유를 제시해라(가령 같은 생각을 품고 있는 다른 CEO들과 만날 기회가 된다고 설명하는 것이다). 그리고 지켜봐라. 그 과정에서 볼품없는 장소를 임대하게 되더라고 신경 쓸 것 없다. 결국, 이를 통해 사업 파트너, 고객 혹은 뉴 리치의 여정에서 멘토가 되어줄 사람들과 장기적인 관계를 맺게 될 것이다.

4,500달러의 발망 재킷

나는 4,500달러짜리 발망Balmain 바이커 재킷을 입고 욕실에서 셀카 찍는 것을 매우 좋아한다. 놀라지 마시라. 나는 이 발망 재킷을 공짜로 얻었다. 나는 욕실에서 머리를 단정히 정리하고 발망 재킷을 입고 있는 모습을 찍은 셀카를 인스타그램에 올린다. 그리고 나서 35만 달러 롤스로이스 고스트를 몰고 오스틴 거리를 누빈다. 아는지 모르겠지만, 이것도 공짜다. 발망 재킷과 롤스로이스 고스트를 아주 쉽게 얻었다. 너무 쉽게 얻어서 당혹스러울 정도다. 심지어 내가 먼저 발망 재킷을 요청하지도 않았다. 단지 다른 누군가가 내게 한번 입어보라고 권했다.

물론 나는 며칠 뒤에 발망 재킷과 롤스로이스 고스트를 반납해야만 했다. 그게 무슨 상관인가? 내 인스타그램 팔로워들 중에서 그 누구도 발망 재킷이 내 것이 아니라는 사실을 모른다. 욕실에서 발망 재킷을 입고 셀카를 찍어 올렸으니, 그들은 이 재킷이 내 것이 아니라고는 꿈에도 생각하지 못할 것이다. 이 사진만 보면 옷장에서 톰 포드 슈트 옆에 걸려 있는 발망 재킷을 꺼내 툭 걸치고 욕실에서 셀카를 찍은 것 같다.

　이미 난 부자다. 그래서 나는 부자인 척 거짓 행세할 필요가 없다. 하지만 부자가 되기 위해 노력하고 있다면, 부자인 척 행동할 필요가 있다. 가장 쉬운 방법이 옷으로 부유한 라이프스타일을 흉내내는 것이다. 당신은 모르겠지만, 소셜 미디어에서 이렇게 부자 행세를 하는 사람들은 수도 없이 많다. 입이 쩍 벌어질 정도로 값비싼 옷을 입고 사진을 찍어 소셜 미디어에 올리는 사람들을 보면서, 그들은 어떻게 그 값비싼 옷을 여러 벌 살 수 있는지 한 번쯤 궁금했을 것이다. 사실을 알려주자면, 그들은 그 비싼 옷을 살 돈이 없다. 심지어 그것은 그들의 옷도 아니다. 설령, 그들이 명품 옷을 입고 다닐 금전적 여유가 있더라도, 직접 돈을 주고 그 옷을 사지는 않았을 것이다. 공짜로 빌릴 수 있는데, 굳이 내 돈 들여서 살 필요가 있을까? 나라면 4,500달러 발망 재킷을 살 돈으로 새로운 프로젝트에 투자하겠다.

　좋은 슈트나 드레스를 살 일이 있다면, 스타일리스트를 통해 구매하기를 권한다. 이것이 가장 핫한 옷을 구할 가장 쉬운 방법이다. 그들에게서 무언가를 사면, 그들은 더 많은 상품을 당신에게 팔려고 할 것이다. 그래서 매달 신상품을 당신에게 보내 한번 입어보라고 권할 것이다. 스타일리스트가 신상품을 소개하며 구매하라고 권한다면, 일단 한

번 생각해보겠다고 이야기해라. 그러면 스타일리스트는 집으로 가져가서 며칠 시험 삼아 입어보라고 제안할 것이다.

내 경우 스타일리스트가 제안해서 발망 재킷을 입게 됐다. 슈트를 구입할 때 스타일리스트가 이제 막 들어온 신상 발망 재킷을 보여줬다. 나는 그렇게 비싸게 주고 재킷을 살 생각이 없다고 이야기했다. 하지만 그는 "아니에요. 그러지 마세요. 일단 집에 가져가서 이번 주말에 한번 입어보세요."라고 이야기했다. 짜잔! 이렇게 해서 욕실에서 발망 재킷을 입고 셀카를 찍게 된 것이다.

이렇게 하면 내 돈 한 푼 쓰지 않고도 왕처럼 입고 다닐 수 있다. 부자가 아닌데도 부자처럼 입고 다니는 것이다. 비결은 바로 레버리지다. 스타일리스트에게서 슈트나 드레스를 구매한 적이 있다면, 이미 당신은 레버리지를 가지고 있다. 그 레버리지를 최대한 활용해라.

하지만 레버리지를 남용하면 스타일리스트가 눈치를 챈다. 다시 말해, 그들은 당신의 속을 훤히 꿰뚫어보고 당신이 신상품을 살 생각이 전혀 없고 공짜로 입어보려고만 한다는 사실을 알게 된다. 그럼 더 이상 당신에게 신상품을 권하지 않을 것이다. 하지만 스타일리스트에게 레버리지를 활용하는 것이 '더럽게 비싼' 옷을 입어보는 믿을 만한 방법임은 분명하다. 디자이너 브랜드를 조금 더 자주 입어보고 사용하고 싶은가? 그렇다고 비싸게 내 돈을 주고 살 필요는 없다. 우리에게는 공유경제가 있지 않은가. 렌트 더 런웨이Rent the Runway를 알 만한 사람들은 안다. 지금까지 몰랐더라도 괜찮다. 이 웹사이트에서는 디자이너 브랜드의 옷을 빌릴 수 있다(몇몇 대도시에는 오프라인 매장도 있다). 스타일렌드StyleLend, 디자이너셰어DesignerShare, 르토트Letote, 더미스터컬렉션TheMrCol-

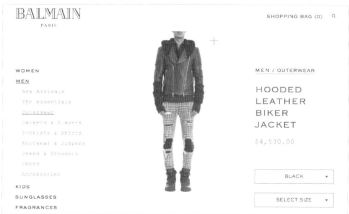

4,530달러짜리 발망 재킷을 입고 찍은 사진. 이마저도 내 가치를 올리는 레버리지다.

lection 그리고 더미즈컬렉션TheMsCollection 등 의류 임대 및 공유 아웃렛도 있다. 물론 이런 데서 옷을 임대하려면 돈을 내야 한다. 하지만 신상품을 철마다 입어볼 수 있다는 큰 이점이 있다. 소매가를 주고 신상품을 살 필요가 없다. 그 누구도 당신이 입고 있는 옷이 당신 게 아니라고는 상상도 못 할 것이다.

메일 1통으로 화이트 롤스로이스 고스트를 공짜로 타다

이제 35만 달러 롤스로이스 고스트를 공짜로 몰게 된 사연을 소개하겠다. 내 이야기를 들으면 너무나 혁신적이어서, 내게 노벨상을 줘야한다고 소리치게 될지도 모른다. 이야기를 들을 준비가 되셨나? 난 그냥 물어보기만 했고, 당신이 그렇다고 대답했다. 좋다. 그게 어떻게 된 일인지, 지금부터 이야기하겠다.

보낸 사람: 토비 응위엔 ▓▓▓▓▓▓▓▓▓▓▓▓▓▓▓

보낸 시간: 2017년 1월 12일 2:00:23AM GMP+9

받는 사람: ▓▓▓▓▓▓▓▓▓▓▓▓▓

제목: 롤스 로이스

안녕하세요, 제크 씨

저는 토비라고 합니다. 저는 오토 이그조틱 렌털의 마케팅 담당자입니다. 먼저 연락 주셔서 감사합니다. 우리에게 롤스로이스 고스트가 있습니다. 희망하시는 일자가 있나요? 말씀해주시면, 그 일자에 사용할 수 있는지 확인해보도록 하겠습니다. 본 건과 관련해서 문의사항이 있으면, 언제든지 연락 주세요. 회신 기다리겠습니다.

감사합니다.

토비 드림

위 스크린숏은 오스틴에 소재한 자동차 임대업체인 오토 이그조틱 렌털의 토비가 제크에게 보낸 회신 메일이다. 제크는 토비에게 메일을 보내 인스타그램 마케팅을 제안했다. "저는 인플루언서와 일하고 있습니다. 그의 인스타그램 팔로워는 1만 5,000명입니다. 당신의 회사에서 취급하고 있는 이국적인 차를 하루 동안 무료로 임대해주신다면, 그의 인스타그램에 사진을 포스팅하겠습니다. 관심이 있으신가요?"

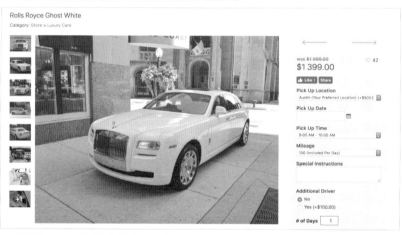

하루 임대료만 1,399달러에 달하는 롤스로이스.

토비는 기쁘게 제크의 제안을 수락했다. 롤스로이스 고스트의 하루 임대료는 약 2,000달러였다. 판매가는 무려 35만 달러다. 하지만 나는 심지어 임대료도 내지 않았다. 차를 무료로 하루 동안 임대하는 대신에 인스타그램에 롤스로이스 고스트 사진을 포스팅하는 것이 조건이었다.

이 모든 것은 다른 사람들이나 기업이 원하는 것을 찾아 그들의 서비스와 트레이딩했기에 가능했다. 소셜 미디어 팔로워가 많지 않다면, 많은 팔로워를 지닌 누군가와 친분을 쌓거나 임대업체들이 고객으로 공략하는 자산가들과 만남을 주선할 수 있을 것이다. 당신이 원하는 사람이 누구든지 간에 그들과 관계를 맺을 수 있다. 당신이 해야 할 일은 '물어보는 것'이다.

보통 사람들은 이런 것들을 공짜로 얻을 수 없다고?!

비관론자들이여, 당신들의 비관적인 말이 들려온다. "물론 엄청난 인스타그램 팔로워를 자랑하거나 CEO 친구들에게 전화해서 원하는 것을 얻을 수 있다면 환상적일 거야. 하지만 모든 사람이 이렇게 유리한 상황에 있는 것은 아니잖아!"

이번 장에서 소개한 방법이 평범한 사람들에게는 적합하지 않다고 생각하는가? 그렇다면 그 평범한 생각이 문제다. 평범함을 목표로 삼아서는 안 된다. 편안함을 느끼는 익숙한 영역에서 벗어나서 스스로 가지지 못해서 좌절했던 인간관계와 영향력을 내 것으로 만들지 못하면, 절대 뉴 리치가 될 수 없다.

앞선 노력을 하지 않으면, '무언가를 소유하지 않고 왕처럼 사는 것'은 불가능하다(이번 장의 주제는 '아무것도 하지 않고 왕처럼 사는 법'이 아니다). 하지만 당신이 만든 인간관계, 쌓아온 영향력과 공동체는 뉴리치의 세계로 가는 여정에서 없어서는 안 될 요소들이다. 그들이 당신의 사업 파트너, 고객, 소비자, 청중, 독자 그리고 팔로워가 될 것이기 때문이다. 이것들은 남들이 부러워하는 것들을 더 많이 무료로 누릴 기회로 이어진다. 바로 긍정적인 피드백 루프의 시초가 된다.

8. 나의 리얼 부동산 투자

심지어 현금, 정보 그리고
시간을 들이지 않는
부동산 투자법

TO

"백만장자의 90%가 부동산을 통해 막대한 부를 축적한다.
산업 투자보다 부동산 투자의 수익률이 훨씬 높다.
현명한 젊은이나 임금 노동자는 부동산에 투자한다."

- 앤드류 카네기

SEND ▼

식당 뒤편에서 더러운 현금지급기를 발견했다. 그런데 현금지급기가 고장 나서 1분마다 20달러를 뱉어낸다. 당신은 이것을 다른 누군가에게 말하겠는가? 바보가 아닌 이상, 그 누구도 이 사실을 사람들에게 알리지 않을 것이다. 부동산 투자자도 마찬가지다. 그들은 사람들에게 자신이 부동산으로 얼마를 벌었는지 또는 벌고 있는지 절대 말하지 않는다. 이것은 지극히 당연한 일이다. 그들이 부동산으로 얼마를 버는지 알게 되면, 당신도 부동산에 투자할 게 뻔하다. 어느 바보가 일부러 경쟁자를 늘리려고 하겠는가?

혹시 학생이라면, 당신은 속된 말로 완전 땡 잡은 거다. 지금 나는 28살이다. 내가 처음 부동산 투자를 했을 때가 대학교 마지막 학기였다. 나는 사람들이 부동산에 투자해서 돈을 번다는 이야기를 많이 들었다. 하지만 나는 직접 부동산에 투자할 시간이 없다고 생각했고 부동산 투자에는 관심도 두지 않았다. 그러나 고장 난 현금지급기처럼 돈을 마구 뱉어내는 부동산에 투자해야 한다는 생각을 완전히 떨칠 수는 없었다. 학생 신분으로 나는 내 생애 첫 부동산에 투자하려고 부동산 컨설팅업체가 즐비한 209 오티 스트리트Otey Street로 갔다. 깨끗하게 면도를 하고 버지니아 테크 티셔츠를 입은 나는 누가 봐도 대학생이었다. 그 누구도 내가 곧 학교를 자퇴하고 나만의 왕국을 차리게 될 거라고 생각 못했을 것이다. 물론 여기에는 부동산도 포함되어 있었다.

"실례합니다. 가을 학기 동안 머물 곳을 찾고 있는데요. 임대로 나온 물건이 있는지 알 수 있을까요?" 내 물음에 그녀는 임대 물건이 없다고 했다. 나는 그녀에게 새로운 임대 물건이 나오는 시기를 물어보고 싶다며 임대인의 연락처를 요청했다. 그녀에게서 임대인의 연락처를 받고 부동산 사무소를 나왔다. 그리고 다음 단계로 넘어갔다.

나는 임대인과 안면을 트기 위해서 가볍게 커피를 마셨다. 그는 집을 팔 생각이 없었다. 하지만 나는 그가 집을 내놓고 싶을 때 제일 먼저 떠올릴 수 있는 사람 중 1명이고 싶었다. 알고 봤더니 그는 자선단체를 운영하고 있었고, 모금액을 높일 방법을 고민하고 있었다. 그리고 그 자선단체가 부동산을 소유하고 있었다. 이는 내게 금상첨화인 상황이었다.

"집을 팔 생각이 있으시면, 연락 주세요. 20만 달러라면 집을 살 의향이 있습니다." 얼마 지나지 않아서 우리는 다시 만났고 매매계약을 체결했다. 지금 그 집은 내 것이고 그의 자선단체는 현금 문제를 해결했다. 여기서 끝이 아니다. 나는 실제로 20만 달러를 전부 지출하지도 않았다. 내가 실제로 집을 사려고 쓴 돈은 20만 달러에 훨씬 못 미치는 액수였다.

　내 경우가 매우 특이한 케이스는 아니다. 좋은 부동산 거래는 문을 두드리며 집마다 찾아다닐 때 이뤄지는 경우가 많다. 다시 말해, 발품을 파는 것이다. 생애 첫 부동산을 구매할 생각이라면 이 방법을 추천한다. 지금부터 나는 구매할 부동산을 찾는 법, 자금을 조달하는 법 그리고 부동산을 관리하는 법을 공개할 것이다. 심지어 시장에 나오지 않은 부동산이라도, 부동산을 구매할 돈이 없더라도, 부동산을 관리할 시간이 없어도 부동산을 구매할 수 있다.

　부동산 투자에서 내가 제일 좋아하는 부분이 있다. 제대로 된 부동산을 구매하면, 월세 수입만으로도 평생 먹고 살 수 있다. 당신이 대학생이라도, 아니면 지금 당장 땡전 한 푼 없는 빈털터리여도 부동산을 구매할 수 있다. 지금부터 그 방법을 공개할 테니 주목해라.

　부동산을 소유하기 전에 내가 제일 많이 걱정했던 부분은 부동산을 관리하는 데 긴 시간이 소요된다는 것이었다. 당시 나는 부동산 관리 업무를 외주에 맡겨 처리할 수 있다는 사실을 몰랐다. 그러니 비용을 주고 부동산 관리를 제삼자에게 맡겨도 지속해서 불로소득을 얻을 수 있다는 사실도 당연히 몰랐다. 요즘 나는 부동산에 월 15분 정도만 투자한다. 내 부동산 매니저가 보내준 수입과 지출 대장을 분석하는 데 15분 정도 걸린다. 다음은 내가 소유하고 있는 부동산 2개에 대한 2018년 2월 수입과 지출 대장이다.

내 생애 첫 부동산으로 얻은 수입

네이선 랏카

자산

날짜	수령인/지급인	타입	참고	내역	수입	비용	잔고
2018/01/11 기준 잔고 -3,120.45							
2018/01/24	■■■■	e-영수증 발급	26B8-921A	선불 임대료 - 온라인 결제	650.00		-2,470.45
2018/01/30	■■■■	e-영수증 발급	EEE1-2630	선불 임대료 - 온라인 결제	650.00		-1,820.45
2018/01/31	■■■■	e-영수증 발급	A5C0-0DD6	선불 임대료 - 온라인 결제	650.00		-1,170.45
2018/02/01	■■■■	e-영수증 발급	A063-41E0	렌트 수입 - 2018. 2.	650.00		-520.45
2018/02/08	■■■■	확인	2	1차 모기지론 납부 - 2018. 5. 2.		1,743.00	-2,263.45
2018/02/08	■■■■	확인	1086	수리 - 메인 화장실 고장. 탱크 외부 '플러시' 핸들에 부착된 레버 분리. 또한 부엌 싱크대 오른쪽의 콘센트 이상.		40.00	-2,303.45
2018/02/08	■■■■	확인	1066	관리비 - 2018. 02. 관리비		156.00	-2,459.45
누적 현금 잔고							-2,459.45
합계					2,600.00	1,939.00	

자산 현금 요약						
필요 준비금						0.00
선불금						0.00
잔액 지급액						2,459.45

209 오티 부동산에 대한 월간 보고서 (2018년 2월 발행): 현금 흐름 661달러

이것이 내가 생애 처음 구입한 집이다. 아름답지 않나?

네이선 랏카

자산

버지니아 블랙스버그
로어노크 스트리트 710 /
710A

날짜	수령인/지급인	타입	참고	내역	수입	비용	잔고
누적 현금 잔고(2018년 1월 11일) 7,752.385							
2018/02/01	▮▮▮▮	e-영수증 발급	A6C7-7A88	로어노크 스트리트 710A - 렌트 수입 - 2018. 2.	375.00		8,127.38
2018/02/01	▮▮▮▮	e-영수증 발급	950A-ABC4	로어노크 스트리트 710A - 렌트 수입 - 2018. 2.	375.00		8,502.38
2018/02/02	▮▮▮▮	e-영수증 발급	6247-F3FE	로오노크 스트리트 710 - 렌트 수입 - 2018. 2.	367.00		8,869,38
2018/02/02	▮▮▮▮	e-영수증 발급	F9B7-38AE	로오노크 스트리트 710 - 렌트 수입 - 2018. 2.	366.00		9,235.38
2018/02/05	▮▮▮▮	e-영수증 발급	6388-E5BE	로오노크 스트리트 710 - 렌트 수입 - 2018. 2.	367.00		9,602.38
2018/02/05	▮▮▮▮	수령	4375 0575	로어노크 스트리트 710A - 렌트 수입 - 2018. 2.	241.00		9,843.38
2018/02/08	▮▮▮▮	수령	4375 0575	로어노크 스트리트 710A - 선불 임대		134.00	9,977.38
2018/02/08	▮▮▮▮	확인	2	1회차 모기지론 납부 - 2018. 2.		1,062.00	8,915.38
2018/02/08	▮▮▮▮	확인	1086	로어노크 스트리트 710 - 수리 - 화장실 세면대 막힘 현상. 또한 샤워기 온수 2~3분 유지 후 나오지 않는 현상. 다른 사람은 온수 사용이 어려움. 선에게 전달했음.		105.00	8,810.38
2018/02/08	▮▮▮▮	확인	1086	관리비 - 2018. 2. 관리비		111.25	8,699.13

누적 현금 잔고			8,699.13
합계	2,225.00	1,278.25	

자산 현금 요약

필요 준비금					0.00
선불금					134.00

209 오티 부동산에 대한 월간 보고서 (2018년 2월 발행): 현금 흐름 661달러

내 두 번째 부동산이다.

나는 연말에 세무 변호사에게 수입과 지출 대장을 보낸다. 여기에 쓰는 시간이 대략 10분이다. 세무 변호사는 이 자료를 바탕으로 나를 대신해 세금 신고를 한다. 종합적으로 따지면, 나는 부동산에 10분 내지 15분을 투자해서 매달 1,600달러의 현금 수입을 얻고 있는 셈이다. 이것은 단지 현금성 요인만을 따진 것이다. 아직 자산 증식 효과에 대해서는 말도 꺼내지 않았다. 자산 증식 효과야말로 부동산 투자의 묘미라고 볼 수 있다.

당신도 충분히 나처럼 할 수 있다. 내 부동산 투자 비결을 공개하기에 앞서, 많은 사람이 부동산에 투자할지 말지 망설이게 만드는 부동산에 관한 근거 없는 믿음부터 가볍게 짚고 넘어가자.

1. 부동산 투자자가 되려면, 부동산 투자에 대한 지식이 풍부해야 한다.
2. 생애 첫 부동산을 구매할 자금이 있어야 한다.
3. 고장 난 곳을 뚝딱뚝딱 고칠 줄 알아야 한다.
4. 부동산 관리에는 긴 시간이 소요된다.
5. 지금은 부동산에 투자할 시기가 아니다.

이런 믿음 때문에 부동산에 투자하기를 망설이고 있는가? 그렇다면 끝까지 나와 함께하기를 바란다. 내가 지금부터 이 근거 없는 믿음을 와장창 깨줄 것이다. 핵심은 자신이 살 수 있는 부동산을 찾는 것이다. 덧붙이자면, 매월 관리비 등을 지출하고 나서도 충분한 수익을 발생시킬 수 있는 부동산을 찾아야 한다. 한마디로 적절하게 자금을 조달해 적당한 부동산을 구매하고 잘 관리해야 한다.

좋은 투자가 될 부동산을 찾는 법

지금까지 내가 한 모든 부동산 투자는 발품에서 시작됐다. 사람들이 좋은 물건을 찾으려 부동산 앱인 질로Zillow와 트룰리아Trulia를 저인망으로 뒤지는 동안, 나는 직접 부동산 주인들을 만나러 다녔다. 이렇게 하면 대중에게 공개되기 전에 좋은 부동산을 낚아챌 수 있다.

발품을 팔아가며 주인들을 직접 만나면 좋은 점이 있다. 좋은 가격에 부동산을 구매할 가능성이 생긴다. 그리고 심지어 대중에게 공개되지 않은 정보까지 얻을 수 있다. 주인과 부동산 에이전시가 당신이 알지 못하도록 죽기 살기로 꽁꽁 숨기는 정보가 있다. 발품을 팔면 그 정보를 얻을 수 있다. 예를 들어, 주변 환경이 어떤지 확인할 수 있다("역사적이다."라는 말은 "낡고 쇠퇴했다."라는 말을 완곡하게 표현한 것일 수 있다. 혹은 집이 잘 관리되었는지도 확인 가능하다). 현 세입자들도 파악할 수 있다(매매계약을 체결하기 전에 조용한 대학원생과 그의 가족들인지 아니면 제멋대로 구는 남학생 클럽 회원들인지는 미리 살펴볼 필요가 있지 않을까?). 그리고 세입자들이 집 관리를 잘하고 있는지도 확인할 수 있다(반려동물을 키우고 있는지 그리고 현관에 맥주캔이 즐비한지 등도 알 수 있다). 사람들에게 인기 있는 곳인지도 확인이 가능하다(주인 입장에서 세입자를 쉽게 구할 수 있어야 좋지 않겠나?).

나는 대학교에서 15킬로미터 이내에 있는 주택만 구입한다(현재 나는 텍사스 주립대학교 인근인 오스틴과 버지니아 테크 인근인 블랙스버그에 주택을 소유하고 있다). 대학교 인근에 있는 부동산은 불경기에도 끄떡없다. 학생들이 불경기의 파도를 막아내는 일종의 방파제 역할을 톡톡히 한다. 2008년 월세와 부동산 가격의 추이를 살펴보면 그 지역이 불경기의 영향을 받는지 받지 않는지를 확인할 수 있다. '부동산 데이터+2008+구입할 부동산이 위치한 도시나 지역'을 포털에서 검색해보라. 그리고 부동산 검색 지도가 나올 때까지 검색 결과를 훑어라.

유명 대학교들이 즐비한 도시에서 주택을 구입할 여유가 안 된다면, 대학교가 있는 조용한 시골로 눈을 돌려보자. 주택 가격은 도시보다는 저렴하지만, 인근에 대학교들이 있어서 임대 수요는 높을 것이다. 자신에게 적당한 주택과 지역을 찾다 보면 자신만의 패턴이 생기기 시작한다. 내게는 대학가에 있는 주택이 가장 좋은 투자 대상이다.

멀리 떨어져 있는 가족과 친구들도 부동산 투자를 할 지역을 물색하는 데 큰 도움이 될 수 있다. 임대 시장이 잘 형성된 지역 근처에 사는 지인이 투자할 부동산의 위치를 찾고 긴박한 문제를 처리하는 데 일종의 현장 요원으로 큰 도움을 줄 수 있다.

어찌 되었건 간에 먼저 발품을 팔자. 부동산을 구입할 수 있을 것 같은 지역으로 차를 몰고 가서 그 지역에 있는 가정을 직접 방문한다. 부동산 주인들을 만나고 주변 환경을 살피고 월세, 임대 수요 등을 분석한다. 부동산 주인들의 집을 방문할 때 내가 사용했던 '대본'도 나중에 공개하겠다. 그보다 먼저 당신이 구입할 수 있는 부동산을 찾는 방법부터 살펴보자.

돈을 벌어다 줄 부동산인지 어떻게 알 수 있을까

부동산에 투자하기에 앞서 수익률을 반드시 따져야 한다. 잠재 수익이 높다는 판단이 설 때 과감하게 투자한다. 이것이 투자의 기본법칙이다. 부동산 투자도 마찬가지다. 부동산에 투자하면 임대수익을 얻을 수 있다. 어떤 사람들이 얼마의 임대료를 내는지 추산하기란 쉽지 않다. 나 역시 그렇다.

MLS 목록을 이용해서 부동산 투자의 잠재 수익을 파악한다

부동산 중개인들은 MLS*를 통해 매물 정보를 확인한다. 그들에게 이렇게 요청해보자. "다가구 주택에 대한 거래 정보를 알고 싶은데, 제 메일 주소를 당신의 MLS에 추가해주실 수 있나요? 다가구 주택이 매물로 나오는 즉시 확인하고 싶거든요."

당신의 메일 주소가 부동산 중개인의 MLS에 추가되면 매물로 뜬 다가구 주택에 대한 정보가 자동으로 당신에게 전송된다. MLS에는 매물뿐만 아니라 임대 주택에 대한 정보도 들어 있다. 다음은 MLS 목록이다.

MLS 목록은 데이터를 확인하고 시장을 조사하는 데 매우 유용하

---

* Multiple Listing Service의 줄임말로 미국의 부동산 중개인들이 매물 정보를 공유하는 데이터베이스다. 부동산 중개인들은 고객을 대신해 부동산 거래를 진행하고 고객이 원하는 물건을 찾도록 돕는다. 국내의 경우, 네이버 부동산, 직방, 다방 등을 활용하는 것으로 비슷한 효과를 볼 수 있다.

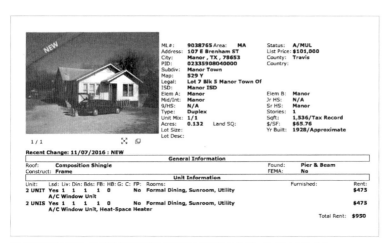

ML#:	9038765 Area:	MA	Status:	A/MUL
Address:	107 E Brenham ST		List Price:	$101,000
City:	Manor, TX, 78653		County:	Travis
PID:	02335908040000		Country:	
Subdiv:	Manor Town			
Map:	529 Y			
Legal:	Lot 7 Blk 5 Manor Town Of			
ISD:	Manor ISD			
Elem A:	Manor		Elem B:	Manor
Mid/Int:	N/A		Jr HS:	N/A
9/HS:	N/A		Sr HS:	Manor
Type:	Duplex		Stories:	1
Unit Mix:	1/1		Sqft:	1,536/Tax Record
Acres:	0.132	Land SQ:	$/SF:	$65.76
Lot Size:			Yr Built:	1928/Approximate
Lot Desc:				

1 / 1

Recent Change: 11/07/2016 : NEW

General Information

| Roof: | Composition Shingle | | Found: | Pier & Beam |
| Construct: | Frame | | FEMA: | No |

Unit Information

Unit:	Lsd: Liv: Din: Bds: FB: HB: G: C: FP:	Rooms:	Furnished:	Rent:
2 UNIT	Yes 1 1 1 1 0	No Formal Dining, Sunroom, Utility		$475
	A/C Window Unit			
2 UNIS	Yes 1 1 1 1 0	No Formal Dining, Sunroom, Utility		$475
	A/C Window Unit, Heat-Space Heater			
			Total Rent:	$950

MLS에 올려진 목록. 이 목록은 데이터를 확인하고 시장을 조사하는 데 매우 유용하다.

다. 하지만 좋은 물건을 찾는 데 MLS 목록에만 전적으로 의지해서는 안 된다. 좋은 물건이 MLS 목록에 뜨면, 그 즉시 입찰 경쟁에 불이 붙고 매매가가 천정부지로 치솟는다. 그러니 발품팔이 전략과 함께 부동산 중개인만 알고 있는 매물 정보를 공략해야 한다. 부동산 중개인 혼자 알고 있는 매물 혹은 곧 매물로 나올 부동산은 없을 수가 없다. 이것들은 MLS 목록에 공개되지 않는 정보다. 그래서 이런 정보를 누구보다 빨리 확보하면 좋은 매물을 두고 다른 사람들과 치열한 입찰 경쟁을 벌여야 하는 상황을 막을 수 있다.

우선 부동산 중개인들과 친분을 쌓는다. MLS 목록에는 없는 좋은 매물이 나오면, 당신에게 제일 먼저 연락해 달라고 부탁한다. 부동산 중개인과 친해지면, 그는 친구나 고객이 팔려고 내놓은 부동산이 있으면 그 부동산을 MLS 목록에 추가하기 전에 당신에게 먼저 연락을 해서 거래를 중개할지도 모른다. 부동산 중개인과 친분을 쌓는 것은 좋은 부동산을 좋은 가격에 구입하는 효과적인 방법이다.

그렇다고 MLS 목록을 완전히 무시하지는 말라. 이 목록에 나온 매물은 모두에게 공개된다는 사실만 똑똑히 기억해라. 여전히 MLS 목록에서 얻을 수 있는 정보는 많다. 앞에서 본 MLS 목록을 보면서 나는 공시가격(101만 달러)의 약 1%(950달러)가 총 임대수익이 된다는 사실을 발견했다(계산법은 나중에 공개하겠다). MLS 목록을 잘 분석하면 이렇게 유용한 정보를 얻어낼 수 있다. 수익률이 괜찮다고 판단되면, 나는 부동산세 포탈(일종의 온라인 등기부등본 열람)로 가서 과거 매매 내역과 매매가를 확인한다. 이 부분에 대해서는 나중에 좀 더 자세히 살펴보겠다.

부동산 거래로 인해 발생하는 비용을 파악하라

MLS 목록의 매매가는 판매자가 희망하는 매매가다. 부동산의 실제 가치를 더욱 정확하게 파악하고 부동산 거래에 드는 모든 비용을 제외하고도 이득인지를 알려면, 공공 기록을 살펴봐야 한다. 미국 내 모든 카운티는 온라인 세금 포탈에 부동산 기록을 공시한다. 공시하는 사항은 카운티마다 다르지만, 구글에서 '카운티 이름+주 이름+지번'을 검색하면 부동산 공시 기록을 확인할 수 있다.* 내가 부동산 실거래로 생애 처음 구입한 주택은 버지니아 블랙스버그 (몽고메리 카운티)에 있었다. 그래서 나는 '몽고메리카운티 버지니아주 지번'을 검색했다.

---

* 국내의 경우, 국토교통부 실거래가 공개시스템rt.molit.go.kr에서 확인 가능하다.

아래는 검색 결과다.

그다음 할 일은 아래와 같다.

▶ **1단계:** 카운티의 세금 포탈을 컴퓨터 화면에 띄운다. 각 구역을 줌인 또는
줌아웃할 수 있는 지도가 나온다. 여기서 매매 내역을 확인한다.

▶ **2단계:** 관심 있는 부동산과 주변 부동산을 줌인해서 과거 매매 데이터를
확인한다. 해당 지역에서 유사한 가격에 거래된 비슷한 부동산을 살펴본
다. 이렇게 하면 MLS 목록의 매매가가 높은지 낮은지를 확인할 수 있고
내가 생각하고 있는 매매가가 시장가에 가까운지 파악할 수 있다. 누구나
시장가보다 낮게 사서 높게 팔고 싶을 것이다.

▶ **3단계:** 임대수익을 추산한다. 인근 부동산들의 임대료는 서로 비슷한 수
준에 형성되어 있다. MLS 목록의 임대료를 확인하고 관심 부동산 인근에
있는 비슷한 부동산들의 임대료와 비교한다. 크레이그리스트Craigslist(일종
의 온라인 벼룩시장)를 잠깐 검색해보면 어떤 부동산이 임대가 잘 되는지 확

인할 수 있을 것이다. 그리고 현지 대학교의 캠퍼스 외곽 임대 목록도 살펴야 한다. MLS 목록에서 본 임대료가 검색을 통해 파악한 임대료보다 낮다면, 관심 부동산의 임대료가 낮게 책정되었다는 의미다. 그렇다면 향후 임대료를 높여 더 많은 임대수익을 낼 수 있다.

더 좋은 매물과 적당한 판매자를 찾는다

부동산을 소유한 사람은 모두 판매자다. 그들이 그 사실을 알고 있든 모르든 말이다. 여기서 중요한 포인트는 스스로 부동산을 팔고 싶어 하는지조차 모르는 판매자를 찾아내는 것이다. 특정 지역에 대한 조사를 끝마쳤다면, 그 지역의 평균 부동산 가격과 임대수익에 대한 파악이 완료되었다는 의미다. 그렇다면 이제 발품을 팔 때다.

대학가에서 마음에 드는 주택을 찾은 뒤에 나는 재빨리 면도했다. 내가 어리다는 점을 무기로 사용할 심산이었다. 대학교 티셔츠를 입고 거리로 나가 관심 지역에 있는 주택을 순회하기 시작했다.

문을 두드리고 이렇게 말했다. "실례합니다. 저는 인근 대학교에 다니고 있는 학생입니다. 지낼 곳을 찾고 있는데요. 혹시 이 건물에 제가 임대할 빈방이 있을까요?"

"빈방 있어요."라는 말은 좋은 대답이 아니다. 빈방이 있다는 말은 그 건물의 임대 수요가 그리 높지 않다는 의미다. 세입자가 없는 빈방은 현금 흐름을 죽일 수 있다.

반면 빈방이 없다는 대답이 돌아오면, 건물 주인을 소개해줄 수 있는지 물어본다. 빈방이 나오면 연락을 달라고 주인에게 이야기하고 싶다고 덧붙인다. 여기서 다음의 질문을 슬쩍 끼워 넣는다면 보너스 점수를 획득하는 셈이다! "앞으로 몇 년 동안 이 지역에서 살 예정이라 집을 구해야 하거든요. 혹시 월세로 얼마를 내고 있는지 여쭤도 실례가 되지 않을까요?"

일단 주인의 연락처를 얻으면, 그들과 커피를 마시며 주택을 팔 의향이 있는지 파악한다. 월 임대수익의 100배를 매매가로 제안한다. 만약 월 임대수익이 2,000달러라면, 20만 달러를 제시하는 것이다.

부동산 매매 내역을 살펴본 결과, 대체로 부동산 취득비용의 1%가 임대수익이어야 한다. 판매자가 10만 달러를 원한다면, 월 임대수익은 대략 1,000달러가 될 것이다. 이래야 부동산을 취득해서 현금 이익을 얻을 수 있다. 부동산을 취득하면 부담해야 하는 지출이 있다(나중에 자세히 살펴보겠지만, 세금, 대출금, 이자 등 여러 지출이 발생한다). 임대수익이 전체 가치의 1%가 되지 않는 부동산은 이런 지출이 임대수익보다 클 가능성이 있다.

주인의 희망 매매가와 월 임대수익을 확인하면, 앞서 설명한 기준을 가지고 매매 제안을 할지 말지를 결정한다. 절대 월 임대수익의 100배 이상의 가격을 제시하지 마라. 만약 월 임대수익이 2,000달러면, 절대 20만 달러 이상을 부르지 말아야 한다. 매월 불로소득을 얻을 수 있는 부동산을 찾고 있다면, 월 임대수익의 100배가 적당한 매매가다. 왜 그럴까?

돈 없어도 생애 첫 부동산을 구매할 수 있다

낡은 경제 시스템에서 경제활동을 했던 사람이라면, 10만 달러의 부동산을 구매하려면 매매가의 20%에 해당하는 2만 달러는 현금으로 갖고 있어야 한다고 말할 것이다. 하지만 그렇지 않다. 현금을 지출하지 않고도 부동산을 구입할 수 있다. 이를 위해서는 먼저 금융 파트너를 현명하게 선택해야 한다. 금융 파트너마다 부동산 계약에 따라 발생하는 추가 비용이 달라질 수 있기 때문이다.

주택담보 대출금에 맞먹는 큰 액수의 돈을 융자해줄 가족이 있는가? 가족에게 돈을 빌리면 그들은 당신에게 초기 납입금*을 요구하지 않을 것이다. 반면 은행은 매매가의 최소 5% 그리고 최대 25%의 초기 납입금을 요구한다.

물론 도움받을 가족이 없다면 은행과 거래를 해야 한다. 다세대 주택에 직접 거주하면서 나머지 세대를 임대하면, 초기 납입금을 줄일 수 있다. 또는 침실이 4개인 단독 주택을 매입해서, 방 하나는 자신이 쓰고 나머지를 임대해주는 방법으로도 은행 초기 납입금을 줄일 수 있다.

구입한 부동산에 직접 거주하면서 나머지 빈방이나 세대를 임대하면, 은행은 투자 목적이 아닌 거주 목적으로 해당 부동산을 매입하는 것으로 간주하고 대출금을 산정한다. 이렇게 하면 투자용 부동산 대비 초기 납입금을 25%가량 줄일 수 있다. 직접 살 집을 구입하는 경우에는 초기 납입금이 매매가의 5% 이하다.

지금부터 부동산 매입 자금을 조달하는 방법에 대해서 자세히 살펴보자. 초기 납입금이 없거나 5%의 초기 납입금을 내고 자금을 조달한 사례도 소개할 것이다. 그리고 내가 최근에 현금 흐름을 최대화하기 위

---

* 미국의 경우, 모기지 대출기관의 자산 건전성을 유지하기 위해 대출 시 차입자들에게 5~25%의 초기 납입금을 부과하도록 규정하고 있다.

해서 25%의 초기 납입금을 내고 자금을 조달해서 부동산을 구입하게
된 이야기도 소개할 것이다.

은행 대출

은행에서 대출을 받을 때 반드시 눈여겨봐야 할 요소들이 있다.

초기 납입금: 주택을 구매할 때 일종의 보증금처럼 초기에 현금으로 지출해
야 하는 돈이다. 10만 달러의 부동산을 구입하는 경우, 약 4,000달러의 초
기 납입금을 제외하고, 부동산 매매 수수료와 변호사 비용(등기 대행) 등 추가
비용이 발생한다. 다음은 내가 최근에 체결한 부동산 매매계약에서 발생한 실
제 비용이다. 나는 42만 5,000달러를 주고 부동산을 구입했고, 6,811달러
53센트를 계약 체결 비용으로 썼다.

Closing Disclosure

This form is a statement of final loan terms and closing costs. Compare this document with your Loan Estimate.

Closing Information

Date Issued	1/2/2018
Closing Date	1/3/2018
Disbursement Date	1/4/2018
Settlement Agent	Independence Title Company
File #	1743565-ILF
Property	1005 Mansell Unit B Austin, TX 78702
Sale Price	$425,000.00

Transaction Information

Borrower	Nathan Latka
Seller	Pendleton Plus LLC
Lender	Everett Financial, Inc. dba Supreme Lending

Loan Information

Loan Term	30 Years
Purpose	Purchase
Product	Fixed Rate
Loan Type	☒Conventional ☐FHA ☐VA ☐_____
Loan ID #	830170738861
MIC #	

Loan Terms		Can this amount increase after closing?
Loan Amount	$403,750	NO
Interest Rate	4.375%	NO
Monthly Principal & Interest *See Projected payments below for your Estimated Total Monthly Payment*	$2,015.86	NO
		Does the loan have these features?
Prepayment Penalty		NO
Balloon Payment		NO

대출 이자: 은행은 대출을 해주고 이자를 받는다. 이렇게 은행은 돈을 번다. 이자는 돈을 빌리는 비용이다. 10만 달러의 부동산을 매매할 예정이라고 가정하자. 은행은 8만 달러를 대출해주고 매달 600달러를 이자로 요구할 것이다. 텍사스 오스틴 주택을 매입할 때, 은행에서 4.375% 이율로 40만 3,750달러를 대출받았다. 이 돈으로 42만 5,000달러의 부동산을 매입했다. 나는 매달 은행에 원리금으로 2,015달러 86센트를 지급해야 한다. 이중 일부는 원금을 갚고 나머지는 은행의 수익이 된다. 오스틴 부동산의 월 임대수익이 대략 5,000달러라면, 내가 얻는 수익은 은행에 낼 원리금을 제외하고 매달 1,000달러에서 2,000달러다.

애모티제이션Amortization**:** 대출금을 모두 갚는 데 걸리는 기간을 말한다. 대체로 상환 기간을 길게 설정하면, 매월 은행에 내야 할 원리금이 낮아진다. 그럼 당연히 부동산의 월 임대수익이 증가하게 된다. 4% 이율로 10만 달러를 대출받고 상환 기간을 20년으로 설정한다면, 은행에 매월 납부해야 할 원리금은 상환 기간을 30년으로 설정한 경우보다 더 커진다.

부대비용: 오스틴 주택의 임대수익은 매월 2,000달러 정도가 될 것으로 예측됐다. 매매계약을 체결할 때, 1만 8,230달러 89센트의 부대비용이 발생했다. 이 부대비용에는 예기치 못한 재난으로 발행할 손실을 보상해줄 보험료가 포함된다. 나는 이 비용을 전액 현금으로 납부했다. 하지만 9개월 만에 비용을 전부 회수했고 매월 2,000달러 혹은 매년 2만 4,000달러의 임대수익을 얻고 있다. 아주 만족스러운 거래였다!

현재 당신에게 1만 8,000달러의 현금이 있다. 지금 이 돈으로 쓰면, 9개월 이내에 전액 회수할 수 있고 매년 2만 4,000달러도 벌 수 있다. 당신은 1만 8,000달러를 어떻게 할 것인가?

벌룬Balloon **기간:** 대출 금리가 고정된 기간을 말한다. 은행에서 4% 이율로 대출을 받았다고 가정하자. 그런데 지금으로부터 10년 뒤에 어떤 일로 인해 금리가 10% 이상 올랐다. 그러면 은행은 시중 금리에 맞춰 당신에게 부과한 이율을 올리고 싶을 것이다. 그러나 대출 이율이 고정된 기간에는 변동이 불가하다. 다만 이 기간이 끝나면 은행과 협의해서 이율을 다시 설정해야 한다. 위험을 최소화하고 불확실성을 줄이려면, 벌룬 기간을 최대한 길게 잡는 것이 좋다. 최고의 시나리오는 처음부터 낮은 고정 금리로 대출을 받는 것이다.

좋은 조건으로 대출을 받기 위해 은행과 협상하다

22살에 나는 은행에서 대출을 받아 생애 첫 부동산을 구입했다. 다음은 당시 내가 은행과 주고받은 메일들이다. 앞서 우리는 은행에서 대출을 받을 때 꼼꼼하게 살펴야 할 요소들에 대해서 알아봤다. 아래의 메일을 보면 실제로 어떻게 은행 대출이 이뤄지는지를 이해할 수 있을 것이다.

네이선 씨

우리 은행에서 제시할 수 있는 최종 조건입니다. 자세히 검토하시고 저와 애런에게 회신해 주시기 바랍니다. 회신을 주시면, 애런이 매도인의 대행사에 결과를 전달하도록 하겠습니다. 아래의 대출 조건에 따르면, 벌룬 기간이 완료되기 전에 벌룬 기간이 2년 연장됩니다. 상환 기간은 25년입니다. 이 조건이 마음에 드실 겁니다. 하지만 벌룬 기간이 2년 연장되기 때문에 초기 납입금으로 매매가의 25%를 내셔야 하고 이율은 4.375%에서 4.50%로 인상됩니다. 우리 쪽에서는 이 외에 추가로 변경할 부분은 없습니다.

대출인: 네이선 랏카
대출금: $161,250(매매가 $215,000의 75% 상당)
상환 기간: 25년
조건: 벌룬 기간 7년
이율: 4.50%
은행 융자개시 수수료 또는 조기상환 위약금 없음
예상 월납입금: $900(세금과 보험료 미포함 및 매월 에스크로(결제대금예치) 계좌에 지급 요망)

감사합니다.

조너선 드림

　이 조건으로 은행 대출을 받기로 결정했다. 내 목표는 매월 들어오는 현금 수입을 극대화하는 것이었다. 그래서 나는 매매가의 25%를 초기 납입금으로 치렀다.

　"부동산 매매가의 25%를 초기 납입금으로 내야 한다고! 그게 도대체 얼마야? 대충 5만 5,000달러잖아. 내게 이렇게 큰돈이 어디 있어."

이렇게 생각할 수도 있다. 그렇다면 방이 여러 개 달린 주택을 구입해서 방 하나는 본인이 쓰고 나머지는 세를 놓는 전략을 쓰자. 이런 경우, 은행과 잘 협상하면 초기 납입금을 매매가 5%까지 낮출 수도 있다. 다만 초기 납입금은 줄어들지만 매월 발생하는 현금 흐름이 나빠진다. 잠시 뒤에 초기 납입금을 자신이 가진 돈으로 납부하지 않고 주택을 구입하는 방법을 공개하겠다.

반드시 기억해야 할 부분이 있다. 초기 납입금을 적게 지출할수록, 매월 갚아야 할 대출금은 커지고 현금 수입은 줄어든다는 점이다. 지금부터 초기 납입금이 매매가의 0%일 때, 5%일 때 그리고 25%일 때, 어떤 차이가 생기는지 살펴보도록 하자.

지금부터 매월 1,800달러의 임대수익이 발생하는 21만 5,000달러짜리 주택을 구입한다고 가정하자.

초기 납입금이 매매가의 5%인 경우와 25%인 경우를 비교해서 살펴보자.

초기 납입금이 매매가의 5%(약 1만 달러)면, 매월 1,135달러 29센트를 은행에 상환해야 한다.

매매가	$215,000	감정평가액		$215,000	
대출금	$204,250.00	이자율	4.500%	상환 기간	300개월
첫 납입금(P&I)	$1,135.29				
기타 재원(P&I)					
부동산세					
PMI		감정평가액 - 매매가를 근거로 카운티에서 산정			
HOA	$0.00	추정 연간 보험료		$840.00	
총계	$1,135.29				

반면에 매매가의 25%(약 5만 5,000달러)면, 매월 896달러 28센트를 은행에 상환해야 한다.

매매가	$215,000	감정평가액		$215,000	
대출금	$161,250.00	이자율	4.500%	상환 기간	300개월
첫 납입금(P&I)	$896.29				
기타 재원(P&I)					
부동산세					
PMI			감정평가액 - 매매가를 근거로 카운티에서 산정		
HOA	$0.00		추정 연간 보험료	$840.00	
총계	$896.29				

이처럼 초기 납입금이 많을수록, 매월 부담해야 하는 비용은 줄어들고 현금 수입이 많아진다. 이 점을 기억하고 있기를 바란다.

이 거래에서 나는 현금 흐름을 극대화하려고 매매가의 25%를 초기 납입금으로 치렀다. 월 임대수익 1,800달러에서 비용 896달러 28센트를 제외하면, 무려 900달러의 현금수익이 매달 발생한다. 달리 말하면, 5만 5,000달러를 투자해 매년 1만 1,000달러의 수익을 얻게 되는 셈이다(수익률이 무려 20%다!). 이렇게 구매한 주택의 사진은 추후 공개할 생각이다. 그 전에 초기 납입금을 납부하지 않는 경우(매매가의 0%)를 살펴보자.

초기 납입금을 납부하지 않고 20만 달러 주택을 구입할 수 있다

이번에는 빈털터리 대학생이거나 여유자금이 없는 사람이 정말 궁금해할 이야기를 하려고 한다.

초기 납입금을 지출하지 않고 부동산을 구입할 수 있는 방법이 있다. 은행은 주택 담보 대출을 해줄 때 매매가의 일정 비율을 현금으로 미리 납부할 것을 요구한다. 이것이 바로 초기 납입금이다. 지금부터 매매가의 5%인 초기 납입금을 없앨 방법을 살펴보도록 하자(매매가가 20만 달러인 다세대 주택에 대한 5% 초기 납입금은 약 1만 달러다).

1. **가족으로부터 도움을 얻는다.** 가족 중에 은행에 돈을 넣어두고 있는 사람이 있으면, 우선 현재 예금 금리부터 확인해서 그가 은행 예금으로 얼마의 수익을 얻고 있는지 확인한다. 가령 그가 은행 예금으로 10만 달러를 갖고 있고 예금 금리가 1%라면, 2% 이율로 5,000달러를 빌려달라고 제안해보자. 그로서는 금리가 1%밖에 되지 않는 은행에 10만 달러를 예치해두는 것보다 2% 이자를 받고 5,000달러를 당신에게 빌려주는 것이 더 이득이다. 물론 가족에게 돈을 빌리기 전에 은행 대출보다 가족에게 돈을 빌리는 것이 당신에게도 이득이 되는지부터 따져봐야 한다.

2. **가족에게 손을 벌린다는 생각에 죄책감이 느껴질 수 있다.** 하지만 실제로 당신 덕분에 그는 더 많은 돈을 벌게 되는 것이니 죄책감을 가질 필요는 없다. 당신은 그에게 은행 금리보다 높은 이율로 이자를 계산해서 지급한다. 은행은 생면부지의 당신에게 유리한 조건으로 대출을 해주지 않을 가능성이 크다. 하지만 가족은 다르다. 가족은 당신을 신뢰하기 때문에 2% 이율로 5,000달러를 기꺼이 빌려줄 것이다. 이는 상부상조하는 것이다. 당신은 그가 돈을 더 많이 벌도록 돕고, 그는 당신이 재정 부담을 덜 안고 부동

산 투자를 할 수 있도록 돕는다. 하지만 가족에게서 돈을 빌린다면, 이자 지급일과 원금 상환일을 정확하게 지켜야 한다(그렇지 않으면 명절이 아주 괴로운 시간이 될 수 있다.).

3. **매도인에게 부탁한다.** 부동산 계약이 완료되면, 매도인에게서 돈을 융통해보자. 이렇게 이야기하는 거다. "이제 계약이 완료되었고 제가 20만 달러를 당신에게 보냈습니다. 결과적으로 당신에게 20만 달러의 현금이 생긴 것이죠. 혹시 그중에서 1만 달러를 빌려주실 수 없는지요? 그렇게 해주시면 저에게 정말 큰 도움이 될 겁니다. 은행 대출을 받기는 했지만, 초기 납입금을 마련하는 것이 여간 힘든 일이 아니라서요. 돈을 빌려주시면, 그 즉시 이자를 드리겠습니다."

4. **부동산 관리 회사로부터 대출을 받는다.** 부동산 관리 회사는 말 그대로 부동산을 관리해주는 회사다. 가령 화장실이 고장 나면 부동산 관리 회사가 알아서 고장 난 화장실을 수리한다. 부동산 관리 회사의 서비스를 이용하면, 주인은 부동산 관리와 관련해서 아무것도 몰라도 된다. 부동산 관리 회사는 고객에게 임대수익의 10%를 서비스 이용료로 부과한다(이 경우 월 임대수익이 1,800달러니까 서비스 이용료는 월 180달러가 된다). 이렇게 협상을 해보자. "최근에 부동산을 구입해서 관리해줄 회사를 찾고 있습니다. 제게 1만 달러를 대출해주신다면, 당신의 회사와 계약하겠습니다. 대출해주시는 즉시 이자도 지급하겠습니다."

4.5% 이율로 빌린 돈으로 20만 달러의 주택을 사려고 한다. 이때

초기 납입금은 매매가의 0%이고 상환 기간은 30년이다. 이 경우에 매월 주택 담보대출금을 얼마씩 갚아나가야 할까? 아래 표를 살펴보도록 하자.

가족이든 은행이든 이자를 지급하는 대상이 누구인가는 중요치 않다.

매매가의 %	초기 납입금	월납입금	월간 현금 흐름 증가분	연간 현금 흐름 증가분
0%	$0	$1,013.37	$0	$0
5%	$10,000.00	$962.70	$50.67	$608
25%	$50,000.00	$760.03	$253.34	$3,040

주택의 월 임대수익은 1,800달러다. 만약 초기 납입금이 매매가의 0%라면, 관리비, 수리비, 부동산 모기지 보험 그리고 기타비용을 제외하고 매월 800달러의 현금수익이 발생한다.

초기 납입금 1만 달러(매매가의 5%)

매매가의 5%인 초기 납입금을 가족, 매도인 또는 부동산 관리 회사를 통해 마련할 수 없다면, 당신이 부담해야 하는 월납입금은 962달러 70센트가 될 것이다.

하지만 1만 달러를 초기 납입금으로 납부하면, 30년 동안 대출금을 상환하는 동안 매년 608달러의 현금수익을 얻게 된다. 무시 못할 정도로 상당한 수익이다. 지금 여유자금이 있다면, 당장 초기 납입금을 납부하는 것이 좋다.

초기 납입금 5만 달러(매매가의 25%)

지금 5만 달러를 현금으로 갖고 있다면, 매월 1,800달러의 임대수익을 발생시킬 20만 달러짜리 주택을 구입할 수 있다. 이 경우에 당장의 현금지출은 많지만, 장기적으로 많은 보상이 돌아온다. 즉, 초기 납입금을 최대한 많이 납부하는 편이 장기적인 현금 흐름에 이롭다. 지금 당장 현금 5만 달러로 높은 수익을 올릴 수 있는 사업이나 투자상품이 없다면, 그 돈으로 초기 납입금을 납부하자.

그리고 30년 주택 담보대출을 받게 되면, 현금수익이 매년 3,040달러씩 더 생긴다. 매매가 20% 이상을 초기 납입금으로 납부하는 데 혜택이 숨어 있다. 바로 민간저당보험*을 지출할 필요가 없다는 것이다

부동산을 구입하고 나면 매월 추가 비용이 발생한다. 매월 부동산 투자로 얻는 현금수익을 계산할 때 이러한 추가 비용을 고려해야 한다. PMI도 그중 하나다. 지금부터 기타 관리 비용을 살펴보도록 하자.

관리: 시설물 관리에 시간을 쓰지 않고 매월 임대수익을 얻는 방법

부동산 투자는 매월 현금 흐름을 발생시킨다. 하지만 매월 비용도

---

* Private Mortgage Insurance, PMI. 미국의 경우, 부동산 가격의 최소 3%만으로도 집을 구매할 수 있기 때문에, 위험 관리가 필요한 은행이 초기 납입금 20% 이하의 거래에 한해 매입자에게 별도의 보험료를 받는다.

발생한다. 이미 제일 큰 비용인 초기 납입금을 살펴봤다. 이외에도 다음과 같은 비용들이 월 현금 흐름을 감소시킨다.

부동산 관리비: 임대차 계약 갱신, 화장실 수리, 세입자 관리, 잔디 관리 등 전반적인 부동산 관리를 제3자에게 맡기고 지급하는 비용이다. 보통 월 임대수익의 5~10% 내외다.

부동산세: 정부에 납부하는 비용이다. 20만 달러 주택의 경우, 카운티마다 다르겠지만, 연간 부동산세는 2,000~4,600달러다.

재해보험: 이것은 화재, 폭풍, 지진 등 자연재해로 인해 입은 부동산 피해를 보상해준다. 20만 달러짜리 주택에 대한 월 보험료는 50~80달러다.

민간저당보험PMI**:** 주택 소유자의 채무불이행에 따른 재정적 손실로부터 대출기관을 보호하는 보험이다. 가족에게서 대출을 받았다면, 민간저당보험에 가입할 필요가 없다. 하지만 은행 대출을 받고 초기 납입금을 매매가의 20% 이하로 치렀다면, 이 보험료를 내야 한다. 상황에 따라 월 90~150달러의 보험료가 발생한다.

공동 부동산 관리비HOA**:** 주택 소유자 연합이 관리하는 건물을 매입하면, 매월 이 요금을 내야 한다. 모든 세입자들이 사용하는 시설물을 관리하는 데 소요되는 비용이다. 가령 아파트 단지의 지붕 수리비료 지출되는 1만 달러가 공동 부동산 관리비에 해당된다.

수리비: 막힌 싱크대를 고치거나 누수를 막는 비용 등 소소한 비용이 들 수도 있고 냉장고 교체 비용처럼 목돈이 들 수도 있다. 내 경우에 월평균 수리비는 월 임대수익의 2%다.

지금부터 각 비용을 자세히 살펴보자. 제일 먼저 살펴볼 비용은 **부동산 관리비**다.

대다수가 오븐, 팬, 현관문, 화장실 등 시설물 관리에 대해 전혀 모르는 상태에서 부동산 투자를 시작한다.

뉴 리치들은 불로소득을 창출하는 데만 집중한다. 무언가를 고치려면 시간과 에너지가 소요된다. 그러므로 우리를 대신해서 이런 일을 해줄 누군가를 찾아야 한다. 그들은 부동산 관리를 맡고 임대수익의 일부를 가져간다. 단순한 시설물 관리 외에도 신규 세입자를 찾고 임대차계약을 갱신하는 등의 서비스도 제공한다.

월 현금 흐름의 극대화를 위해 부동산 관리비를 낮춰야 한다. 부동산 매매계약을 완료하기 전에 부동산 관리 회사와 가격협상을 진행한다. 곧 부동산을 구입할 것이라는 사실이 당신에게 협상에서의 레버리지가 될 것이다. 이 레버리지를 잘 활용하면, 부동산 관리비를 10% 이하로 줄일 수 있다.

1. 부동산 관리비를 월 임대수익의 5%로 책정해주시면, 앞으로 구입하는 모든 부동산의 관리를 귀사에 맡기겠습니다.
2. 부동산 관리비를 월 임대수익의 5%에 맞춰주지 않으면, 이 부동산을 구입할 수가 없습니다. 부동산 관리비로 10%를 쓰면, 그만큼 저에게 손해라서 부동산을 투자한 의미가 없습니다.

그리고 부동산 관리 회사를 통해 임대료를 높이거나 새로운 세입자를 찾을 수도 있다.

주택을 구입하고 세입자를 가장 빨리 구할 수 있는 방법이 있다. 부동산 매매계약을 마무리하기 전에 부동산 관리자를 해당 거래에 개입시키는 것이다. 주택을 구입하기 전에 부동산 관리자는 원하는 임대료를 받고 세입자를 찾을 수 있도록 하겠다고 호언장담할 것이다. 이것이 마음의 채무가 되어 그는 최대한 빨리 세입자를 구하려고 애쓸 것이다. 하지만 최악의 상황에도 대비해야 한다. 나는 대체로 2달 정도의 공실 기간을 둔다. 임대수익이 유일한 소득원이 아니므로 상관없다. 하지만 나와 달리 임대수익이 끊기면 곤란해지는 사람은 부동산 투자에 대해 다시 생각해봐야 한다.

나는 세를 놓거나 임대차 계약을 갱신할 때 항상 부동산 관리자를 개입시킨다. 이때 다음의 질문을 던진다.

나:

좋아요. 저는 다음의 옵션 중 하나로 진행하고 싶습니다.

1. 세입자 4명이 월세로 600달러를 각자 납부하고(총 임대소득 2,400달러), 내가 매월 발생하는 공과금을 부담한다.
2. 세입자 4명이 월세로 550달러를 각자 납부하고(총 임대소득 2,200달러), 그들이 공과금도 부담한다. <-- 물론 저는 이 조건이 더 마음에 듭니다.

내일 연락 주세요. 그들을 내보내고 새로운 세입자를 찾는 것이 더 손해라고 하셨으니, 기존 세입자들과 계약 갱신을 하든, 서로에게 이득이 되는 방안을 찾아보도록 합니다.

부동산 관리자:

세입자들은 공과금 포함 월세 2,400달러(4인×600달러)를 선호하고 있습니다. 이 조건으로 계약을 체결할까요? 단기적으로 손해일 수 있지만, 현재 세입자들을 내보내고 하반기에 신규 세입자를 들일 준비를 하는 것이 금전적 손해가 더 클 수 있습니다. 이번에는 이 조건으로 계약을 체결하실 것을 추천합니다. 내년에 월세를 인상한 계약서를 전달하고 협상을 진행하겠습니다. 그들이 조건을 받아들이지 않을 때를 대비해서 퇴거와 재임대도 함께 준비하겠습니다.

감사합니다!

부동산 관리자와 협의를 하면서 임대차 계약 체결을 진행하는 것이 좋다. 그가 처음에는 동의하지 않더라도, 결국에는 당신의 목표에 맞춰 임대차 계약을 진행할 수 있게 된다.

부동산 관리자는 내년에 기존 세입자들과 인상한 월세로 계약을 체결하려고 최선을 다할 것이다. 아마 내가 제시한 수준까지 월세를 인상하려 노력할 것이다. "내년에 인상된 월세를 반영한 계약서를 전달하겠다."라고 말했기 때문이다.

이처럼 부동산 관리 회사는 부동산 투자에 있어 최대 조력자다. 그들은 관리 비용을 낮추고 임대료를 높여준다. 그들은 당신을 위해 현장에서 직접 발로 뛰는 사람들이다. 그러니 그들을 잘 대접해야 한다. 사소하지만 생일에 축하카드를 보내는 것도 1가지 방법이다.

월 현금 흐름을 예상할 때는 기타비용도 반드시 고려해야 한다. 화재보험, 관리비, 수리비 등은 고정비다. 그러니 부동산 매매계약을 체결하기 전에 실제 비용을 미리 확인해야 한다. 그렇지 않으면 예상보다 많은 비용이 나와서 혼쭐이 날 수 있다.

이제 20만 달러의 주택을 매매가의 0%, 5% 그리고 25%의 초기 납입금을 지급하고 구입할 경우 발생할 월 현금 흐름을 다시 살펴보자.

다음 표는 부동산 관리 회사에 월 임대수익의 5%를 납부하고 0.4% 부동산세율을 적용받으며 관리비와 수리비가 없고 최소한의 화재보험료를 납부하는 최상의 시나리오를 바탕으로 작성됐다.

초기 납입금 (총 매매가의 %)	0%	5%	25%
임대료	$1,800.00	$1,800.00	$1,800.00
대출금	$(1,013.37)	$(962.70)	$(760.03)
민간저당보험PMI	$(100.00)	$(80.00)	$0
부동산 관리비	$(90.00)	$(90.00)	$(90.00)
부동산세 0.4%	$(66.67)	$(66.67)	$(66.67)
공동 관리비HOA	$0	$0	$0
재해보험	$(70.00)	$(70.00)	$(70.00)
수리 불필요	$0	$0	$0
총 비용	$(1,340.04)	$(1,269.37)	$(986.70)
월 현금 흐름	$459.96	$530.63	$813.30
연 현금 흐름	$5,519.56	$6,367.60	$9,759.64

최악의 시나리오는 임대수익의 2%에 해당되는 수리비가 발생하고 부동산 관리 회사에 임대소득의 10%를 납부하고 부동산세 2.3%를 적용받는 것이다.[*]

---

[*] 미국의 경우에는 주state마다 각기 고유한 세제와 세율을 책정하므로 주마다 이율의 차이가 발생한다.

초기 납입금 (총 매매가의 %)	0%	5%	25%
임대료	$1,800.00	$1,800.00	$1,800.00
대출금	$(1,013.37)	$(962.70)	$(760.03)
민간저당보험PMI	$(100.00)	$(80.00)	$0
부동산 관리비	$(180.00)	$(180.00)	$(180.00)
부동산세 2.3%	$(383.33)	$(383.33)	$(383.33)
공동 관리비HOA	$0	$0	$0
재해보험	$(70.00)	$(70.00)	$(70.00)
수리 불필요	$(36.00)	$(36.00)	$(36.00)
총 비용	$(1,782.70)	$(1,712.03)	$(1,429.36)
월 현금 흐름	$17.30	$87.97	$370.64
연 현금 흐름	$207.56	$1,055.60	$4,447.64

두 번째 시나리오의 월 현금 흐름이 첫 번째 시나리오보다 훨씬 적다. 부동산세가 월 66달러에서 월 383달러로 치솟았고, 부동산 관리 회사에 납부하는 비용이 임대수익의 5%에서 10%로 인상됐다. 이처럼 부동산 투자를 고민할 때, 항상 최고의 시나리오와 최악의 시나리오를 동시에 살펴야 한다. 최악의 시나리오에서 현금 흐름이 발생하지 않는다면(월 소득이 0달러 이상), 계약을 체결하지 마라. 이는 일종의 '스트레스 테스트'다.

어떤 경우라도 현금 흐름을 높일 방법이 존재한다. 지출을 줄이거나 수입을 높이는 것이다. 현금 흐름을 개선하기 위해 부동산 관리 회사를 통해 매년 임대료를 인상하자.

최악의 시나리오에서 초기 납입금을 납부하지 않은 경우(0%), 매월 발생하는 임대수익은 겨우 17달러 30센트다(연간 207달러 56센트). 하지만 다음 해 임대료를 200달러 인상하면 매월 217달러 30센트 또는 매년 2,607달러 60센트의 임대수익이 발생한다. 완전 이득이다! 나는 이와 같은 방법으로 임대료를 10% 인상함으로써 현금 흐름을 개선하는 것이 좋다.

부동산 투자 초보자들이 흔히 던지는 질문

지금이 부동산에 투자할 때인가?

절대 놓쳐서는 안 되는 부동산 투자의 황금기가 있다. 결혼해서 아이를 낳고 강아지 2마리를 키우는 단란한 가정을 꾸리기 전에 부동산에 투자해야 한다. 부양가족이 없는 혈혈단신은 침실 4개짜리 집을 사서 하나는 자신이 쓰고 나머지는 세를 놓으면 초기 납입금을 상당히 절약할 수 있다. 이런 경우 매매가의 5%가 초기 납입금이 되어 부동산 투자로 인해 발생하는 재정 부담이 줄어든다.

일반적으로 6개월치 생활비는 은행 계좌에 넣어두는 것이 안전하다. 그럼 나머지는? 이 돈을 제외한 나머지를 투자금으로 활용하는 것이다.

큰 비용을 들여서 수리해야 한다면?

새 지붕을 올리는 데 5,000~1만 달러가 들지도 모른다. 이런 상황을 피하려면 미리 건물 검사를 받아라. 어떤 경우라도 반드시 건물 검사를 끝내고 나서 계약을 체결해야 한다. 건물 검사를 통해 수리가 필요한 곳이나 건축 법규를 위반한 사례를 확인할 수 있다. 그리고 나서 주택을 구입하기 전에 매도인에게 이런 부분을 처리해 달라고 요청한다.

항상 세입자가 있을 거라고 어떻게 확신하나?

본인이나 부동산 관리 회사가 세입자를 항상 구할 수 있다는 확신이 없다면, 부동산을 구입해서는 안 된다. 레베스토Revestor와 같은 웹사이트를 이용해서 임대수익의 발생 가능성 등을 살펴보도록 해라. 아무리 임대 수요가 높은 인기 지역이라도 얼마간 공실이 발생할 수밖에 없다. 그래서 나는 약 2개월을 공실 기간으로 잡는다. 그리고 이 기간에 발생한 손실에 대비해서 자금을 따로 떼어둔다.

내 성공적인 부동산 투자와 실패한 투자를 소개한다

나는 2014년 1월 8일 생애 첫 부동산을 구입했다. 당시 24살이었다. 내가 처음 산 부동산은 침실 6개와 욕실 4개로 구성된 복층 주택이었다. 부동산 중개인을 통해 매물에 대한 정보를 얻어 21만 5,000달러에 매입했다.

월 소득 보고서

임대수익: $1,990

대출 납입금: ($1,060.57)

관리비: ($100)

잔디 관리: ($45)

수리비: ($35)

순수익: $750

이 복층 주택은 현재 750달러의 현금 흐름을 창출한다. 지난 3년 동안 거의 2만 7,000달러의 현금 흐름을 창출했다(월 $750×36개월). 초기 투자금은 5만 5,000달러였다. 지금 나는 주택담보대출금을 갚아나가고 있다. 주택담보대출금의 원리금으로 매달 1,060달러 57센트를 낸다.

우스갯소리로 지금 이 복층 주택의 8할은 은행 소유다. 하지만 내 지분이 매월 500달러씩 늘어가고 있다. 매달 대출금을 갚아나가고 있기 때문이다. 이 말인즉슨 21만 5,000달러짜리 부동산에 대한 은행의 지분은 줄어들고 내 지분이 500달러씩 증가한다는 의미다. 30년이 지나면, 21만 5,000달러 부동산뿐만 아니라 모든 임대수익이 내 것이 될 것이다(냅킨 뒤에 잠깐 끄적여만 봐도 30년간 임대수익이 대략 27만 달러(월 750달러×30년)가 나온다). 이는 보수적으로 추산한 금액이다.

이 현금 지급기는 마르지 않는 샘처럼 현금을 마구 토해낼 것이다. 이제 훨씬 더 많은 불로소득을 창출하기 위해서 여기서 얻은 임대수익을 다른 프로젝트에 투자할 생각이다.

내 실패한 부동산 투자

26살이던 2016년 4월 14일 내 생애 두 번째 부동산을 구입했다. 침실 5개와 욕실 4개가 딸린 주택이었고 32만 8,000달러에 매입했다. 내가 직접 발품을 팔아서 체결한 계약이었다.

월간 소득 보고서

임대수익: $2,400

대출 납입금: ($1,747.45)

관리비: ($144)

가스 요금: ($29)

수도세: ($136.96)

전기세: ($398.48)

잔디 관리: ($45)

수리비: ($35)

순수익: $136

나는 실수를 저질렀다. 당연히 세입자들이 공과금을 부담한다고 생각했다. 하지만 임대인이 공과금을 부담해야 했고, 이는 내 현금 흐름을 상당히 갉아먹었다. 하지만 희소식이 있었다. 매달 공과금으로 136달러를 손해를 본다고 하더라도 대출금을 갚아나가면 이 주택은 순수한 내 자산이 된다는 것이었다.

나는 임대차 계약을 갱신할 때 월 임대료를 3,000달러로 인상하고 공과금을 세입자가 부담하도록 했다.

임대수익: $3,000

대출 납입금: ($1,747.45)

관리비: ($200)

잔디 관리: ($55)

수리비: ($60)

순수익: $947.55

　　나는 매매가의 10%를 초기 납입금으로 냈다. 그래서 현금수익률이 그렇게 형편없지는 않았다. 은행에서 대출을 받을 때 꽤 실랑이를 벌였다. 대충 아래의 내용으로 은행과 협상을 진행했다.

은행:

제가 좋아하는 스포츠 경기도 마다하고 자료를 검토했습니다. 점심시간 오전 11:55에 만나죠. 그럼 오후 3:30에는 대출 승인이 떨어질 겁니다. 대출 조건은 아래와 같습니다.

대출인: 네이선 랏카

대출금: $295,200(매매가 $328,500의 90% 상당)

상환 조건: 30년을 기준으로 매월 원금과 이자 지급

애모티제이션 GNB(원리금 $1,496)는 세금과 보험료를 에스크로 계좌로 송금한다. (약 월 $248) 매월 예금계좌에서 자동이체된다.

민간보증보험(PMI) 없음

이율: 3/3 ARM-4.00%, 5/5 ARM—4.50%, 10/10 ARM 5.25% (원하는 변동금리모기지를 선택해서 알려주세요.)

선취 수수료: $350 - 대출자가 기타 비용을 부담. (부동산 물권 보험, 신탁증서 등기, 감정평가, 변호사 비용)

담보: 209 오티 스트리트와 버지니아 블래스버그 710 동 로어노크 스트리트.

두 부동산은 모두 감정평가 대상으로 평가액이 최소 $543,600여야 함.

위 조건에 동의하신다면, 감정평가사, 보험사 그리고 변호사와 다음 절차를 진행하겠습니다. 아마도 4월 첫 주에 마무리할 수 있을 겁니다. 빠른 회신 바랍니다.

감사합니다.

나:

빨리 회신을 주셔서 감사합니다.

아래와 같이 조건으로 수정하고 싶습니다.

초기 납입금: 매매가의 7%(10%를 고수하신다면, 로어노크 부동산으로 홈에쿼티융자를 받아야 합니다. 골치 아픈 일이죠).

이율: 5년간 고정금리 4%, 애모티제이션 30년간 이율 상한 5.5%

제가 소유하고 있는 부동산 2개를 담보로 사용하는 것에 동의합니다.

은행:

이번 대출 계약과 관련해서는 협상의 여지가 그리 많지 않습니다. 아무튼 고객님에게 최대한 좋은 조건으로 대출 계약을 체결할 수 있도록 조건을 맞춰볼 예정입니다.

다만 매매가의 10%를 초기 납입금으로 납부해야 합니다. 고객님이 소유한 2개 부동산을 담보로 잡는 것이기에 우리 입장에서는 추가적인 초기 납입금으로 임대주택(로어노크 부동산)으로 홈에쿼티융자*를 받는 셈입니다. 이게 가능한 이유는 우리의 주택담보대출비율은 총 80%이기 때문입니다. 임대료를 예치하는 계좌에 현금이 있다면, 그 돈으로 초기 납입금을 납부할 수 있습니다. 하지만 이율은 협상의 여지가 조금 있습니다.

5/5 ARM 4.25%로 대출 계약을 체결하면, 5년마다 이율을 재설정하게 됩니다. 변동폭은 2%를 넘지 않을 겁니다. 덧붙이면, 30년 동안 초기 이율의 8% 이상 인상되지 않을 겁니다.

5년 변동금리는 만기가 1년 이하인 국채의 이율 +3.72%와 동일한 5년 고정금리입니다. 현재 4.25%입니다.

실제로 향후 5년간 이런 조건으로 대출을 받는 데 전혀 문제가 없을 겁니다. 어느 시점에 임대수익이 안정화되고 2차 시장으로 차환하실 수 있습니다. 그러니 5년마다 이율을 재설

---

* 주택 구입가를 토대로 담보대출(모기지론)이 이뤄진 후 이를 제외한 나머지 가치를 다시 담보로 해 추가 대출을 받는 2차 대출이다.

정하는 것이 그리 중요한 이슈는 되지 않을 겁니다.

여기서 더 이상 편의를 봐드릴 수가 없습니다. 모든 일을 깔끔하고 재빨리 처리할 테니 다른 금융기관에 대출을 알아보지 마시고 우리와 거래하셨으면 합니다. 다른 금융기관에 대출을 알아보면 또 다시 대출 서류를 준비하고 길고 긴 질문에 답하셔야 하잖아요. 이런 일에 쓰기에는 당신의 시간이 너무 아깝지 않습니까?

연락 주세요. 이게 우리가 해드릴 수 있는 최고의 제안입니다.

나:
좋습니다.(^^) 매매가의 10%로 하시죠.
그리고 5/5 변동금리 4.25%로 이율을 재설정할 때 인상 폭이 2%를 넘지 않도록 하고 30년간 인상 한도를 최대 8%로 설정하겠습니다. 다음 절차는 무엇인가요? 서류 처리인가요?

자, 이 대화만 봐서는 내가 나쁜 조건으로 대출 거래를 진행했다는 생각이 들 것이다. 하지만 장기적으로 이것은 좋은 거래였다. 2018년 현금 흐름이 증가했다. 현재 나는 아래의 2가지 이유에서 이 부동산으로 매월 600달러의 현금수익을 얻고 있다.

1. 임대료를 인상했다.
2. 세입자가 공과금을 부담하는 것으로 계약 조건을 변경했다.

부동산 투자를 고려할 때, 현금 흐름을 극대화하는 방안을 항상 생각해둬야 한다. 위에 소개한 대출 협상에서 내가 현금 흐름을 극대화하기 위해서 사용한 몇 가지 방법들이 눈에 들어올 것이다.

1. 최대한 장시간 동안(5년) 대출금리를 4.5% (또는 현재 금리)에 고정시켰다. 대출금리가 낮을수록 자본비가 낮아지고, 결과적으로 더 많은 현금수익을 얻을 수 있다.
2. 금리 인상 한도를 8%로 설정한다(이는 최악의 대출 거래일 수 있지만, 금리 변동폭이 8%를 초과하는 상황을 미리 방지할 수 있다).
3. 초기 납입금을 매매가의 10%로 최소화한다.

자, 부동산 투자와 관련해서 내 비결과 경험을 모두 공유했다. 심지어 내 성공적인 투자와 그다지 성공적이지 못한 투자도 살펴봤다. 이제 생애 첫 부동산을 구입하여서 현금 흐름을 극대화해보자.

생애 첫 부동산을 구입해보자

▶ **1단계:** 좋은 부동산을 찾는다. 부동산 중개인에게 MLS를 공유해달라고 요청한다. 그가 MLS 시스템에 당신의 메일을 추가하면 매물로 나온 부동산에 대한 정보를 편안하게 메일로 받아볼 수 있다.

▶ **2단계:** 수익을 파악한다. 임대수익이 최소한 매매가의 1%인 매물을 눈여겨본다. 가령, 매매가가 20만 달러이면, 임대수익이 대략 2,000달러인 부동산이 좋은 매물이다.

▶ **3단계:** 초기 납입금을 부담하지 않는 방도를 찾는다. 최대한 현금 지출을 줄여야 한다. 부동산 거래에서 초기 납입금이 가장 큰 현금지출이다. 앞으로 구매할 부동산에 직접 거주한다면 초기 납입금을 매매가의 5%로 설정할 수 있다. 순수하게 임대 목적으로 부동산을 구입하는 거라면, 초기 납입금은 매매가의 25%가 된다. 다음 단계에서 초기 현금 지출을 줄일 수 있다.

▶ **4단계:** 부동산 관리에 시간을 많이 허비하지 않는다. 적당한 부동산 관리 회사를 찾는다.

▶ **5단계:** 부동산 매매계약을 마무리한다. 아무것도 하지 않았는데 매월 임대수익이 따박따박 계좌로 들어온다. 내 경우, 월 500달러가 임대 계좌로 입금된다.

DATE _____

PAY TO THE
ORDER OF _____ | $ [   ]

9. 회사 인수

자동으로 수익을 내기에
적당한 캐시카우 찾는 법

"언젠가는 멍청한 인간이 기업을 경영하게 될 것이다.
그러니 바보도 경영할 수 있는 기업에 투자해라." -피터 린치Peter Lynch

SEND ▼

   '이번 장을 읽을 필요는 없겠군.'이라고 생각하는 사람이 분명 있을 것이다. '기업 인수'는 딴 세상 이야기라고 확신하기 때문이다. 기업 인수는 어디든지 쓸 수 있는 어마어마한 가처분소득을 누리는 사람이나, 수십 년 동안 기업 인수를 해왔던 사람이 하는 일이라 생각할 수도 있다. 하지만 이는 분명히 잘못된 생각이다. 이런 잘못된 생각 때문에 당신이 핵심 수익원을 놓치고 있는 거다. 뉴 리치들은 당신이 이런 잘못된 생각을 하고 있다는 사실을 알고 오히려 기뻐할 뿐이다. 왜냐면 그들은 기업을 인수해서 부자가 될 기회가 자신들에게 더 많이 돌아오기 때문이다.

   뉴 리치 대부분은 당신에게 이런 이야기를 해주지 않는다. 그러나 나는 당신과 같은 편이다. 그러니 좋은 기업을 헐값에 인수하는 비결을 알려주겠다. 일단 큰 생각을 품을 수 있게 오해부터 풀자.

- ▶ **오해**: 기업을 인수하려면 엄청난 자금이 있어야 한다.
- ▶ **진실**: 땡전 한 푼 없어도 기업을 인수할 수 있다.
- ▶ **오해**: 기업을 인수해본 경험이 있어야 한다.
- ▶ **진실**: 간단한 메일 한 통으로 인수 제안을 할 수 있고(메일 견본을 공유하겠다) 몇 가지 전략으로 인수 협상을 진행할 수 있다.
- ▶ **오해**: 기업을 경영하는 법을 알고 있어야 한다.
- ▶ **진실**: 당신이 인수해야 할 기업은 구조가 단순해서 스스로 움직이는 기업들이다. 그러니 매일 경영에 매달릴 필요가 없다. 그리고 유지비가 발생하지 않으니 직원을 뽑을 필요도 없다. 매일 관심을 두고 관리해야 하는 기업은 당신이 인수할 기업이 아니다.
- ▶ **오해**: 인수할 기업이 속한 산업에 관해 뭔가 알고 있어야 한다.
- ▶ **진실**: 기업을 인수할 때 반드시 알아야 하는 것은 재무 상태, 구조 그리고 영향력이다. 어떤 산업에 속했는지 혹은 그 산업에 대해 얼마나 알고 있느냐는 생각보다 그리 중요치 않다.

내가 당신의 첫 사례연구가 되어주겠다.

- ▶ 나는 28살에 기업 3개를 인수했다.
- ▶ 그중 하나가 더 톱 인박스다. 사실 더 톱 인박스는 공짜나 다름없었다. 오히려 창업자들은 내가 더 톱 인박스를 인수하는 대가로 1만 5,000달러를 지급했다. 나는 같은 해에 더 톱 인박스와 동일한 기업인 센드레이터SndLa-tr를 1,000달러에 인수했다.
- ▶ 전부 기술 분야의 기업이지만 나는 코팅에 대해서 일자무식이다.

▶ 전부 짤막한 메일을 주고받으며 인수했다. 변호사도 개입하지 않았고 골치 아픈 행정절차도 밟지 않았다.

센드레이터의 인수는 이렇게 시작됐다. 2016년 6월에 나는 마누엘 브라운에게 센드레이터를 팔 생각이 있는지 메일을 물어봤다.

제목: 센드레이터 인수 제안
보낸 사람: 네이선 랏카 ▮▮▮▮▮▮▮▮▮▮▮▮▮▮
받는 사람: 나

마누엘 씨, 센드레이터를 팔 생각 없나요?

마누엘 브라운 ▮▮▮▮▮▮▮▮▮▮▮▮▮

네이선 씨, 안녕하세요.
당신이 제 회사로 무엇을 할 것이냐에 따라 달라지겠죠?
사실 엄청 구린 애드웨어나 데이터 수집 기업에서 이런 제안이 많이 들어와요. 메일을 받는 즉시 삭제해버린답니다. 네이선 씨는 그런 부류는 아닌 것 같네요.
저는 원래 상업적인 상품으로 만들 계획이었습니다. 그런데 지금 자원을 투입할 시간이 부족해요. 당신의 제안에 관심이 생기네요.
감사합니다.
마누엘 브라운 드림

자본과 변호사 도움 없이 회사를 인수하다

4일 후에 계약을 체결했다. 변호사도 회계사도 없었다. 메일로 합의한 뒤에 그의 페이팔 계좌로 1,000달러를 송금했다. 좋은 조건의 거래였다. 인수 대금에는 크롬 확장프로그램과 7만 5,000명의 메일 주소도 포함됐다. 수많은 마케터들은 이 정도 규모의 네트워크를 구축하는 데 2~3만 달러를 쓴다. 내 경우에는 기업을 인수하면서 부수적으로 딸려온 것이었다. 공짜였다. 다음은 이 거래를 진행하면서 내가 그와 주고받은 대화다.

2016년 6월 17일 15:51 GMT+02:00
네이선 랏카 <<nathanlatka@gmail>님이 작성:

인수해서 상용화하는 데 시간과 에너지를 투자할 생각입니다.
스카이프로 통화할까요? 유저네임이 뭔가요?

몇 분 뒤에 우리는 스카이프 통화를 했다. 나는 마누엘에게 몇 가지 사항에 대해 질문했다. 내가 한 질문은 연간 매출액(센드레이터는 무료 툴이라서 당시 매출액은 0이었다), 이용자 수(7만 5,000명), 매주 소프트웨어 개발에 투자하는 시간(한두 시간), 팀 규모(혼자였다. 나는 이 점이 정말 마음에 들었다. 현금화할 방도를 모르는 부수적인 프로젝트였기에 그는 기꺼이 센드레이터를 팔려고 했다. 반면, 나는 상용화할 방도를 알고 있었다) 등이었다. 그리고 나서 우리는 다시 메일로 대화를 이어갔다.

2016년 6월 20일 14:40 GMT+02:00
네이선 랏카 <<nathanlatka@gmail>님이 작성:

즐거운 대화였어요!
스카이프로 주고받은 대화를 다음과 같이 요약할 수 있겠네요.
네이선은 아래 사항을 포함해 센드레이터를 1,000달러로 인수할 것이다.
1. 마누엘은 네이선을 크롬 확장프로그램의 관리자로 지정한다.
2. 마누엘은 네이선에게 약 7만 5,000명의 유저들의 메일 주소가 저장된 엑셀 파일을 넘긴다.
3. 마누엘은 네이선에게 현재 그대로 소스코드를 넘긴다(마누엘은 소스코드를 업데이트 / 변경하지 않는다).
계약서에 서명한 즉시(마누엘은 '동의합니다'라고 회신한다), 네이선은 500달러를 마누엘의 페이팔 계좌로 송금한다. 1~3번 사항이 완료되면, 네이선은 나머지 500달러를 마누엘의 페이팔 계좌로 송금한다.

마누엘 씨, 이 조건에 동의하신다면 '동의합니다'라고 회신해주세요. 그러면 다음 단계로 넘어가도록 하죠.
감사합니다.

네이선 드림

그로부터 작은 기술적인 문제가 있다는 회신이 왔다. 하지만 나는 그것들이 문제라고 생각하지 않았다. 소프트웨어를 운영하고 상용화하는 데는 문제가 없었다(이게 내가 이 기업을 인수하는 목적이었다).

2016년 6월 20일 월요일 8:10AM

마누엘 브라운 ■■■■■■■■■■■ 님이 작성:

네이선 씨, 안녕하세요.

생각지 못한 문제가 있습니다. 센드레이터에는 제가 다른 프로젝트에도 사용하는 일반적인 소스코드 몇 개가 사용됩니다. 그래서 제가 이 소스코드를 계속 사용할 수 있어야 하는데요. 해당 소스코드를 완전히 파는 대신, 방임적 오픈소스 라이선스APACHE2하에서 제가 계속 사용하는 것에 동의하시나요?

감사합니다.

마누엘 드림

=============

2016년 6월 20일 15:16 GMT+02:00

네이선 랏카<<nathanlatka@gmail.co>님이 작성:

좋습니다. 말씀하신 소스코드를 방임적 오픈소스 라이선스로 사용하는 데 문제없습니다.

우리는 세부사항을 조율하기 위해서 한 번 더 스카이프로 통화했다. 그러고 나서 다음의 메일을 그에게 보냈다.

보낸 사람: 네이선 랏카

받는 사람: 마누엘

좋습니다. 이 조건으로 마무리하죠. 다음 조건들에 동의하신다면 회신을 주세요. 그 즉시 다음 단계로 넘어가도록 하겠습니다.

네이선은 다음의 사항을 포함해 센드레이터 사업을 1,000달러에 인수한다.

1. 마누엘은 네이선을 7만 5,000명이 사용하는 크롬 확장프로그램의 관리자로 지정한다.

2. 마누엘은 네이선에게 7만 5,000명의 유저 정보가 기록된 엑셀 파일을 넘긴다.

3. 마누엘은 네이선에게 현재의 소스코드를 넘긴다(마누엘은 코드를 업데이트/변경하지 않는다).

4. 마누엘은 아파치2 라이선스에서 네이선이 소스코드를 사용토록 허락한다.

5. 네이선은 아파치2 라이선스상에서 소스코드를 공적으로 이용할 수 있도록 한다.

추가로, 파생상품을 개발하고 같은 라이선스상에서 3개월 이내에 배포한다.

각자 이 문서에 서명하면(마누엘은 '동의합니다'라고 회신한다), 네이선은 마누엘의 페이팔 계좌로 500달러를 송금한다. 1~3번 사항이 이행되면, 네이선은 나머지 500달러를 마누엘의 페이팔 계좌로 송금한다.

감사합니다.
네이선 드림

보낸 사람: 마누엘 브라운
받는 사람: 나

동의합니다.
페이팔 계좌입니다. █████████████████
등록비가 있는 크롬 웹 스토어 디밸로퍼 계정의 메일을 사용해서 계정을 이전할 예정입니다.
(https://developer.chrome.com/webstore/get_started_simple#step9와 https://support.google.
com/chrome_webstore/contact/dev_account_transfer 참조).
서버 관련 프로젝트를 이전하려면 구글 클라우드 엔진을 사용해야 하므로 구글 계정 등록이 필요합니다.

감사합니다.
마누엘 드림

이것으로 센드레이터는 내 것이 됐다. 몇 주 뒤에 센드레이터는 매출을 발생시키기 시작했다.

앞으로 인수할 기업을 찾고 협상을 통해 실제로 기업을 인수하는 전 과정에 대해서 살펴볼 것이다. 기업을 인수한다는 것이 부담스럽더라고 끝까지 이번 장을 읽어주길 바란다. 기업 인수는 당신이 생각하는 것만큼 부담스럽고 어려운 일이 아니다. "너는 똑똑하고 특별한 아이야."라고 말하던 엄마를 나도 믿고 싶다. 이 말이 사실이어야지 남들은 못한 일을 나는 성공적으로 해낼 수 있었다는 이유가 설명되지 않겠나? 아마도 내가 정말 똑똑하고 특별할 수도 있다.

하지만 더 정확하게 말하면, 나는 제안하고 협상할 배짱이 있었다. 나 역시 항상 성공하지는 않는다. 일전에 500만 달러에 〈석세스 매거진 Success magazine〉을 인수하려 했지만, 실패했다. 실패를 경험하면 무언가 배우게 된다. 나와 당신의 유일한 차이점은 (여전히 의구심이 든다면) '시도하는 의지'다.

돈 이야기를 해보자

기업 인수를 다루려면, 돈 이야기를 하지 않을 수 없다. 여기 좋은 소식과 나쁜 소식이 있다.

▶ **좋은 소식**: 사람들은 '돈을 벌려면 돈이 있어야 한다.'고 믿는다. 물론 사실이다. 하지만 생각보다 많은 돈이 필요한 것은 아니다. 100만 달러가 있어야 100만 달러의 기업을 인수할 수 있는 것은 아니다. 합법적으로 현금 한 푼 없이 기업을 인수할 수 있다. 이번 장에서 그 방법을 다룰 것이다.

▶ **나쁜 소식**(누군가에게는 나쁜 소식일 수 있다): 기업 인수에 현금이 필요하지는 않다. 하지만 인수한 기업을 수익을 창출하는 기업으로 다듬는 데 약간의 현금 즉 돈이 필요하다. 처음부터 완전히 개조해야 할 기업을 인수하지는 않을 것이다. 그러니 수십만 혹은 수만 달러가 필요하지는 않다. 하지만 나처럼 이제 막 인수한 앱의 기능을 개선하기 위해 톱탈에서 개발자를 고용하고 그에게 시간당 65달러를 지급해야 할 수 있다. 혹은 인수한 기업의 웹사이트를 개선하기 위해서 파이버에서 고용한 프리랜서들에게 비용을 지급해야 할 수도 있다. 이것은 일종의 착수비다. 하지만 처음부터 새 사업을 시작할 때 발생하는 착수비보다 훨씬 적다.

문제는 사람들 대부분이 500달러도 모으지 못한다는 것이다. 여기에는 왕도가 없다. 큰 수익으로 보답할 작은 투자를 위해 필요한 자금을 마련하려면 지금 뭔가를 희생해야 한다. 월급이나 돈이 생기면 5~50% 정도는 따로 떼어둔다. 나는 지금도 들어오는 모든 수입 일부분을 따로 떼어두고 나머지를 투자금으로 활용하고 있다. 좋은 소식은 500달러 정도만 모이면 생애 첫 기업을 인수할 레버리지가 확보된다는 점이다.

여기서 불평불만이 들려온다. "하지만 네이선, 난 딸린 자식이 둘이고 주택담보 대출금, 차 할부금, 학자금 등등 돈 나갈 구멍이 한두 개가 아니야. 하지만 당신은 원하는 게 뭐든지 돈으로 자유롭게 할 수 있다니 참 좋겠어!"

이런 소리를 하는 사람들을 보면, 난 정말 짜증이 나서 미칠 것 같다. 이 모든 것이 그들이 선택한 일이다. 그들은 아이 둘을 낳아서 기르기로 선택했고 주택담보대출금으로 집을 사기로 했다. 차를 사는 것도 학자금 대출을 받는 것도 전부 그들이 선택한 일이다. 사람들은 자신을 현 재정 상태의 희생자로 생각한다. 하지만 이 모든 것들은 스스로 선택한 일의 결과다. 물론 엄청난 의료비용처럼 예외도 있다. 하지만 내가 말하는 비용들은 당신의 선택으로 발생한 자발적인 비용들이다.

나는 35살까지 아이를 낳지 않기로 했다. 그래서 지금 양육비가 들지 않는다. 내 생애 첫 집은 주거용이 아니었다. 임대수익을 낼 목적으로 로어노크 스트리트 710에 다세대 주택을 구매했고, 매월 1,000달러 이상의 현금 흐름을 창출하고 있다. 18살 때 적금으로 프리우스를 사서 차 할부금도 내지 않는다(경기당 40달러를 받고 심판을 보면서 저축한 돈이다). 내가 하고 싶은 말이 무엇인지 알 것이다. 현재 재정 상태는 당신이 한 수많은 선택의 결과다. 미래도 마찬가지다.

자 선택할 때다. 현재 자신을 가난한 세계에 묶어 둘 구차한 변명거리로 삼겠나? 아니면 현실을 받아들이고 더 나아지길 위해 노력하겠나? 사람의 힘으로 절대 바꿀 수 없는 것들이 있고, 조금만 노력하면 충분히 바꿀 수 있는 것들이 있다. 나는 풍족한 마음가짐을 갖고 내가 바꿀 수 있는 것들에 집중하기로 했다. 부모는 바꿀 수 없다. 그래서 주어진 현실 속에서 노력해야 한다. 이 부분에 대해 우리가 할 수 있는 것은 아무것도 없다. 하지만 외식 횟수, 타고 다니는 차 또는 스마트폰에서 '더 베첼러The Bachelor'를 스트리밍서비스로 시청하려고 가입한 무제한 데이터 등은 바꿀 수 있다.

나는 예산을 수립하고 관리하는 법을 가르치려고 이 책을 쓰지 않았다. 하지만 내가 하고 싶은 말은 뉴 리치의 세계에 진심으로 입성하고 싶지만 지금 당장 수십만 달러의 소득을 안겨줄 프로젝트를 시작할 500달러가 없다면, 현재 지출 습관을 점검하고 지금부터 사업 자금을 마련해라.

어떤 회사를 사야 할까

기업 인수는 매우 간단하다. 실제로 이것이 기업을 인수하려고 할 때 굳게 믿고 실천해야 할 가장 중요한 신조다. 단순하게 생각하고 행동해라. 사업이나 기업의 구조가 너무 복잡하게 보인다면, 그것은 당신의 에너지를 투자할 가치가 없다. 결국에는 자산 포트폴리오가 10개, 20개, 심지어 30개의 불로소득원으로 다양하게 구성될 것이다(나는 대략 30개의 불로소득원을 보유하고 있다). 이런 신조로 인수한 기업들이 당신의 자산 포트폴리오의 거대한 부분을 형성하게 될 것이다. 하지만 복잡한 프로젝트나 기업은 피해야 한다.

기업 인수에 있어 절대 양보할 수 없는 법칙이 있다. 일종의 '타고난' 불공평한 이점을 지닌 기업을 인수해야 한다. 이것이 단순한 구조를 지니고 수익성 있는 기업을 찾는 확실한 길이다. 내가 인수한 기업은 일반적인 기업들과 비교하면 이런 점에서 특이했다.

▶ **오프라인 기업보다 디지털 기업.** 디지털 기업은 오프라인 기업과 비교하면 간접비가 전혀 발생하지 않는다. 디지털 기업은 임대료, 공과금, 보험료 등을 낼 필요가 없다. 그리고 재고 걱정도 할 필요 없고 9시부터 6시까지 묶여 있을 필요도 없다. 오프라인 매장으로 손님을 유도하는 것보다 온라인에서 트래픽을 높이는 것이 훨씬 더 쉽다.

▶ **직원이 없는 기업.** 인건비는 기업 운영에 있어서 가장 큰 지출이다. 그래서 나는 직원에 기대어 돌아가는 비즈니스 모델을 피한다. 이런 점에서 디지

털 상품이 완벽하다. 톱탈, 프리랜서, 파이버 등의 웹사이트를 통해 거대한 프리랜서 풀을 활용할 수 있다. 프로젝트가 완료되면, 업데이트가 필요할 때까지 해당 디지털 상품은 스스로 굴러가면서 수익을 창출할 것이다 (업데이트 시점이 되면 다시 프리랜서를 고용해서 살짝만 손보면 그만이다).

▶ **이미 사용자 기반이 확립된 기업.** 처음부터 사용자층을 형성하는 데 시간을 쓰고 싶지 않을 것이다. 바닥부터 시작하겠다는 결심으로 기업을 시작하면 자신의 상품에 대해 사용자가 없다는 사실을 알고 좌절하게 될 것이다. 굳이 이렇게 힘든 길을 갈 필요가 있을까?

▶ **유통 채널상에서 독점력이 있는 기업.** 무료 유통 채널에서 독점력이 있는 기업들을 찾는다. 이런 기업을 인수하면 페이스북이나 구글에 트래픽을 높이기 위해서 광고료를 지출할 필요가 없다. 무료 디지털 유통 채널에는 구글 플레이, 애플 앱스토어, 크롬 웹 스토어 혹은 세일즈포스 앱익스체인지 등이 있다. 여기에는 당신이 데려가기만을 기다리는 수백만 개의 기업들이 숨어 있다. 가치 있는 기업을 찾는 법을 알기만 하면 된다. 그 방법을 조금 후에 자세히 소개하겠다.

초보자에게는 인수 대상으로 무료 앱과 웹 확장프로그램이 완벽하다. 이것들은 앞서 언급한 모든 기준을 충족시킨다. 그리고 이런 기업들이 창출하는 수익은 소유자들의 소득의 상당한 부분을 차지하지 않기 때문에 헐값에 인수할 수도 있다. (더 톱 인박스와 센더레터가 이런 경우다) 1가지 더 보태면, 이런 기업의 소유자들은 해당 소프트웨어를 부수적인 프로젝트로 개발한 개인이거나 초소형 기업이다. 그러므로 이 것은 그들에게 주요 자산이 아닌 경우가 많다. 그래서 그들과의 협상도 더욱 간단할 수 있다. 여기서 기본 전략을 단계별로 정리해보자.

1. 사용자층이 넓고 무료로 소프트웨어를 제공하는 디지털 기업을 인수한다.
2. 톱탈에서 개발자를 고용해 사용자가 정해진 횟수만큼 해당 소프트웨어를 사용하면 자연스럽게 유료로 전환되는 페이월(유료화)을 설치한다.
3. 유료로 전환해 벌어들인 수익을 필요할 때 해당 기업에 재투자한다. 그리 고 이 사업에서 얻은 수익을 다른 기업을 인수하는 데 사용한다(주머니를 두둑이 채우는 데도 사용한다!).

너무 간단하다고? 기업을 인수하는 것이 실제로 이렇게 간단한 일 이다. 그런데 왜 모든 사람들이 기업을 인수하려 들지 않을까? 돈을 주 고 기업을 살 생각을 한 번도 하지 않기 때문이다. 혹은 사실은 그렇지 도 않은데 기업 인수가 아주 복잡한 작업이라고 생각하고 있기 때문이 다. 계속 읽어라. 지금부터 아주 자세히 내 인수 전략을 공개할 것이다. 그리고 내가 더 톱 인박스를 인수한 과정을 소개하겠다.

내 월수입 흐름을 공개한다

내가 어떻게 수익을 창출하는지를 보면 내 수입원이 아주 다양하다는 사실을 알 수 있다. 나는 푸드 트럭부터 호스텔과 소프트웨어 기업에 이르기까지 다양한 곳에서 수익을 얻고 있다. 내 비결을 한 단어로 요약할 수 있다. 바로 '모멘텀'이 다. 수입원이 너무 다양해서 정신없을 수 있으니 집중하기를 바란다. 그리고 내 모든 수익 창출 전략을 가능한 한 최대한 모방해보라. 일단 한 가지 수입원에 집 중한다. 여기서 안정적으로 수익이 창출되면 이를 모멘텀으로 삼아서 다른 수입 원으로 확장한다. 이런 방식이라면 굳이 자신이 소유한 돈을 쓰지 않아도 기업을 인수할 수 있다. 다시 말해, 초기에 500달러를 투자한 기업에서 창출된 수익을 다른 사업에 투자하거나 기업을 인수하는 것이다. 내가 처음에 적은 돈을 투자했 던 수입원들은 현재 계속 수익을 창출하고 있다. 그 수입원들과 수익 규모는 아 래와 같다.

부동산: 월 1,600달러

겟랏카 데이터베이스: 월 5만 달러 이상

e툴: 월 1만 달러

톱인박스 / 센드레이터: 월 6,000달러

소프트웨어 기업 매매 상담료: 월 5만 달러 이상

호스텔 배당금: 월 800달러

푸드트럭 로열티: 월 800달러

식사 준비 서비스 로열티: 월 800달러

팟캐스트 스폰서십: 월 5만 달러 이상

페이스북 리얼리티 쇼: 월 2만 달러 이상

인수할 만한 회사는 어디서 찾을까

피터 틸은 저서《제로 투 원Zero to One》에서 독점력을 지닌 기업을 세우는 것이 매우 중요하다고 말했다. 여기서 그가 말한 독점력을 지닌 기업은 구글이다. 다시 말해, 너무나 특출나서 그 누구도 대적할 수 없는 기업을 말한다. 이런 기업이 시장을 소유한다. 물론 우리 모두 이런 기업을 갖고 싶다. 하지만 이렇게 독점력 있는 기업은 찾기도 어렵고 인수할 돈도 없다. 상대적으로 유통 채널에서 독점력을 지닌 기업은 훨씬 더 인수하기 쉽고, 구글과 같은 기업을 인수하는 것과 아주 유사한 결과를 얻을 수도 있다. 이것이 인수할 기업이나 사업을 찾을 때 제일 먼저 분석해야 할 부분이다.

더 톱 인박스와 센드레이터가 완벽한 사례다. (더 톱 인박스는 원래 메일투클라우드Mail2Cloud였다.) 모두 지메일의 효율성을 향상시키는 구글 크롬 확장프로그램이다. 더 톱 인박스와 센드레이터의 역할은 똑같지만, 별개의 기업으로 시작됐다. 그래서 나 역시 각각 독립적으로 두 기업을 인수했다. 이것은 전략이었다. 기능이 동일한 툴 2개를 인수하면, 같은 코드 베이스로 운영할 수 있어 개발자 비용을 줄일 수 있다. 그리고 같은 유통 채널을 지배하는 두 기업을 인수해서 그만큼 경쟁을 제거할 수도 있었다.

메일투클라우드를 발견했을 때, 이 확장프로그램은 이미 크롬 웹 스토어에서 5년 동안 거래되고 있었다. 생산성 분야에서 추천 상위에 있었고 별 다섯 개 후기가 2,000건 이상이었다.

구글 같은 기업은 아니었지만, 메일투클라우드는 크롬 웹 스토어의 생산성 부문에서 탄탄하게 자리하고 있었다. 크롬 앱 모니터링 사이트인 크롬비트ChromeBeat에서 확인한 메이투클라우드의 사용자 데이터도 지난 4년 동안 신규 사용자가 매일 100명씩 꾸준히 증가해왔음을 보여줬다. 이것만으로도 이 기업을 눈여겨볼 이유가 충분했다.

유통 채널을 독점할 방법은 많다. 가령, 애플 앱스토어의 문서 서명 부문에서 가장 유명한 앱을 운영하는 기업일 수 있다. 혹은 G2 크라우드나 다른 후기 사이트에서 해당 부문에서 평점이 가장 높은 기업일지도 모른다.

만약 유통 채널에서 내재적 독점력을 지닌 기업이라면 스스로 '굴러가거나' 최소한 구제불능상태는 아니라는 소리다. 사람들이 제대로 작동하지도 않는 앱을 꾸준히 다운로드하고 좋은 후기를 남길 까닭이 없다. 이는 아주 중요한 점이다. 똑똑하거나 뼈 빠지게 일해야 경영이 가능한 기업을 누가 원하겠나? 그 누구도 그런 기업을 인수하고 싶지 않을 것이다. 우리가 인수해야 할 기업은 몇 주 동안 프리랜서의 도움을 받아 아주 살짝 손을 보면 스스로 굴러가면서 수익을 창출하는 기업이다.

관련 부문에서 탄탄하게 자리하고 있으면서도 무료 서비스나 앱을 제공하는 기업이라면 금상첨화다. 메일투클라우드와 센드레이터가 이런 경우였다. 두 소프트웨어의 기존 소유자들은 사용자에게 요금을 부과하지 않았다. 그래서 나는 두 기업을 인수하자마자 개발자를 고용해 50회 사용 후 유료로 전환되도록 페이월을 설치했다. 요금은 월 5달러로 정했다. 그 즉시 돈이 들어오기 시작했다. 두 기업을 인수한 지 2년이 채 지나지 않은 시점에 더 톱 인박스와 센드레이터는 13만 달러 이상의 매출을 올리기 시작했다. 식은 죽 먹기만큼 쉽다. 톱탈에서 프리랜서로 개발자를 고용해서 몇백 달러의 수입을 위해 페이월과 같은 간단한 프로그램을 설정하기만 하면 끝이었다.

센드레이터와 더 톱 인박스를 인수하고 18개월 동안 내가 한 일은 이것이 전부다. 간단한 방법으로 두 기업을 매출 0달러에서 13만 달러의 매출을 올리는 기업으로 바꿨다. 지금 뭔가 번쩍하고 떠오르지 않았나? 나는 월 5달러를 벌지, 아니면 연간 50달러를 벌지를 선택했던 것이다.

나는 소프트웨어 개발에 대해서 조금도 몰랐다. 그런데 알 필요도 없었다. 완벽한 시나리오였다. 최소한의 노동력과 두뇌를 써서 수익을 내는 것이다. 힘 하나 안 들이고 현금 흐름이 창출된다. 내게는 계속해서 이득이다.

이런 기업은 눈앞에 버젓이 존재하지만 알아차리기 어렵다. 따라서 앱스토어와 같은 각종 애플리케이션 유통 채널을 둘러보며 어떤 기업들이 존재하는지 살펴야 한다. 구글, 애플 등과 같은 거대 기업들이 검색 결과의 상단에 포진할 것이다. 이런 기업들은 우리가 인수하려고 찾는 기업들이 아니다. 인수할 수도 없다. 아래로 조금만 내려가면 중소

지메일 확장프로그램 더 톱 인박스: 당신은 파워 유저입니다!

더 톱 인박스를 후원하고 메일 예약 발송과 알림 기능을 이용해보세요!

이 무료 요금제를 사용하는 사람은 15크레딧을 받을 수 있습니다(메일 예약 발송, 알림 그리고 자동 회신 기능이 크레딧에 포함되어 있습니다). 요금제를 선택하고 크레딧을 받으세요. 그리고 새 기능을 출시할 수 있도록 후원해주세요.

15크레딧을 사용하셨습니다.

요금제 선택하기   무료 요금제 연장하기

기업이 제공하는 툴이 나온다. 후기가 좋고 사용자가 많은 앱이나 툴을 발견하면, 마지막으로 업데이트된 시간을 확인해라(왜 최신 업데이트 기록을 확인해야 하는지는 잠시 뒤에 자세히 설명하겠다). 이렇게 검색하자.

▶ 앱애니AppAnnie, 크롬 웹 스토어, 세일즈포스 앱익스체인지, 인튜이트 앱 센터Intuit App Center 또는 애플 앱스토어에서 다양한 산업과 부문에서 상위권에 위치하는 모바일 앱을 살핀다.

▶ G2 크라우드에서 상위권에 오른 기업들을 확인한다.

▶ 초기 자금 조달에 성공했지만 지난 3년간 새롭게 자금을 조달하지 못한 기업들을 크런치베이스Crunchbase에서 검색한다. 이런 기업들은 경영 상황이 나빠서 좋은 가격에 인수할 가능성이 크다. 내 지인 몇몇은 초기 자금으로 최고 1,000만 달러를 조달했던 기업을 단돈 3만 달러 이하로 인수했다. 물론 기업을 인수해본 경험이 없는 초보자들에게는 이런 방식을 추천하지

는 않는다. 이런 기업을 인수하고 싶다면, 그 기업이 왜 제대로 굴러가지 않는지 그리고 쉽게 정상화할 수 있는지를 파악할 수 있어야 한다(이에 관해서는 다시 설명할 것이다).

인수할 기업을 찾고 있다고 사람들에게 메일을 보내거나 페이스북에 올리는 것도 1가지 방법이다.

나는 1만 5,000달러를 받고 회사를 인수했다

더 톱 인박스를 어떻게 인수했는지는 앞에서 간략하게 소개했다. 똑똑하기로 둘째가라면 서러운 조언자들 대다수가 더 톱 인박스를 인수한 방법을 아주 기가 막힌 방법이라고 평했다. 나는 아주 간단한 방법으로 더 톱 인박스를 인수했다. 변호사의 도움도 받지 않았다. 하지만 더 톱 인박스를 경영할 방법은 아주 조금 알고 있었다. 이것은 인수 즉시 수익을 창출하는 데 필요한 지식이었다.

나는 크롬 웹 스토어에서 생산성 부문의 확장프로그램을 대강 둘러봤다. 메일투클라우드는 이미 별 5개짜리 후기가 2,000개 이상이었고 사용자도 3만 명에 달하는 최상위 프로그램이었다. 하지만 18개월 이상 업데이트되지 않았다. 이것은 개발자나 소유자가 이 프로그램을 개선할 의지가 더는 없다는 신호였다. 존재를 잊어버렸거나 자산으로 보지 않는지도 모른다. 이유는 중요치 않다. 아무튼 나는 이 기업을 좋은 가격에 인수할 수 있겠다고 생각을 했다.

지루하지만 시간을 들여 검색을 해야 이런 기업을 찾을 수 있다. 분명 후기가 좋고 사용자가 많지만, 오랫동안 관리되지 않는 기업이 존재한다. 훌륭한 먹잇감이 쉽게 찾아졌더라면, 모든 사람이 사냥터에 뛰어들었을 것이다.

앱이나 크롬 확장프로그램을 찾을 때 후기와 평점, 사용자 수 그리고 최신 업데이트 일자를 반드시 확인한다. 평점이 높고 사용자가 많지만 몇 개월 동안 업데이트가 되지 않은 앱이나 확장프로그램은 인수 후보가 된다.

괜찮은 앱이나 확장프로그램을 찾았다면, 구글 문서에 저장하고 6개월마다 개발자에게 연락해서 인수 의지가 있음을 알린다. 이렇게 하면 그들이 앱이나 확장프로그램을 팔려고 고민할 때 당신에게 가장 먼저 연락할 확률을 높일 수 있다. 나는 스프레드시트로 200개의 기업, 앱 그리고 확장프로그램을 관리하고 있다.

Likley to acquire?	I	L	Notes/Type		Type	Link	users	Action		Next Step	Acq. Price	F
3			B2B Leads		Buy	https://gainful.io/		Emailed 1/27/2017			$22,000	0
10		In	Dhruv chatting w		Buy			Emailed 10/28/2017		Dhruv chatting w	$100k	$
Done Deal			Direct		Buy		35,094	Emailed 6/20/16			$1,000	
Done Deal			Direct		Buy	https://chrome.go	7000	Emailed 10/28/2018			$100	
Done Deal			Direct		Buy	https://chrome.go	39493	Emailed 7/5/2016			-$15k	F
7			churn saas reduc									
		1	Direct					Called 1/9/2018				
			B2B leads									
8			Direct		5/5/2016	https://chrome.go	378,000 users 1	Emailed 10/29/2017	com		1.4 cents per ma	$
8			Direct		5/5/2016	https://chrome.go	11964	Emailed 8/7/2017			$1,200,000	
7			Direct			https://chrome.go	1700	Emailed 1/27/2017			$10,000	
7		S	Direct		sold scripted to 5			Emailed 8/7/2017		He's holding on t	$200k	
7			Direct		Buy	https://chrome.go	2337	Emailed 1/27/2017		Asked Trever Fa	like nothing	
7			Direct					Emailed 8/7/2017			$250k total rever	
7			Direct			https://chrome.go		Emailed 8/7/2017		One of them goi		
6			Direct			https://chrome.go	15,000	Called 1/27/2017		He's thinking for		
5			Direct		Buy	https://chrome.go	98000	Emailed 11/10/2016				
4			Direct		not sure							
4			Direct			https://chrome.go	26109					
4			Direct			https://chrome.go	3439	Meet in SF, 212-729-7551				
1			Direct		5/5/2016	https://chrome.go	1107530 users					1
1			Direct		5/5/2016	https://chrome.go	54300					

인수를 염두에 두고 관리하는 기업, 앱 그리고 확장프로그램 목록을 정리한 스프레드시트.

정말 마음에 드는 기업을 찾으면 메일을 보낸다. 기업을 인수하고 싶다는 메일을 보낼 때 내가 매번 사용하는 방법이다. 먼저, 이툴스Etools라고 불리는 툴로 CEO의 메일을 찾아낸다(이것도 내가 소유한 툴이다).

메일투클라우드를 인수하기 위해서 나는 아래처럼 건조한 내용으로 CEO에게 메일을 보냈다.

제목: 메일투클라우드를 팔 생각이 있으신가요?

내용: 안녕하세요? 메일투클라우드를 인수할 의사가 있습니다. 저와 대화를 나눌 생각이 있으신지요?

이렇게 시작됐다.

그는 처음에 관심 없다고 내게 회신했다. 그래서 나는 혹시 매각할 계획이 생기면 연락 달라고 메일을 다시 보냈다. 그로부터 몇 달 뒤에 그는 다른 프로젝트를 위해 자금을 조달하고 있었고, 그에 대한 투자자들이 메일투클라우드를 불필요한 자산으로 생각했다. 그는 다시 연락을 해왔고 메일투클라우드를 매각하고 싶다고 말했다. 그 순간부터 나는 그와 메인투클라우드 인수 협상을 시작했다.

스카이프로 통화하면서 메일투클라우드에 10만 달러의 부채가 있음을 알았다. 그들은 그것이 다른 기업과의 '파트너십' 비용이라고 불렀다. 어쨌든 그것은 채무였다. 나는 이 부분에 최대한 주목했다. "와우! 그러면 제가 메일투클라우드를 인수하면 10만 달러도 갚아야 한다는 말씀이네요. 액수가 너무 크네요." 이 채무는 내게 레버리지였다. 그리고 나는 채무를 재조정하는 방법을 알고 있었다.

부채가 없는 기업은 없다. 인수할 기업을 찾으면 부채 규모를 확인하고 재조정을 통해 최대한 유리한 조건으로 인수해야 한다. 나는 메일투클라우드 CEO에게 10만 달러의 부채와 관련된 상대방을 소개해달라고 했다. 메일투클라우드를 인수하면 그 사람에게 매달 빚을 갚을 사람은 나였기에 이는 합당한 요청이었다. 나는 채권자와 만나서 메일투클라우드를 인수하면 부채를 재조정할 여지가 있는지 물었다.

부채를 재조정하는 방법은 다양하다. 그러니 인수할 기업의 재무제표에 부채가 있다면 자신에게 유리하게 재조정해야 한다. 채권자는 기업이 파산해서 투자금을 잃는 것보다 자신이 투자한 기업을 키울 사람과 힘을 합치는 쪽을 선택할 것이다. 나는 채권자와 부채 상환 기간을 2년 연장하는 데 합의했다. 덕분에 월 부담액이 줄어들었고 매출로 부채를 갚기가 훨씬 수월해졌다.

나는 1만 8,000달러를 준다면 10만 달러의 부채를 포함해서 메일투클라우드를 인수하겠다고 CEO에게 제안했다. 1만 8,000달러로 10만 달러의 부채까지 해결할 수 있으니, 그들에게는 아주 좋은 제안이었다. 누이 좋고 매부 좋은 조건이었다. 하지만 처음에 그들은 이 제안을 거절했다. 제안은 마음에 들지만 이사회가 승인하지 않을 것이라 말했다. 나는 그 즉시 인수 협상을 중단했다.

마지막 제안

네이선 랏카

알렉스 그리고 브루노, 이사회가 개입했고 의사결정을 내렸다는 말씀이네요. 함께 일할 기회를 잃게 되어 참 유감스럽습니다.

이사회는 메일투클라우드를 비현실적인 가격에 매각하기를 바라겠죠. 그들 역시 투자자라면 더욱 그러할 겁니다(투자자라면 100배 수익으로 투자금을 회수하고 싶겠죠).

하지만 그들은 이 인수 협상이 좌초됨으로써 입게 될 시간적, 인적 피해와 스트레스는 모르고 있는 것 같네요(채권자인 리턴패스가 확장프로그램의 사용자 수가 줄어들었다는 이유로 자신들의 투자금을 당장 돌려달라고 요청하면 어떻게 하실지요?).

지금 당장 리턴패스에 돌려줄 10만 달러를 보유하고 있나요?

제가 메일투클라우드를 인수하는 것이 당신들의 이득임을 아셨으면 합니다. 당신들의 시간과 비용이 절감되고 리턴패스에 대한 채무 부담에서 벗어날 수 있습니다. 리턴패스에 10만 달러를 갚을 사람은 제가 될 테니 말입니다.

하루이틀 정도 더 생각해보시고, 생각이 바뀌셨다면 연락 주세요.

기업을 살 때, 특히 이사회가 있는 성숙한 기업을 인수할 때 창업자들은 이사회를 '거래를 무산시키려는 나쁜 놈'들로 둔갑시킨다. 그러면서 자신들은 당신과 '거래를 하고 싶은 좋은 놈'인 척한다. 그러므로 원하는 조건으로 기업을 인수하려면 그들이 이사회를 이용하는 방법과 그에 따라 협상을 중단시킬 방법을 잘 알고 있어야 한다. 그들이 이사회를 핑계로 인수 협상을 중단하지 못하게 만들거나 더 비싼 값을 치르고 기업을 인수하지 않기 위해서다.

두어 달 뒤에 그들은 다시 내게 연락을 해왔다. 그리고 "좋습니다. 네이선 씨, 계약을 체결하시죠!"라고 말했다. 당연한 일이었다.

그들은 1만 5,000달러를 내게 지급하기로 하고 메일투클라우드를 넘겼다(내가 요구했던 금액에서 3,000달러 줄었지만, 메일투클라우드에 대한 내 거대한 계획에서 이는 그리 큰 손해는 아니었다). 모든 조건에 합의한 뒤에 그들은 내게 1만 5,000달러를 지급했고, 메일투클라우드의 모든 파일을 넘겼다. 이로써 모든 절차가 완료됐다. 이 모든 작업을 진행하는 데 겨우 2시간 걸렸을 뿐이다.

나는 6개의 요점이 포함된 계약서를 작성하고 그들과 인수 계약을 체결했다. 당신이 기업을 인수할 때 그대로 사용해도 무방한 조건들이다. 법적으로 효력이 있고, 사실 모든 계약서는 이렇게 간단명료해야 한다. 난해한 계약서를 들이미는 사람과는 계약하지 마라.

메일투클라우드를 인수할 때 주고받은 메일들이다.

브루노 산토스 ▨▨▨▨▨▨▨▨▨▨▨▨▨▨

네이선 씨, 안녕하세요.
클라우드 스토리지 파트너들과 회의를 하느라 이번 주는 정신없이 바빴습니다.
▨▨▨▨▨▨▨▨▨▨▨ 에 대한 부채를 포함해서 크롬 확장프로그램과 인수와 관련해 이사회와 협의한 최종 조건은 다음과 같습니다.

- 엠엑스히어로는 네이선에게 1만 5,000달러를 지급한다.
- 크롬 확장프로그램 이용자의 메일 주소를 전부 네이선에게 양도한다.
- 우리가 소유한 다른 구글 앱의 이용자 2만 2,000명의 메일 주소도 함께 양도한다. 그들 역시 지메일을 사용하기 때문에 이번에 인수하는 크롬 확장프로그램의 잠재 이용자들이다.
다음은 당신과 함께 검토했던 인수 조건입니다.

- ▨▨▨▨▨▨▨▨▨▨▨의 연락처를 네이선에게 넘겨준다.
- 네이선은 크롬 확장프로그램을 인수한 뒤에 프로그램명을 변경한다.
- 기술은 이전하지 않는다. 크롬 웹 스토어를 통해 해당 앱을 전송하고 네이선이 직접 이용자들에게 확장프로그램을 소개한다.

이 조건으로 인수 계약을 마무리하시겠습니까? 연락 주세요.

감사합니다.

브루노 드림

두어 번 메일을 더 주고받은 뒤에 다음의 메일을 최종으로 계약을
체결했다.

알렉스 파나기데스 ▓▓▓▓▓▓▓▓▓▓▓▓▓▓

네이선 씨, 안녕하세요.

회신이 늦어 죄송합니다. 여러모로 일이 바쁘게 돌아갔습니다. 크롬 확장프로그램 배포와
관련해서 이런저런 회의가 많았습니다.

말씀드렸듯이, 저 혼자 일방적으로 행동할 수 없습니다. 1만 달러가 제가 제안할 수 있는
전부였습니다. 이사회와 1만 5,000달러까지 합의했지만, 아무래도 1만 8,000달러는 불
가능할 것 같습니다.

네이선 씨, 이 조건이 마음에 들지 않아 협상을 더는 진행하지 않으셔도 이해합니다. 내부
협의가 이토록 오래 걸렸는데도 인내심을 갖고 기다려주신 것에 감사드립니다.

그럼 안녕히 계세요.

알렉스 드림

추신: 우리가 샌프란시스코에 있는데, 기회가 된다면 만나서 이야기를 나누고 싶습니다.

네이선 랏카 ▓▓▓▓▓▓▓▓▓▓▓▓▓▓▓▓▓▓▓

3,000달러 정도는 받아들일 의향이 있습니다. 이사회와 협의하시느라 수고하셨습니다.
제안하신 1만 5,000달러를 기꺼이 받아들이겠습니다.

황금거위를 잡을 것인가, 열차사고를 당할 것인가

이것이 일반적인 회사 인수 과정이다. 그렇다고 항상 이런 순서대로 진행되는 것은 아니다(〈석세스 매거진〉을 인수하려고 했을 때 바로 의향서Letter of Intent, LOI를 상대방에게 보냈다). 회사 인수 과정을 간략하게 다음으로 정리할 수 있다.

1단계. 질의 - "안녕하세요? 회사 X를 매각할 생각이 있으신가요?"

2단계. 제안과 협상 - 인수가에 동의할 때까지 상대방과 줄다리기를 한다.

3단계. 의향서 - 내 경우 주로 원하는 조건을 간략하게 정리한 메일로 대체한다. 이런 메일도 공식적인 의향서가 될 수 있다. 모두가 LOI에 명시된 조건에 동의하면 비밀유지계약Non-disclosure Agreement, NDA를 체결한다.

4단계. 실사 - NDA를 체결한 이후 회사의 회계장부와 내부 시스템을 낱낱이 조사한다. 이 단계에서 인수가를 낮추거나 여타 인수 조건을 재협상할 때 레버리지가 될 부채가 확인된다. 만약 쌍방이 합의에 이를 수 없다면, 본 인수 건에서 손을 뗀다. 이렇게 해서 잃는 것은 시간밖에 없다.

모든 단계에서 '열차 사고'를 피하려면 레이더를 바짝 세워야 한다. 운영하기 쉬운 회사가 인수 대상이다. 그러므로 재무 상태와 인프라가 탄탄한 회사를 인수해야 한다. 1단계에서 3단계까지 위험이 감지되지 않는다면, 실사를 통해 드러나지 않은 위험을 찾기 위해 형사처럼 낱낱이 파헤쳐야 한다.

회계장부를 검토할 때는 상대방이 합의한 인수가와 지난 12개월간의 매출을 면밀히 비교해야 한다. 인수가가 지난 12개월간 매출의 절반도 채 되지 않는다면, 좋은 거래다. 하지만 왜 그들이 그렇게 저렴한 가격에 회사를 팔려고 하는지를 파악하고 자신이 그 회사가 안고 있는 문제를 해결할 수 있는지를 판단해야 한다. 실사하는 동안 숨어 있는 위험이 있는지 확인할 좋은 질문들이 있다.

▶ 평균적으로 고객들이 회사의 상품이나 서비스를 이용하는 기간이 얼마나 되나?

▶ 어떻게 고객을 확보하고 있나?

▶ 평균적으로 고객으로부터 발생하는 월 매출은 얼마인가?

▶ 매출의 10% 이상을 차지하는 고객이 있나?

상대방에게 부채나 매출 하락의 징후가 있는지도 물어봐야 한다. 이런 사실을 확인하면 레버리지로 이용할 수 있는 무언가가 눈에 들어온다. 인수하려는 회사의 약점과 강점이 파악되기 때문이다. 이런 레버리지를 확보한 상태에서 계약 조건을 재조정한다.

앱이나 확장프로그램 등 디지털 서비스를 제공하는 회사를 인수할 생각이라면, 프로그램이 잘 구동되는지 확인해봐야 한다. 직접 다운로드해서 이용해본다. 유저 인터페이스가 직관적인가? 잘 돌아가는가? 한번 쓰면 계속 사용하고 싶은 중독성이 있는 프로그램인가? 아니면 뒤돌아서면 잊어버릴 프로그램인가? 버그가 발생하지는 않았나?

무료 디지털 툴을 개선할 때 스스로에게 물어볼 가장 중요한 질문이 있다. 어떻게 유료로 전환할 것인가이다. 아주 간단한 방법은 고객이 해당 앱이나 프로그램을 지속적으로 사용하게 될 것임을 암시하는 **특정 행동**이 포착된 시점에 페이월을 설치하는 것이다. 더 톱 인박스와 센드레이터의 경우에 정해진 사용 횟수 이후에 페이월이 나타나도록 설정하면 충분히 유료화로 전환해 매출을 올릴 수 있을 거라는 예감이 들었다. 물론 유료화로 전환하는 과정에서 3만 명의 이용자 중 일부는 떠난다. 하지만 나는 50회 이후 유료화로 전환되어도 남아 있는 이용자들만으로도 상당한 매출을 꾸준히 올릴 수 있다고 판단했다. 이렇게 벌어들인 수익으로 필요할 때 개발자들을 추가로 고용해 프로그램을 개선하면 이탈 고객과 새로운 고객을 다시 끌어들일 것이라고 생각했다.

이용자 경험이 좋다고 하더라도 회사를 인수한 뒤 제품을 개선하기 위해서 얼마나 많은 노력(그리고 돈)이 필요한지도 판단해야 한다. 그런데 이는 기술에 밝지 않더라도 가능한 일이다. 나 역시 코딩에 대해서 아는 것이 전혀 없다. 그냥 **옳은** 질문을 던질 줄만 알면 된다.

IT 경험이 전혀 없는 사람도 뛰어들 수 있다

가장 많은 정보를 얻을 수 있는 질문이 있다. 그들이 해당 디지털 상품을 개발하는 데 얼마나 긴 시간을 들였느냐다. 일주일에 겨우 1시간 투자한다면, 그들의 디지털 상품은 아주 간단한 툴이다. 그러면 회사를 인수하고 프로그램을 개선하는 데 일주일에 대략 1시간 정도 적임자를 고용해서 필요한 작업을 진행하면 된다. 만약 10명이 하루 종일 해당 디지털 상품에 매달린다고 말한다면, 그 인수 건에서 손을 떼라.

그 회사를 인수해서 디지털 상품을 유료화해 매출을 올리는 데 엄청난 시간과 돈이 들 것이 뻔하기 때문이다. 기술에 대해 지식이 전혀 없는 사람이 기술 기업을 인수할 때에는 다음의 질문을 던져야 한다.

- ▶ 코딩에 얼마의 시간을 쓰나?
- ▶ 버그가 얼마나 많이 존재하나?
- ▶ 매주 서포트 티켓support ticket(문제 해결 문의)을 얼마나 받나?(서포트 티켓을 많이 받으면 버그가 자주 발생하고 이용자의 만족도가 낮다는 의미다).
- ▶ 코드를 얼마나 자주 업데이트해야 하나?(매월 업데이트를 해주지 않아도 되는 디지털 상품이 좋다).

모든 것이 확인되고 상대방과 합의를 했다면, 이제 계약서를 작성한다. 이때 인수 이후 예기치 못한 문제가 발생하는 것을 미연에 방지하기 위해서 추가적인 안전망으로 회수 조항을 삽입해야 한다

좋은 조건으로 회사를 인수하기 위한 '한마디'

20대에 기업을 인수하기 시작했을 때, 처음에 그 누구도 내 인수 제안을 진지하게 생각하지 않았다. 당시 나는 원하는 것은 무엇이든지 살 수 있는 자본을 가지고 있었다. 하지만 거물급 임원들은 협상 테이블에 앉아 나와 기업 인수에 대해 진지하게 논의하려 들지 않았다. 내가 하나의 질문을 던지기 전까지 그들은 나를 아무것도 모르는 애송이로만

여길 뿐이었다. 그들이 어느 선에서 매도가를 생각하는지 우선 파악해야 했다. 그들의 입에서 매도가를 듣기 위해 나는 다음의 질문을 했다. "얼마가 충격적일 정도로 만족스러운 금액인가요?"

이런 질문을 하면 상대방은 비현실적으로 높은 가격을 부른다. 이것은 상대방이 비현실적인 대답을 하도록 유도하기 위해서 던져진 질문이다. 하지만 이 질문을 함으로써 상대방은 기업 매각에 대해 한 번 더 생각해보게 되고 자신이 희망하는 매도가를 이야기할 것이다.

더 톱 인박스를 인수할 때 이 질문을 상대방에게 했고, 그는 내가 절대 감당할 수 없는 금액을 불렀다. 그래서 나는 다음과 같이 이야기했다.

나: 제가 그만큼의 금액을 지급하고 기업을 인수할 수 있다면, 참 좋겠네요. 그렇다면 당신이 행복할 테니까요. 하지만 당신이 맞습니다. 제가 바보가 아닌 이상 그렇게 많은 돈을 주고 이 기업을 인수하지 않을 겁니다. 구글에 '무료 소프트웨어 툴의 판매가격'을 검색해보세요. 당신이 말한 가격이 얼마나 터무니없는지 아실 수 있을 겁니다.

여기서 포인트는 시장 데이터와 같은 객관적인 자료를 이용해서 상대방이 스스로 가격을 낮추도록 만드는 것이다. 당신에게 이득이 될 방향으로 그를 이끌어야 한다. 일반적으로 무료 소프트웨어 툴의 판매가는 1,000달러이거나 이보다 더 낮다. 그리고 심지어 공짜인 경우도 있다. 이런 자료를 확인하면 상대방은 당신이 제시한 낮은 가격을 수긍하고 받아들일 것이다.

좋은 조건으로 기업을 인수하는 것은 예술이고 과학이다. 다음은 모든 기업 인수 협상에서 레버리지를 찾는 데 도움을 주는 예술과 과학이 결합된 방법들이다.

창업자들이 이 기업을 가지고 있는 이유를 파악하라. 지금 그들의 삶에서 이 기업이 중요한 부분을 차지하는가? 그렇지 않다면, 그들은 왜 이 기업을 소유하고 있는 것인가? 이런 질문을 해보자. "이 프로젝트에 하루 종일 매달리시나요? 아니면 부차적인 프로젝트인가요?" 부차적인 프로젝트라는 대답이 우리가 들어야만 하는 대답이다. 이는 이 프로젝트가 그들의 생계수단이 아니라는 의미다. 그들에게 본업이 따로 있다는 말이다. 이것은 당신에게 좋은 소식일 수밖에 없다. 본업이 아닌 부업이기 때문에 더 저렴하게 기업을 팔 가능성이 크기 때문이다.

그들의 인생에 관심을 둔다. "어떻게 지내세요? 요즘 관심사가 뭔가요?"라고 물어보자. 샌프란시스코에 살고 있는데 워싱턴으로 이사할 계획이라거나 아이들이 있다는 등의 정보를 얻게 될 것이다. 이것은 좋은 징후다. 시간을 잡아먹는 생활 스트레스로 인해 이 기업을 빨리 매각하고 싶어 할 수도 있다. 점점 기업에 신경을 쓸 여력이 없어질 테니 말이다.

기업의 규모를 파악한다. "지하실에서 혼자서 운영하시나요? 아니면 수백만 달러의 자금을 조달받고 여러 사람과 팀을 이뤄서 기업을 운영하시나요?"라고 물어보자. 수백만 달러의 자금을 조달한 여럿으로 구성된 기업이라면, 이 인수 건은 마무리할 수 없다. 그러니 이쯤에서 손 털고 나가자.

매출 인상보다 고객 만족도를 높이는 것이 목표임을 어필한다. "이 기업에 더 많은 돈을 투자하고 싶다면, 이 툴을 어떻게 개선하고 싶으신가요?"라는 질문부터 던지자. 그리고 나서 자신이 회사를 인수하면 툴을 개선하고 고객 만족도를 높이기 위해서 더 많은 자원을 투자할 것이라고 어필한다. 많은 창업자들은 자신들의 고객을 중요하게 생각한다. 기업 인수 뒤 고객 만족도를 높이기 위해 어떻게 할지를 그들에게 말해주면, 그들은 당신과의 거래에 더 적극적인 태도로 임할 것이다.

협상이 속도를 내도록 정서적 방아쇠를 당긴다. 상대방의 정서를 공략한다. 이 것이 당신이 원하는 가격에 기업 인수 협상을 마무리할 수 있는 최고의 전략이다. 기업 인수 협상을 진행할 때, 나는 CEO나 창업자에게 이런 질문을 자주 한다. "이 기업을 팔고 나면, 무엇을 하실 건가요?" 그들은 자신들의 계획을 당신에게 이야기하면서 스스로 그 일을 반드시 하겠다고 생각하게 된다. 그래서 그들은 하루라도 빨리 기업을 매각하고 싶어진다. 그들의 이러한 감정 상태가 당신에게 협상의 레버리지가 된다. 이런 질문도 해볼 수 있다. "기업 인수 자금으로 10만 달러를 드리면, 그 돈을 어디에 쓰실 거예요?" 그러면 "당장 주택담보대출금을 갚아야죠!"라고 답할지도 모른다. 이 사실을 알게 되면, 기업 인수 협상을 당신에게 더욱 유리하게 이끌 수 있다. "그러면 제가 지금 당장 1,000달러를 드리고 내년까지 대출 납입금 10회분을 드리면 어떨까요? 이렇게 하면 주택담보대출금에 대해서 걱정하지 않으셔도 되잖아요." 이는 누이 좋고 매부 좋은 일이다. 당신은 현금 지출을 줄여서 좋고 상대방은 원하는 것을 얻게 되어 좋다. 그래서 "제가 돈을 드리면 그 돈으로 무엇을 하실 겁니까?"가 기업 인수 협상에서 가장 강력한 한 방을 날릴 중요한 질문인 것이다. 로저 피셔Roger fisher와 윌리엄 유리는 《예스를 이끌어내는 협상법Getting to Yes》에서 '문제에 대해서 집요하게 파고들고 사람에 대해서 유연하게 대처해야 한다.'라고 주장했다. 하지만 이렇게 하면 기업 인수 협상을 망칠 수 있다. 오히려 당신이 사려고 하는 기업은 잠시 잊고 관계된 사람에 집중해야 한다. 그리고 그들이 그 거래를 왜 원하는지를 파악하고 그 이유에 집중해야 한다. 기업 인수 협상은 이를 중심으로 진행되어야 한다. 위의 사례에서 집중해야 할 것은 '주택담보대출금'이다. 하지만 집중해야 할 대상은 자녀의 대학등록금, 자동차 할부금, 의료비용 등 다양하다. 최종 의사결정자가 기업을 팔고 얻게 될 자금으로 무엇을 하고 싶은지를 파악하고, 인수가를 낮추면서 그들이 원하는 것을 얻을 수 있도록 돕자.

당신에 대한 생각을 완전히 바꿀 충격적인 행동을 한다. 기업 인수 협상을 할 때, 나는 다음의 말을 제일 먼저 한다. 일종의 선전포고다. "이 기업을 인수하면, 당장 페이월을 없애고 수입 흐름을 끊고 성장에 집중할 겁니다!" 이런 말을 하는 이유는 내가 수입 흐름만을 보고 이 기업의 가치를 평가하고 있지 않다는 인식을 심어주기 위해서다. 이것은 사실이다. (처음에는) 나는 기업의 매출에 관심이 없다. 일단 기업을 인수하면, 성장에 집중한다. 이는 매우 중요하다. 대다수의 CEO들은 비현실적인 다중 수입원과 자신의 가치평가를 연동시킬 것이다. 다시 말해, 기업의 매출을 기준으로 인수가를 정하고자 할 거라는 말이다. "지난해 매출은 10만 달러였습니다. 10년 치 매출에 해당하는 100만 달러에 기업을 팔겠습니다."라고 말할지도 모른다. 하지만 처음부터 기업의 매출은 당신에게 중요치 않다고 못 박으면 그는 당신에게 이런 논리로 높은 인수가를 요구할 수 없게 된다. 좋은 가격에 툴을 인수하고 개선한 뒤에 나는 경제적으로 합리적이라고 판단되는 위치에 페이월을 세운다. 그 다음에 나는 매출에 집중한다. 하지만 처음부터 매출을 염두에 두고 그 기업을 인수하지는 않는다.

인수 조건과 결제 조건은 별개다

기업을 인수할 때 현금은 필요 없다. 이는 절대적으로 사실이다. 결제 조건이 이를 가능케 한다. 인수 조건과 결제 조건은 다르다. 100만 달러에 기업을 인수한다고 해서 계약 체결 당일에 100만 달러를 현금으로 지급할 필요는 없다. 어떻게 인수 대금 100만 달러를 당장 현금으로 지급하지 않고 기업 인수를 마무리할 수 있다는 것일까?

가령 월 매출이 3만 달러인 기업이 있다. 이 기업을 인수하기 위해 인수가로 100만 달러를 제시한다. 현 소유자 입장에서 나쁘지 않은 액수다. 그는 친구들에게 100만 달러에 기업을 팔 것이라 말한다. 여기서 당신의 결제 조건은 다음과 같다.

▶ 몇천 달러를 선수금으로 지급하거나 선수금을 전혀 지급하지 않는다.

▶ 100만 달러를 모두 지급할 때까지 매출의 50%를 그에게 지급하기로 합의한다.

이것은 누이 좋고 매부 좋은 일이다. 그는 자신 있게 100만 달러에 기업을 팔았다고 말할 수 있다. 이는 절대 거짓이 아니고 그에게 좋은 성공담이 된다. 반면 당신은 현금 지출을 최소화하고 기업에 더 많은 자금을 투자할 수 있다.

인수가 협상을 마무리하면, 아래의 조건을 추가해서 거래를 자신에게 유리하게 만들 수 있다.

▶ 인수 대금의 일정 금액은 당장 현금으로 지급하고 나머지는 시간을 두고 지급한다.

▶ 모든 인수 대금을 시간을 두고 지급한다.

▶ 인수 후에 매출이 줄어들지 않는다면 모든 인수 대금을 시간을 두고 지급한다.

▶ 환수금을 마련한다. 환수 조항은 매수자가 기업을 인수한 이후에 정해진 기간 내에 어떤 일이 발생하면 매도자는 매수자에게 얼마를 되돌려준다는 내용을 담은 조건이다. 예를 들어, 이용자가 1만 명인 기업을 인수했다고 가정해보자. 이 기업을 인수한 뒤에 이전 소유자가 했던 일 때문에 어떤 일이 발생해서 5,000명의 이용자가 이탈했다. 이 일에 대해서 당신은 어쩔 방도가 없다. 이런 일이 일어날 수도 있겠다는 생각이 든다면, 당신이 기업을 인수하고 6개월 이내 이용자의 수가 50% 이상 감소하면 계약금의 50%를 되돌려 준다는 조항을 계약서에 삽입할 수 있다.

평범한 거위를 황금거위로 바꾸는 6가지 방법

인수한 기업을 최대 효율로 운영할 나만의 전략이 있다. 거의 10년간 기업을 인수하고 운영하면서 쌓은 노하우다. 더 톱 인박스와 센드레이터가 나만의 전략으로 그저 그런 기업을 황금알을 낳는 황금거위로 탈바꿈시킨 적절한 사례다.

아래 6가지 전략을 단계별로 실천하면 새롭게 인수한 기업에서 즙을 짜내듯이 매출을 뽑아낼 수 있다. 나는 기업을 인수할 때마다 아래의 전략을 사용한다.

▶ **1단계: 가격을 2배로 인상한다.** 기업을 인수한 즉시 해당 디지털 상품에 대한 충성도가 매우 높은 이용자들만을 대상으로 사용료를 2배 인상한다. 디지털 상품이 무료였다면 요금을 부과한다. 이미 유료 상품이었다면 요금을 2배 인상한다. 소비자는 '공짜'를 사랑한다. 하지만 그들은 자신들이 돈을 낸 만큼의 혜택을 누리게 된다고 믿는다. 자신에게 큰 혜택을 가져올 무언가에 기꺼이 대가를 치른다.

젠데스크Zendesk의 총괄 매니저 매트 프라이스Matt Price는 자신들의 고객 서비스 플랫폼에 무료 기능을 추가했다. 그리고 요금제를 두고 일종의 실험을 통해 소비자는 유용한 서비스에 대해서 기꺼이 대가를 치른다는 사실을 확인했다. 아무리 기능이 다양하더라도 고객은 서비스를 이용하고 원하는 것을 얻지 못했다고 느끼면 요금이 쓸데없이 비싸다고 느꼈다. 젠데스크는 기업 고객이 원하는 기능만을 쓰고 그에 대한 사용료만 지불하는 가격 정책을 폈다. 젠데스크 질의응답봇의 기능은 이런 모델을 따른다. 질의응답봇은 가용 자원을 활용해 자동으로 고객의 질문에 답한다. 고객의 질의를 인간 상담원이 처리할 경우, 건당 10~20달러의 비용이 든다. 일괄적으로 모든 기능이 설정된 질의응답봇 대신, 고객들은 자신들이 선택한 기능들만 프로그래밍된 질의응답봇을 사용하고 별도로 요금을 낸다. 솔루션당 1달러의 요금이 부과된다.

젠데스크는 자신들의 서비스가 고객들에게 제공하는 가치에 다양한 요금제를 책정해 매출을 급격히 높였다. "고객들이 무슨 기능을 이용하는지를 주의 깊게 살피면서 요금을 결정합니다. 그리고 비즈니스 모델을 기반으로 요금 단계를 설정합니다."라고 매트 프라이스는 말한다. "보통 소수의 고객들이 주로 사용하는 기능에 프리미엄 요금을 부과합니다."

젠데스크는 2,000명의 직원을 거느린 대기업이지만, 스타트업도 젠데스크와 유사한 전략을 활용할 수 있다. 고객 서비스 챗봇에 특화된 거스챗Gus Chat이 있다. CEO 파블로 에스테베즈Pablo Estevez는 스페인어 챗봇에 주목했다. 그는 스페인어 기능이 탑재된 챗봇을 개발했고, 기업 고객에 제공해 거스챗을 성장시키고 있다. 처음에는 중소기업들이 월 1,500달러를 내고 거스챗의 서비스를 이용했다. 하지만 거스챗은 서비스 대상을 확장하면서, 현재는 대기업들도 월 1만~2만 5,000달러를 내고 거스챗 서비스를 이용한다. 파블로 에스테베즈는 "거스챗은 틈새시장을 공략합니다. 우리가 알지 못하는 틈새시장에 거스챗 서비스에 대한 큰 수요가 존재합니다. 기업의 니즈를 알면 그들을 위한 고객 솔루션을 개발할 수 있습니다."라고 말한다.

작은 문제를 해결하는 단계에서는 작게 시작하는 것이 좋다. 하지만 당신이 제공하는 서비스나 제품에 기꺼이 프리미엄 가격을 지출할 새로운 고객을 찾아서 사업을 확대하는 것을 목표로 삼아야 한다.

▶ **2단계: 지금의 고객이 더 많이 결제하게 만든다.** 1단계는 신규 고객들을 위한 가격 다변화 전략이라 할 수 있다. 하지만 새로운 고객을 확보하지 않고 사업을 2배 성장시킬 수 있다. 기존 고객에 집중하는 것이다. 기존 고객이 당신에게 더 많은 이용료를 지급하게 만들거나 더 많은 상품을 구매하도록 만든다. 이 방식이 새로운 고객을 확보해 매출을 높이는 것보다 에너지가 덜 소모된다. 그리고 매출 상승으로 이어질 가능성도 더 크다. 넷플릭스와 아마존 프라임의 구독료가 매년 몇 달러씩 인상되는 이유가 무엇이라 생각하는가?

매니 메디나Manny Medina는 영업 지원 플랫폼 아웃리치Outreach의 CEO다. 그는 '작게 시작해서 빠르게 확장한다.'는 기조로 아웃리치를 경영한다. 이 기조가 아웃리치의 성장에 숨겨진 비결이다. 그는 불과 2년 만에 아웃리치를 연 매출 1,000만 달러의 기업으로 성장시켰다(2015~2017). 아웃리치의 매출은 매년 2배 이상 증가하고 있다. 이것은 오직 기존 고객에게 집중한 결과다. "우리는 좁은 분야에 최대한 빨리 자리를 잡고 그다음에 사업을 확장시킵니다. '그들을 고객으로 만들어라.'는 문구가 사무실에 걸려 있죠. 그들이 우리의 고객이 되는 순간, 마법이 일어납니다."라고 매니 메디나는 말한다. 아웃리치는 기존 고객이 자신들의 플랫폼을 최대한 활용하도록 만들려고 애쓴다. 거의 집착에 가까울 정도다. "이용자들이 활발하게 서비스를 사용하고 만족감을 계속 얻는다면, 그들은 절대 당신을 떠나지 않을 겁니다." 아웃리치는 서비스 종류를 추가하고 연관 분야를 찾아 서비스 영역을 확대하고 이용자의 수를 증가시켜 매출을 높인다.

성장의 열쇠는 내부에서 찾아야 한다. 기존 고객들이 무엇에 돈을 추가로 지불하고 사용할지 그리고 그들은 어디에 가치를 두는지를 고민해보라. 기존 고객을 활용한 성장 전략이 궁금하다면, 12장을 참조하기를 바란다.

▶ **3단계: 검색엔진을 최적화한다.** 검색엔진 최적화Search Engine Optimization, SEO 는 검색엔진에서 검색을 했을 때 웹 페이지가 상위에 나타나도록 하는 전략이다. 물론 다양한 SEO 툴이 존재하지만, 유료 툴을 사용하지 않더라도 검색엔진을 최적화할 수 있다. 기업을 인수하자마자 검색엔진 최적화에 집중해야 한다. 니코스 모라이타키스NiKos Maraitakis는 리쿠르팅 소프트웨어 업체 워커블Workable의 CEO다. 그는 영업 사원을 채용하기도 전에 워커블을 연 매출 1,000만 달러의 기업으로 성장시켰다. 2018년 7월부로 워커블의 유료 회원은 6,000명이고, 매월 400~500명씩 증가한다. 워커블은 연간 이용자 수가 2,300만 명에 이르는 세상에서 가장 유명한 구인구직 웹사이트다. 초기에 니코스 모라이타키스는 훌륭한 콘텐츠를 개발하는 데만 집중했다. 콘텐츠를 개발할 때 그는 '사람들은 누군가를 채용할 때 무엇을 볼까?'라는 질문을 염두에 뒀다. 워커블은 가장 인기 있는 직업 100개를 소개했고 근로계약서 샘플, 면접 질문 샘플 등을 제공했다. "면접 질문이나 근로계약서를 검색하다가 우리 회사의 웹사이트를 방문하는 사람들이 많았습니다. 그들은 채용 소프트웨어를 보고 우리의 고객이 됐죠."라고 니코스 모라이타키스는 말했다.

검색엔진 최적화를 원한다면, SEM러시SEMRush를 추천한다. SEM러시는 검색엔진 최적화에 대해 단 하나도 모르는 나 역시 쉽게 사용하는 플랫폼이다. 검색엔진 최적화를 바라는 초보자가 사용하기에 아주 좋은 툴이다.

▶ **4단계: 유료화 기준을 변경한다.** 아직 페이월을 설치하지 않았나? 설치하지 않았더라도 페이월을 왜 설치해야 하는지는 잘 알고 있을 것이다. 또한 정확한 지점에 페이월을 설치해야 한다는 것도 마찬가지로 잘 알 것이다. 결제 시스템을 사용 패턴에 연동시키는 것은 아주 효과적인 접근법이다. 누군가가 무언가를 많이 사용하면 할수록 그 누군가는 그것에 중독되거나 의존도가 커진다. 이렇게 되면 돈을 내고서라도 그 무언가를 계속 사용하려고 할 것이다.

이런 단순한 페이월이 당신의 비즈니스 모델에 효과적이지 않다고 할지라도 요금을 사용량과 연동시키는 것은 여전히 현명한 접근이다. 조쉬 헤이남Josh Haynam은 인터랙트 퀴즈 빌더Interact Quiz Builder의 공동 창업자다. 인터랙트 퀴즈 빌더는 기업 고객들이 잠재 고객의 데이터를 수집하도록 돕는다. 인터랙트 퀴즈 빌더로 제작한 퀴즈를 사람들이 풀면, 그들에 대한 데이터가 기업 고객에게 제공된다. 기업에 퀴즈를 푼 사람은 잠재 고객이 되고 그들의 데이터를 마케팅에 활용한다. 그래서 기업들은 잠재 고객에 대한 데이터를 수집하기 위해서 인터래트 퀴즈 빌더를 이용한다. 인터랙트 퀴즈 빌더는 누군가가 퀴즈를 풀 때마다 고객들이 수집한 데이터의 양을 기준으로 고객사에 요금을 부과한다. 기업이 잠재 고객에 대한 데이터를 수집하면 할수록, 인터랙트 퀴즈 빌더는 기업에 더 많은 가치를 제공하는 셈이다. 그러면 기업은 인터랙트 퀴즈 빌더를 계속 사용하기 위해서 기꺼이 더 비싼 가격을 치를 것이다.

▶ **5단계: 잠재 고객이 진짜 고객이 되는 순간 나타나는 행동을 파악한다.** 고객이 오프라인 매장 뒤편까지 걸어 들어가면 매장의 매출이 올라갈 가능성

이 커진다. 고객은 매장 뒤편까지 걸어가면서 진열대에 놓인 다양한 상품을 보게 된다. 고객이 상품을 많이 볼수록 구매로 이어질 확률이 높아지기 마련이다. 따라서 가장 매력적인 상품은 대체로 매장 제일 뒤에 진열된다. 디지털 기업은 방문자가 오랜 시간 동안 웹사이트의 다양한 페이지들을 둘러보도록 그들에게 특정 행위를 유도한다. 페이스북은 신규 회원에게 가입하고 7일 이내 새로운 친구 7명을 추가하도록 한다. 이렇게 해야 이용자가 플랫폼에 중독되어 계속 사용한다는 사실을 알기 때문이다. 임마뉴엘 샬리트Emmanuel Schalit는 비밀번호 관리 앱인 대시레인Dashlane의 CEO다. 그는 무료 사용자가 유료 사용자로 전환될 때 나타나는 행동 패턴을 알고 있다. 무료 사용자가 10자 이상의 비밀번호를 추가하고 최소 2개의 디바이스에 앱을 설치하면 유료 사용자로 전환될 가능성이 크다. 그래서 대시레인은 신규 이용자로부터 앞서 언급한 2가지 행동을 유도한다.

그들의 전략은 다음과 같다. 누군가 앱을 설치하면 앱을 메일 계정에 연결하라고 요청한다. 이렇게 하면 대시레인은 이용자의 메일을 통해 그들이 보유한 모든 계정을 파악할 수 있다. 그렇다고 그 누가 모든 계정의 비밀번호를 일일이 앱에 추가하려고 하겠나? 그래서 대시레인은 컴퓨터에 앱을 설치하라고 요청한다. 컴퓨터에 설치된 앱은 브라우저에서 모든 비밀번호를 불러온다. 이로써 이용자는 수동으로 비밀번호를 앱에 입력하지 않아서 좋고, 대시레인은 비보안 브라우저에서 이용자의 비밀번호를 전부 삭제할 수 있다. 2017년 10월을 기준으로 대시레인 이용자는 대략 65만 명에 이르고 그들은 매달 3~4달러의 이용료를 낸다(연 매출은 무려 2,300만 달러다!).

▶ **6단계: 제휴 프로그램이나 파트너십을 활용한다.** 고객 확보에 도움을 준 기업에 매출의 일부를 준다. 이것은 일종의 인센티브가 되어 더 많은 고객을 당신에게 보낼 것이다. 고객이 증가해서 매출이 오르면, 자신들에게 돌아오는 이득도 커지기 때문이다. 제휴 프로그램에서 가장 중요한 것은 상대가 기꺼이 자신들의 고객에게 당신의 기업을 소개해줄 만큼 매력적인 제안을 하는 것이다. 가령, 매출의 30%는 아주 매력적인 인센티브다. 제휴 프로그램을 소프트웨어를 이용해서 관리할 것인가도 결정해야 한다. 나는 입소문 마케팅 플랫폼 앰배서더Ambassador를 사용한다. 니콜라 미르치치Nikola Mircic는 브랜드명이 없는 고객사와 제휴를 맺어 부트스트랩*으로 콘텐츠 관리 시스템인 사이트케이크Sitecake를 만들었다. 사이트케이크를 이용하면 누구나 쉽게 웹사이트를 만들 수 있다. 그와 제휴를 맺은 고객사는 사이트케이크로 자신들의 고객 웹사이트를 만들고, 니콜라 미르치치는 그들의 연 매출의 일부를 받고 기술 지원을 해준다. 이 비즈니스 모델은 너무나 성공적이어서 그는 사업을 시작할 때 외부에서 자본을 조달할 필요가 없었다(그는 회사의 모든 지분을 소유하고 있다). 그리고 원하는 만큼 비즈니스 모델을 확장할 수도 있다. 그의 고객은 대기업부터 소기업을 위해 웹사이트를 만들어주는 '기술자들'에 이르기까지 다양하다.

인수할 당시 더 톱 인박스와 센드레이터는 매출이 전혀 없었다. 하지만 두 프로그램을 사용하는 사람들은 아주 많았다. 사용자 메일 목록을 거저 얻

---

* bootstrap. 트위터에서 시작된 제이쿼리jQuery 기반의 오픈 소스 프론트엔드 라이브러리. 웹사이트나 웹 응용프로그램을 작성하기 위해 사용하는 무료 소프트웨어 도구 모음이라고 생각하면 된다.

은 셈이었다. 나는 이 목록을 활용해서 1만 4,000달러를 벌었다(더 톱 인박스는 1만 5,000달러에 인수했고, 센드레이터는 1,000달러에 인수했다).

2016년 5월 1일과 2018년 4월 6일 사이에 나는 앞서 소개한 전략으로 1,327명의 유료 회원을 확보했다. 총 매출은 13만 달러가 넘었다. 헐값에 인수한 기업들로 올린 매출치고는 나쁘지 않다.

내 스트라이프 계정

똑똑한 투자자는 이런 종류의 수익을 좇는다. 사실상 이것은 영원히 발생하는 수익이다. 아래는 내 스트라이프Stripe 계정의 스크린숏이다. 스트라이프는 내가 사용하는 결제 시스템으로 아래 그림에서 가입자 수와 매출을 확인할 수 있다.

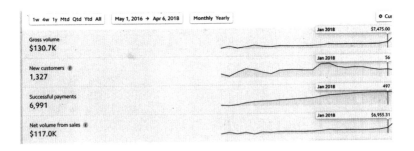

더 톱 인박스와 센드레이터로 벌어들인 13만 달러는 두 기업에 재투자되거나 내 개인 주머니로 들어왔다. 이것은 모두 일종의 '하우스

머니[*]다. 내가 이 돈을 벌기 위해 지출한 것은 아무것도 없다. 나는 지속적인 현금 흐름을 지닌 기업만을 인수했다. 이런 기업이 매월 나를 부자로 만들어준다.

내가 2017년 3월 이툴즈Etools 창업자로부터 메일을 받고 흥분했던 이유가 바로 이것이다.

제휴 문의(더 톱 인박스)

수신자 네이선

네이선 씨, 안녕하세요.

저는 ■■■■■■■■■이라고 합니다. 당신의 팟캐스트를 통해 더 톱 인박스를 알게 되었습니다(정말 멋진 프로그램이더군요!).

무엇보다 회사 직원들이 더 톱 인박스를 무척 마음에 들어 하는 눈칩입니다. 믹스맥스와 리플라이앱 대신 더 톱 인박스를 사용하고 있는데 모두 상당히 만족하고 있습니다.

저는 이툴스의 창업자입니다. 우리는 영업인들이 영업에 필요한 유용한 연락처를 확보하도록 돕고 있죠.

사람들이 가장 많이 사용하는 메일 주소를 찾아내도록 AI를 학습시킬 데이터를 모으기 위해서 메일 추적 프로그램을 만들려고 합니다(이 프로그램으로 모든 데이터를 바탕으로 등급을 매겨 메일의 활성화 수준을 파악할 수 있습니다).

하지만 더 톱 인박스와 같은 기존의 데이터베이스를 활용한다면 더 저렴하고 빠르게 문제를 해결할 수 있을 것이라고 생각합니다.

좀 더 자세히 이야기를 나누고 싶은데, 통화 가능할까요?

---

[*] house money. 겜블링 용어. 카지노의 자금으로 게임을 한다는 의미로, 베팅에서 카지노로부터 획득해 딴 게임자의 돈이다. 잃어도 그만 안 잃으면 더 좋은 돈을 뜻한다.

네이선 럿카 ███████████████████
수신자 ███████████

네. 전화번호가 어떻게 되시나요?

    사실 나는 그와의 파트너십보다 기업 자체에 더 관심이 있었다. 그래서 그가 제안한 파트너십은 잘 진행되지 않았다. 나는 매각을 제안했지만 당시 그는 회사를 팔 생각이 없었다. 그후 6개월 동안 그에게서 아무 소식도 듣지 못했다. 그러던 어느 날 그로부터 1통의 메일이 왔다.

이툴스의 ██████████████████
██████████████

수신자 나
네이선 씨, 안녕하세요.
잘 지내시죠?
두어 달 전에 스카이프로 통화를 했었는데, 기억하시는지 모르겠네요.
이툴스를 매각할 생각이 있는지 물으셨죠?
당시에는 매각할 계획이 없었지만, 지금은 생각이 조금 달라졌습니다. 개발자들과 문제가 있었습니다. 지금은 개발자들이 모두 떠나고 없습니다. 자금이 충분하고 네트워크가 좋은 사람이 이툴스를 인수한다면 훨씬 더 좋을 것 같다는 생각을 했습니다.

MRR ~$9,000, 이탈률 ~5%, 비용 $1,000달러 미만(AWS 크레딧 $13,000 포함)*

---

*   MRR은 월순환매출Monthly Recurring Revenue을, 이탈률은 유료 서비스 사용을 중단한 고객의 비율, AWS 크레딧은 아마존 웹 서비스 크레딧을 뜻한다.

확장의 여지가 충분합니다. 심지어 API도 없습니다.

어떻게 생각하시나요? 관심이 있으시면 연락 주세요.

결국 2018년 1월 나는 약 12만 5,000달러에 이툴스를 인수했다. 이툴스 인수자금은 다른 사업에서 벌어들인 수익으로 충당했다. 인수한 이툴스는 변경이 불필요했다. 이툴스는 내가 인수하자마자 매출을 발생시켰다.

지금은 센드레이터, 더 톱 인박스 그리고 이툴스 합쳐서 매월 1만 8,000달러의 매출을 발생시키고 있다. 이중에서 60~70%가 순수익이다. 이 모든 수익이 내가 창업하지 않은 기업들로부터 나왔다. 여기서 기업을 창업해서 경영하는 것보다 기업을 인수하는 것이 훨씬 더 현명하고 저렴하며 덜 위험한 행동임을 알 수 있다.

〈석세스 매거진〉의 인수 실패

나는 습관적으로 일주일에 1시간은 인수할 만한 기업을 물색하는 데 투자한다. 좋은 기업이라고 판단되면 인수 제안을 한다. 굳이 그 기업을 인수할 필요가 없을 때 인수 제안을 하는 것이 내 비결 아닌 비결이다. 누누이 말하지만, 목마를 때 우물을 파는 것이 아니라 목이 전혀 마르지 않을 때 우물을 파라. 거래를 성사시킬 자금이 확보될 때까지 기다릴 필요도 없다. 다시 한 번 더 말하지만, 협상할 필요가 없을 때 협상 테이블에 앉아 협상을 시작해야 한다. 설사 협상이 결렬되어 원하는 것을 얻지 못하더라도 상관없다. 안 되겠다 싶으면, 협상 테이블에서 일어나면 그만이다.

개인적으로 미디어 기업을 많이 인수하려고 한다. 내가 인수를 시도했던 미디어 기업 중에 경제지 〈석세스 매거진〉이 있다. 재킷 커버에 CD를 집어넣는 사람들이 〈석세스 매거진〉을 경영했다. 최신 트렌드에 한참 뒤처진 사람들이 기업의 핸들을 잡았으니, 경영 상태는 당연히 엉망이었다. 그럼에도 일부는 〈석세스 매거진〉의 소유자는 똑똑한 사람이라고 평가했다. 개인적인 관점에서 솔직히 〈석세스 매거진〉을 반드시 인수해야 하는 것은 아니었다(그래서 인수하고 싶다고 제안했다가 거절당해도 내가 잃을 것은 아무것도 없었다). 나는 가벼운 마음으로 500만 달러에 미디어 기업을 인수할 의향이 있다는 글을 블로그에 올렸다.

이것은 다음의 효과가 있었다.

- 내가 미디어 기업을 인수하려고 한다는 사실을 미디어 기업들에 알렸다.
- 〈석세스 매거진〉이 연락을 해와 인수 협상을 시작할 수도 있었다. 사실 내 입장에서 〈석세스 매거진〉을 반드시 인수할 필요는 없었다. 그

래서 협상이 시작되면, 감정적으로 매달리지 않고 내게 유리한 방향으로 협상을 이끌어 갈 수 있었다. 그러다 조건이 마음에 들면 인수한다. 아니면 그만이고.

- 〈석세스 매거진〉에서 일하다가 퇴사한 사람들이 먼저 내게 연락을 해 와 내가 경제지를 인수한다면 다시 다니고 싶다고 말했다. 그렇기 때문에 기업을 인수하기만 하면 나를 위해 일해줄 인재를 상당히 확보한 상태였다. 이보다 저렴하게 인재를 채용하는 방법이 또 있을까? 리크루팅 중개사 대부분은 3만 달러 이상을 지출할 것을 요구한다(통상 중개사들은 자신들을 통해 고용한 직원의 첫해 연봉의 30%에 해당되는 금액을 요구한다).

- 언론은 이런 종류의 이야기를 사랑한다. 〈앙트러프러너〉와 같은 대중 매체들이 내 이야기를 다뤘다. 덕분에 나는 7,000달러의 PR 비용을 절약할 수 있었다.

사실 나는 처음에 곧장 〈석세스 매거진〉의 CEO에게 메일을 보냈다. 하지만 그는 내 메일에 회신하지 않았다. 그래서 그의 관심을 끌 수 있는 방법이 무엇인지 고민하다가 블로그에 직접 의향서를 올렸던 것이다. 몇 분 안에 그의 변호사들이 연락을 해왔고, 그에게서도 연락이 왔다. 그는 내게 〈석세스 매거진〉을 팔 생각이 없었다. 그로부터 약 6개월 뒤에 그는 〈석세스 매거진〉을 폐간했다(하지만 경제지는 다시 되살아났다).

어쨌든 당시에 나는 수중에 500만 달러라는 큰돈이 없었다. 하지만 〈석세스 매거진〉과 협상이 잘 진행되어 인수하게 되는 경우가 발생한다면, 내 네트워크를 통해 자금을 모을 생각이었다. 이것은 충분히 가능한 일이었다. 하지만 〈석세스 매거진〉은 내 인수 제안을 최종 고사했다. 그래서 나는 다음 기업을 찾아 나섰다. 인수할 만한 기업은 많다.

내 새로운 잡지는 크게 성공했다. 가끔 자신을 믿고 도박도 해봐야 한다. 잡지의 랜딩 페이지(http://NathanLatka.com/magazine)를 한번 보면, 이 잡지가 왜 잘 나가는지 알 수 있을 것이다.

스튜어트 존슨, CEO, Success.com(석세스 파트너스)
5800 데모크라시 드라이브
플라노, 텍사스 75024

스튜어트 씨에게
저는 비즈니스 팟캐스트를 진행하고 있습니다. 아이튠즈는 제가 진행하는 '톱 앙트러프러너즈'를 2016년 가장 빠르게 성장하는 팟캐스트로 선정했습니다. 저는 석세스 매거진(이하 "석세스"라 함)의 모든 자산에 대한 인수를 제안하기 위해 이 의향서를 보냅니다. 웹사이트(Success.com) 운영에 사용된 모든 자산을 의미하며, 이 모든 자산을 아래 조건에 따라 $5,000,000에 인수할 의향이 있습니다. 그리고 매도자와 매수자는 상호 합의한 최종 자산 매매 계약서(이하 "최종 계약서"라 함)와 관련 보조 문서에 따라 자산 매각과 인수를 진행하고자 합니다.

1. 자산의 인수: 매매 가격
(a) 계약 체결 시(이하 "체결"이라 함), 판매자는 …을 팔고 인수한다.

인수 의향서를 담아 〈석세스 매거진〉에 보냈던 내 메일.

인수할 것인가, 아니면 투자할 것인가

기업을 인수하라고 하면 두려워서 움츠러들 수밖에 없다. 하지만 기업 인수는 직접 창업하는 것보다 훨씬 더 현명하고 안전하고 실패할 위험도 낮다. 물론 나는 이 책에서 창업하고 경영하는 방법도 소개했다. 하지만 비교해보면 기업을 인수하는 것이 훨씬 더 효율적임을 알수 있을 것이다. 기업을 인수하면 처음부터 시행착오를 겪으면서 시스템을 구축할 필요가 없다. 시스템이 이미 구축되어 돌아가는 기업을 인수하는 것이기 때문이다. 게다가 다수의 고객까지 단번에 확보할 수 있다. 당신이 해야 할 일은 인수한 기업에 약간의 변화를 주고 기존의 자원을 활용해서 현금 흐름을 개선하는 것이다. 만약 이보다 해야 할 일이 많은 기업이라면 인수하지 마라. 놀랍겠지만, 하나의 기업을 인수한다는 것이 이렇게 단순하다.

하지만 그럼에도 나는 기업을 직접 창업해서 운영해보는 것도 좋다고 생각한다. 왜일까? 나는 19살에 헤요를 창업했고 매출 500만 달러 이상의 기업으로 키워냈다. 이 과정에서 팀을 어떻게 구성해야 하는지, 자본금은 어떻게 관리해야 하는지, 1만 명의 고객을 어떻게 모으는지 그리고 가격을 어떻게 책정해야 하는지 등을 배웠다.

이 모든 것들이 기업을 잘 운영하는 데 필요한 지식과 노하우가 되었다. 그래서 기업을 인수하기 전에 작게나마 직접 창업해서 경영해보는 것을 권한다. 비효율성을 없애고 현금 흐름을 발생시킬 시스템을 구축하려고 치열하게 고민한 경험이 없는 사람은 기업을 인수할 때 그 기업의 시스템이 효율적인지 그리고 현금 흐름을 어떻게 개선할지를 알지 못한다. 직접 기업을 창업하고 경영하면서 시스템을 구축하면, 좋은 기업 혹은 잘 될 기업을 보는 눈이 생긴다. 이미 시스템이 구축되어 있고 심지어 고객을 보유한 기업들이 있다. 당신이 할 일은 이런 기업을 인수해서 현금 흐름이 발생하거나 개선되도록 살짝 손만 보는 것이다.

우리의 목표는 수많은 기업을 경영하는 기업가가 되는 것이 아니다. 부자가 되는 것이다. 샘에서 물이 솟아 나오듯이 수익을 창출해내는 수입원을 여러 개 두면 부자가 될 수 있다. 기업 인수는 현금 흐름을 증식시키는 현명하고 빠른 방법이다. 단, 기업을 인수하고 나서 영리하게 행동해야만 한다.

그렇다면 영리하지 못한 행동은 무엇일까? 기업에 자신의 모든 것을 쏟아붓는 사람들이 있다. 그들은 하나부터 열까지 모든 일을 직접 처리하려고 한다. 남에게 일을 맡기는 것은 그들의 자존심이 허락하지 않는다. 결국에는 모든 일을 처리하느라 정신없어서 옴짝달싹 못하게 된다. 혼자서 문의 메일에 회신하고 전화 응대를 한다. 직원 채용, 디자인 업데이트 그리고 영업 활동마저 직접 한다. 그들은 스스로 인수한 기업의 직원이 되어 죽어라고 일만 한다. 이것이 당신이 바라는 것인가? 왜 기업을 인수하는가? 수입원을 만들어내서 삶의 여유를 얻기 위함이지, 시간을 쓰기 위함이 아니다. 그렇다면 어떤 기업을 인수해야 할까? 자동으로 돌아가는 조립라인처럼 스스로 돌아가며 수익을 창출하는 시스템을 갖춘 기업을 인수해야 한다.

기업 투자에 비하면 기업 인수는 초보자용 게임이다. 이 말이 순간적으로 이해가 안 될 수 있다. 하지만 기업에 투자하려면 수중에 돈이 좀 있어야 한다. 기업을 인수할 때보다 더 많은 자금을 확보하고 있어야 한다. CEO들은 자신의 기업에 1,000달러 투자하려는 사람과는 말도 섞으려 하지 않는다. 그들에게는 시간 낭비일 뿐이다. 그들의 관심을 끌려면, 투자금액이 최소한 10만 달러는 되어야 한다. 심지어 영세한 기업도 상당한 액수를 투자해야 주식을 넘겨준다. 내가 투자한 밍의 야미 타이 푸드Ming's Yummy Thai Food와 파이어하우스 호스텔Firehouse Hostel도 마찬가지다. 밍의 야미 타이 푸드는 2명이 운영한 푸드 트럭이었고, 파이어하우스 호스텔 역시 규모가 그리 크지 않았지만, 이들에게 각각 6,000달러와 1만 1,000달러를 투자했을 때 유의미한 영향력을 행사할 수 있었다.

하지만 기업 인수는 적은 자금으로도 가능하다. 심지어 기업을 매각하려고 인수자를 찾고 있는 경영자를 만나다면, 자금이 전혀 없어도 기업을 인수할 수 있다. 이제 막 뉴 리치가 되려는 길에 들어섰다면, 기업 인수에 집중할 것을 권한다. 기억하라. 하나의 수익원이 다른 수익원을 낳는다. 그렇게 기업을 계속 인수하다 보면, 기업에 투자할 여유 자금이 확보될 것이다.

III

뉴 리치의 증식 전략

10. 관성 밖 투자 전략

돈을 쌓아두고 유유자적하게
살기 위한 '다른' 모험

"부는 위험을 무릅쓰고 모험을 감행하는 자의 편이다."

\- 버질Virgil

2017년 5월, 나는 스마트폰을 켜고 페이스북 라이브로 오스틴 레이니 스트리트를 걸어 다니는 내 모습을 생중계했다. 내 손에는 수표가 들려 있었다. 나는 푸드 트럭이 줄지어 서 있는 거리를 걷고 있었다. 그중 하나에 투자하기 전까지 그곳을 떠나지 않을 심산이었다.

페이스북 라이브로 푸드 트럭에 투자했다

120만 명이 나를 지켜보고 있었다. 일부는 나를 응원했고 조언을 해줬다. 다른 일부는 나를 사기꾼이라고 욕했다. 그들에게는 내가 수표를 펄럭이며 돈은 많은데 투자할 만한 데가 없다고 투덜거리는 재수 없는 놈으로 보였을 것이다. 물론 누군가에게는 내가 엄청 짜증났을 것이다. 하지만 나는 전혀 신경 쓰지 않았다. 결국 그날 오후 나는 한 푸드 트럭에 투자했다. 이날의 투자는 지금까지 내가 한 투자 중 최고의 투자였다. 나는 솔직히 푸드 트럭에 투자를 결정하고 바로 그 자리에서 수표를 써주는 나를 사람들이 보지 않았으면 했다. 그래서 페이스북 라이브를 한 것을 후회했다. 그 순간 나는 다수가 생각지도 못한 색다른 투자 기회를 두고 경쟁이 치열해질까 봐 두려웠다.

이날 나는 밍에게 6,000달러를 투자했다. 그녀는 야미 타이 푸드의 주인이다. 내가 투자금을 회수할 때까지 그녀는 메뉴가 하나 팔릴 때마다 75센트를 내게 지급했다. 파트너십이 계속된다면 그녀는 영구적으로 메뉴가 하나 팔릴 때마다 10센트를 내게 지급하기로 했다.

우리의 파트너십은 아주 우연히 시작됐다. 나는 무작위로 그녀의 푸드 트럭으로 걸어가서 (그녀가 추천한) 팟타이를 주문했다. 팟타이를 먹으며 자연스럽게 그녀와 대화를 시작했다. 단 20분 만에 투자가 완료

야미 타이 푸드 트럭에 대한 투자 당시 페이스북 라이브. 20분 만에 투자가 완료됐다.

됐다.

밍은 매달 내게 수표를 보낸다. 이날의 거래 장면을 포착한 페이스북 라이브는 '랏카 머니'라는 리얼리티쇼로 제작됐다. 이 이야기를 들은 사람들의 반응은 대체로 둘로 나뉜다.

이봐, 자넨 정말 멍청하구먼!

또는

더 이야기해줘. 나도 하고 싶어.

그리고 자신들에게 수표(투자)를 써주길 바라는 사람들도 있다. 나는 관성에서 벗어난 투자를 원한다. 대중은 생각하지 않는 투자가 내가 원하고 찾고 있는 투자다. 색다른 투자야말로 나를 포함한 대다수의 백만장자들이 부자가 된 비결이다.

은행에 돈을 쌓아두고 유유자적하게 살기를 꿈꾸는가? 그렇다면 당신도 색다른 방식의 투자를 고민해봐야 한다. 기업을 창업하거나 인수해서도 상당한 부를 축적할 수 있다. 하지만 우리의 목표는 가능한 한 적게 일하고 돈을 많이 버는 것이다. 게을러서 적게 일하는 것이 아니다. 일 **그리고** 투자에 똑똑하게 접근하면 일을 적게 하면서 돈은 많이 벌 수 있다.

이쯤에서 "이봐, 은행 잔고가 두둑한 네이선 당신에게는 쉬운 일이겠지."라고 생각하는 사람이 분명 있을 것이다.

충분히 이해한다. 부잣집 금수저들이 징징거리면 나 역시 짜증나고 싫다. 하지만 이쯤 되면 내가 금수저가 아니라는 사실을 알 것이다. 나 역시 너무 많은 돈 때문에 골치 아픈 사람은 아니었다. 소소하게 작은 사업을 시작했고 다른 사람들이 쳐다보지도 않는 기회를 찾다 보니 지금의 뉴 리치가 되었다.

35세 미만의 미국인들의 평균 순 자산은 4,138달러다.[*] 일반인이 이렇게 가난하다면 부자가 되기 위해서 그들과 정반대로 행동해야 한다. 그러면 물론 사람들은 당신을 멍청하다고 하거나 미쳤다고 할 것이다. 하지만 남들과 다르게 행동하는 것은 좋은 것이다. 당신의 아이디어가 대중에게 정신 나간 소리로 들릴수록, 아이러니하게도 성공할 확률이 커진다. 기억해라. 대중은 빈털터리다!

가난한 사람의 대부분은 운이 좋아서 부자가 된 것이라고 부자들의 노력을 무시해버린다. "와! 그 당시에 애플에 투자했다니. 그녀는 정말 운이 좋았어!" "그가 투자했던 스타트업이 그렇게 되리라고 누가 생각했겠어?" "그녀는 정말 운이 좋아. 아파트를 샀던 허접한 동네가 이제 세련되고 비싼 동네가 됐잖아." 한 번도 이런 말을 안 해본 사람이 있을까?

운이 좋아서가 아니다. 부자는 의도적으로 아무도 가지 않은 길에 씨앗을 뿌린다. 그리고 몇몇에서 싹이 나면 스스로 운을 만들어낸다. 남들처럼 생각하지 않기 때문에 부자는 더 부유해진다.

하루하루 근근이 살아가고 있어도 끝까지 읽어주길 바란다. 은행에 여윳돈 1만 달러 또는 2만 달러가 있었으면 하고 바라나? 내 방식을 그

---

* (원주) * 미국 인국 조사국, '2013년 가계의 부, 자산 그리고 부채 현황표' (www.census.gov/data/tables/2013/demo/wealth/wealth-asset-ownership.html)

대로 따라 한다면 이는 그리 요원한 꿈이 아니다. 이렇게 모은 여윳돈을 연간 수익률이 20% 이상인 뜻밖의 장소에 투자하면 뉴 리치의 삶에 성큼 다가갈 수 있다.

색다른 투자 기회를 찾아라

남들이 가지 않은 길을 가려면, 스스로 길을 개척해야 한다. 투자도 마찬가지다. 이색적인 투자 기회는 스스로 찾아 나서야 한다. 페이스북에 "5,000달러의 투자금이 있어요. 그런데 투자할 만한 곳을 찾을 수가 없어요. 좋은 투자 기회가 있으면 알려주세요."라고 상태 메시지를 작성해서 올린다. 그러고 나서 어떤 반응들이 들어오는지 보자. 대부분은 쓰레기나 다름없는 것들일 거다. 하지만 그중에서 몇몇 실제 대화로 이어지고 진짜 투자로 연결될 영양가 있는 댓글이 있을 수 있다.

그렇지 않으면, 항상 눈에 불을 켜고 투자 기회를 찾아보자. 그러면 다른 사람들은 보지 못하거나 보지 않는 색다른 투자 기회가 눈에 들어올지도 모른다.

부자들은 호스텔로 모여든다

스스로 잘했다고 싶은 투자가 몇 개 있다. 그중 하나가 오스틴의 파이어하우스 호스텔이다. 어느 바에서 열린 모임에서 콜린Collin을 만났다. 그는 파이어하우스 호스텔의 공동 소유자였다. 대화를 하던 중 나는 투자할 만한 데가 없다고 투덜거렸다. 당시 주식 시장과 부동산 시장은 그야말로 호황이었다. 그래서 나는 비싼 값에 주식이나 부동산을 사들이고 싶지 않았다. 아니나 다를까 콜린은 투자자를 찾는 중이었고 내게 자신의 파이어하우스 호스텔에 투자해보지 않겠냐고 제안했다. 나는 그의 말에 솔깃했다.

나는 콜린을 만나기 전부터 파이어하우스 호스텔을 알고 있었다. 오스틴으로 이사 온 지 몇 달 안 됐을 때 나는 가볍게 술 한잔하기 좋은 바를 찾고 있었다. 물어볼 때마다 모두가 책장 모양의 문이 달린 이 바를 소개하며 열변을 토했다. 콜린과 대화한 뒤에 나는 직접 확인하러 갔다.

나는 로비로 들어섰고 책장에 달린 약간 녹슨 손잡이에 체중을 실어 문을 힘껏 열었다. 문이 열리자 어둑한 바가 눈에 들어왔다. 구석에서는 매력적인 밴드가 연주를 하고 있었다. 술병이 잔뜩 있는 벽장은 호그와트 마법학교의 선생들의 휴게실에서나 볼 법한 모습이었다. 섬세하게 조각된 칵테일 장신구 주변에 촛농이 떨어져 있었다.

그날 밤에 나는 모스크바 뮬 2잔을 주문했다. 어느새 나는 한잔하려고 바로 내려온 위층에 있는 호스텔에 묵는 세계 각지에서 온 여행객들과 모스크바 뮬을 마시며 스스럼없이 대화를 나누고 있었다. 중간중간 어느 나라 언어인지 알 수 없는 말소리가 들려오기도 했다. 나는 그 즉시 투자를 결정했다. 최적의 위치에 속된말로 '분위기가 죽여주는' 바였다. 거기서 여행객들이 현지인들과 거리낌없이 어울리며 즐거운 시간을 보냈다. 오스틴의 정서를 물씬 느낄 수 있는 곳이었다.

나는 파이어하우스 호스텔에 1만 1,000달러를 투자했다. 분기마다 1,200달러, 연간 4,800달러의 수익금이 들어왔다. 현금 투자 수익률이 거의 40%에 달한다. 엄청난 수익률이다! 이런 종류의 투자에는 문제가 있다. 기회가 충분하지 않은 것이다. 갈수록 이런 투자 기회를 갈구하게 된다. 하지만 파이어하우스 호스텔처럼 돈으로 돈을 버는 재미를 쏠쏠하게 느끼게 해줄 '바와 호스텔'은 그리 많지 않다.

나는 어렵게 찾은 투자 기회에서 가능한 많은 것을 얻어내려고 노력했다. 그래서 파이어하우스 호스텔의 창업자들에게 다른 주주들을 소개해달라고 부탁했다. 내가 받는 분기 배당금을 높이기 위해서 다른 주주에게서 지분 3%를 인수했다. 투자 수익률이 아주 높다는 사실을 이미 알고 있었기 때문에 추가로 지분을 인수했던 것이다.

나는 켄트Kent와 콜린의 열렬한 팬이다. 노동자 출신인 두 사람이 파이어하우스 호스텔 지하에 바를 열었다. 그들은 부업을 해서 돈을 버는 법을 알고 있었다. 그들의 사업은 빠르게 성장하고 있다. 참고로 나는 투자자이자 창업자인 사람이 운영하는 기업을 선호한다. 켄트가 바로 그런 사람이었다. 파이어하우스 호스텔은 켄트의 주 수익원이었다. 켄트 부부에게 아이가 생겼다. 이 가족의 생계는 파이어하우스 호스텔에 달려 있었다. 그러니 사업이 잘되어야만 한다. 나는 이 부분이 마음에 들었다. 투자자이자 창업자인 켄트는 모든 것을 파이어하우스 호스텔에 쏟아붓는다. 그러니 호스텔은 잘될 수밖에 없고, 나는 기꺼이 더 많은 돈을 호스텔에 투자한다.

투자 기회를 찾는 사람들 대부분은 파이어하우스 호스텔과 같은 곳을 놓친다. 물어볼 생각조차도 하지 않기 때문이다. 그들은 주가를 분석하고 인덱스 펀드를 고르느라 정신없이 바쁘다. **아마도** 고르고 고른 인덱스 펀드의 수익률은 몇 년을 기다려야 평균 7%일 것이다. 이렇게 평범하게 생각하니, 바에서 가볍게 나눈 대화로 나온 엄청난 수익을 낼 투자 기회를 알아채지 못하는 것이다.

그러니 투자 레이더망을 항상 켜둬라. 인덱스 펀드, 투자 자문 등 다른 사람들이 생각하는 모든 것들은 잊어라. 물론 인덱스 펀드와 주식에 투자해서 돈을 벌 수는 있다. 그러나 그것들을 통해서 부자가 될 수는 없다. 남들은 생각하지 않는 관성에서 벗어난 이색적인 투자가 높은 수익을 안겨줄 가능성이 크다. 일상에서 마주치는 기업이나 기업가에게 주목해보자. 동네 핫도그 판매점, 코워킹스페이스, 친구들이 자녀 생일잔치를 열어주는 놀이터, 새로운 소규모 양조장 등에서 높은 수익을 안겨줄 투자 기회를 만나게 될지도 모른다. 내가 무슨 말을 하려는지 이해했을 것이다. 주변에 있는 모든 것에 관심을 두고 투자자의 눈으로 봐라.

어떤 사업이 매력적으로 느껴지고 돈이 있다면, 그 사업의 주인에게 접근해서 투자할 만한 곳을 찾고 있다고 말해보자. 그러고 나서 상대방이 그 미끼를 무는지 지켜본다. 미끼를 물지 않아도 괜찮다. 새로운 친구를 사귄 셈 치면 된다. 반면 그가 미끼를 덥석 물면 좋은 투자 기회로 이어져 상당한 수익을 얻게 될 것이다.

자신만의 '다른' 기준에 따라 투자하자

지금까지의 이야기가 매력적으로 들릴 것이다. 하지만 나는 생전 처음 보는 사람에게 투자하겠다고 다짜고짜 수표를 내밀지는 않는다. 물론 밍에게는 그렇게 했다. 하지만 일이 잘못돼서 밍에게 투자한 6,000달러를 날려도 상관없었다. 내게 이 정도는 충분히 감당할 수 있는 손실이었다. 하지만 보통은 꼼꼼히 살펴보지 않고 무턱대고 투자하는 것은 매우 어리석은 짓이다.

어떤 기업에 꽤 큰 금액을 투자할 생각이라면, 나는 그 기업의 재무 상태를 꼼꼼하게 따져본다. 투자하기 전에 그들에게 최소한 3~4년의 재무 기록을 보여달라고 요구한다. 3년 미만의 재무 기록은 충분치 않다. 나는 그동안의 재무 상태와 성장률을 보여줄 만한 자료가 없는 기업에는 투자하지 않는다. 그리고 일단 투자를 하면 그 기업이 재무 상태를 매달 내게 알려줄 것이라는 확신이 필요하다. 이런 확신이 생기지 않으면, 나는 투자금을 회수한다.

순 자산의 상당한 부분을 투자할 생각이라면, 기업의 재무 상태와 성장률을 더욱 꼼꼼히 살펴야 한다(사람마다 '순 자산의 상당한 부분'의 액수는 다르다). 내가 밍의 푸드 트럭에 투자했던 것처럼 자신의 판단만을 믿고 투자를 해볼 필요도 있다. 어찌 보면 이것은 투자할 때 절대 해서는 안 되는 행동이다. 나는 밍에게 재무 기록을 요청하지 않았고 문서로 된 그 무엇도 받지 못했다. 나는 단지 그녀의 말만 곧이곧대로 믿고 투자했다. 단 20분 만에 생전 처음 본 사람에게 6,000달러의 수표를 써 줬다.

누구나 이런 투자 전략은 정신 나간 전략이라고 할 것이다. 모든 여윳돈으로 이렇게 투자하겠다면, 그것은 실로 정신 나간 짓이다. 절대 그런 식으로 투자해서는 안 된다. 순전히 자기 판단만 믿고 하는 투자는 잃어버려도 상관없는 돈으로 해야 한다. 없어도 그만인 돈으로 자신의 판단만을 믿고 투자를 하면 상당한 시간과 돈을 절약할 수 있다. 그리고 다른 사람들은 보지 못하는 투자 기회를 얻을 수 있다.

나는 밍에게 도박을 했다. 그녀의 재무 상태를 분석하고 세부 사항을 조율하는 데 족히 6시간 이상 걸렸을 것이다. 내게 6시간의 가치는 6,000달러 이상이다. 그래서 나는 그녀의 말만 듣고 그 자리에서 수표를 써줬다. 6,000달러로 밍이 오랫동안 함께 일할, 만한 사람인지를 시험해본 것이었다. 그녀는 오랫동안 함께 일할 믿을 만한 파트너임을 스스로 증명했다. 그녀는 좋은 사람이다. 매달 밍은 내게 어떤 메뉴가 얼마나 팔렸는지를 알려주고 수익금을 수표로 보내주고 있다. 나는 파이어하우스 호스텔에도 내 판단만 믿고 투자했다. 그리고 켄트와 콜린도 밍처럼 훌륭한 파트너였다.

이런 자신의 판단만을 믿고 하는 투자는 현금 투자 수익률을 확인하는 빠르고 효율적인 방법이다. 투자해서 수익이 나면, 훨씬 더 많은 돈을 투자할 수 있다. 돈을 더 투자할지 말지를 결정할 때쯤이면, 이미 상대방과 몇 달 동안 일했고, 재무 상태도 알고 있고, 그가 오랫동안 함께 일할 수 있는 사람인지 알고 있을 것이다. 하지만 처음에는 사업과 주인에 대한 자신의 판단과 직감만을 믿고 투자를 하게 된다. 처음 만나서 20분간 대화를 해보면 상대방에 대해서 많은 것을 알 수 있다. 그래서 나는 내 직감과 판단을 믿고 투자를 강행한다. 물론 손해를 본 적도 있다. 하지만 열에 아홉은 내 직감과 판단은 정확했다.

다른 사람의 표정을 읽는 법을 가르칠 생각은 없다. 이것은 온전한 학문이다. 아마도 모두가 상대방의 표정을 읽고 의중을 파악해내는 각자 나름대로 방법이 있을 것이다. 자신의 직감만을 믿고 투자를 감행할 의향이 있다면, 아주 보수적으로 접근하라고 조언해주고 싶다. 순 자산에서 잃어도 상관없는 액수만을 투자해라. 그리고 개략적으로 투자 조건이 담긴 한 페이지 계약서도 작성하도록 해라. 물론 나는 밍이나 파이어하우스 호스텔에 투자할 때 계약서를 작성하지 않았다. 위험을 무릅쓰고 그들에게 투자할 의향이 있었기 때문이다. 공식적으로 나처럼 투자하라고 추천하지는 않는다. 어쨌든 당신이 결정할 일이다.

이런 방식의 투자가 신속하고 간단하더라도, 배려가 없어서는 안 된다. 내 투자 전략 중 하나는 다달이 나가는 비용이 있는 기업에 투자하는 것이다. 만약 내가 선불로 해당 비용을 모두 지급해줄 수 있다면, 그들은 다달이 내야 할 돈을 기업에 투자할 수 있다. 이렇게 되면 그들의 성장이 오롯이 내 수익으로 돌아온다. 나는 주로 내가 보유한 유통 채널을 활용해 내가 투자한 기업의 성장을 촉진한다.

밍의 경우가 이러했다. 그녀는 푸드 트럭 할부금으로 매달 600달러를 내고 있었다. 6,000달러면 푸드 트럭을 할부 없이 곧장 살 수 있었다. 이렇게 하면 매달 자동차 할부금을 내지 않아도 되기 때문에 밍은 월 지출을 줄일 수 있었다. 그래서 나는 그녀가 푸드 트럭을 살 수 있도록 6,000달러 수표를 써줬다. 그 대가는 내가 투자금을 회수할 때까지 팔린 메뉴당 75센트를 받는 것이었다. 그 뒤에도 그녀와의 파트너십을 유지한다면, 팔린 메뉴당 10센트를 내게 영구적으로 보내는 조건이었다. 밍은 매월 대략 500개의 메뉴를 판매하고 있었다. 하지만 나는 매출을 빨리 높일 방법을 알고 있었다. 내 계산으로 투자금을 모두 회수하는 데 대략 1년 정도 걸릴 것으로 추정됐다. 그리고 1년은 밍과의 파트너십을 지속해도 좋을지를 판단하기에 충분한 시간이라고 생각했다. 지금까지는 모든 것이 순조롭다.

내 유통 채널이 밍에게 큰 도움이 됐다. 내가 밍에게 투자하던 날 페이스북 라이브로 120만 명이 밍의 푸드 트럭을 보고 있었다. 덕분에 당일 매출이 큰 폭으로 상승했다. 또한 밍의 푸드 트럭 앞에 푸드 트럭 3대가 더 있어서 그녀의 푸드 트럭을 찾는 사람이 상대적으로 적었다. 그래서 나는 토지 주인과 협상해서 밍의 푸드 트럭을 길목으로 이동시켰다.

나는 배당금으로 얼마나 받을까

나는 밍과 7개월 동안 일했다. 그녀는 7개월 동안 7번 배당 수표를 보냈다. 지난 7개월 동안 그녀에게서 받은 배당금은 총 4,307달러다. 투자금 6,000달러를 거의 회수하고 그녀는 매달 1,200개의 메뉴를 판매했다.

밍은 사업 확장을 위해 더 많은 돈이 필요했다. 그래서 나는 그녀에게 기꺼이 10만 달러를 수표로 보냈다. 조건은 이렇다. 투자금을 모두 회수할 때까지 팔린 메뉴당 2달러씩 내게 배당금으로 보낸다. 그리고 투자금을 모두 회수하고 나서도 투자를 유지한다면, 팔린 메뉴당 25센

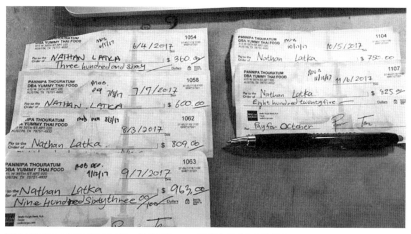

푸드 트럭에 6,000달러를 투자해 7개월 동안 4,307달러의 배당금을 받았다.

트씩 내게 지급하는 것이다. 투자금액과 배당금액은 달라졌지만, 기본적인 조건은 이전과 같다. 간단히 말해 밍이 돈을 벌면 나 역시 돈을 버는 구조다. 파이어하우스 호스텔처럼 밍도 모든 것을 푸드 트럭 사업에 걸었다. 푸드 트럭이 그녀의 유일한 수익원이고 그 위에 자신의 유산을 만들고 있다.

투자할 여윳돈을 마련하는 법

물론 하루하루 근근이 살아가는 사람이 다른 누군가에게 투자한다는 것은 불가능하다. 입에 풀칠할 돈도 빠듯한데 여윳돈이 있을 리 없다. 하지만 지금 이 책을 읽고 있다는 것은 자신의 곤궁한 처지에서 벗어나고 싶은 의지가 있다는 증거다. 지금 당장 그 궁핍한 상황에서 벗어날 수 있다. 그러면서 자연스럽게 언젠가 좋은 비즈니스 파트너가 될지도 모르는 사람들과 관계를 맺는 것이다.

7장에서 소개했던 방법을 사용하기를 강력 추천한다. 메일 주소록을 상당히 보유하고 있거나 소셜 미디어 팔로워가 많다면 그것을 자산으로 돈을 벌어보자. 가능한 한 많은 이들에게 자신을 노출시킬 방법을 찾는 사람들은 상당히 많다. 그래서 당신의 메일 주소록과 소셜 미디어 팔로워는 좋은 자산이 될 것이다. 하지만 소셜 미디어 팔로워가 많지 않다면 어떻게 해야 할까? 그렇다면 사회에 미치는 영향력이 큰 사람들과 그런 영향력을 원하는 사람들을 이어주는 중개자 역할을 한다.

돈이 없어도 할 수 있다. 말 그대로 상대방이 가지고 있는 것을 원하는 두 그룹 사이에서 중개자 역할을 해서 돈을 벌 수 있다. 중개자 역할을 해서 돈을 벌어야겠다는 생각을 할 정도로 똑똑하기만 하면 된다. 그렇다면 중개자 역할은 어떻게 하는 것일까?

1. 메일 주소록을 대량으로 보유한 사람에게 연락한다.
2. 그에게 메일 주소록으로 수익을 내게 해주겠다고 제안한다. 그리고 그에 대한 대가를 협상한다. 나는 아래와 같은 메일을 항상 보낸다.

네이선 랏카
수신자: 브랜든
숨은 참조: 나

브랜든, 제 친구 중 1명이 당신이 보유하고 있는 메일 주소록에 관심이 있어요. 그것을 활용할 수 있게 해주면 상당한 액수를 치를 의향이 있다고 하네요.

제 친구의 상품이 정말 좋거든요. 당신의 고객들이 필요한 상품이에요. 그렇다고 당신의 경쟁자는 아니랍니다.

관심 있으시면, 연락 주세요.

감사합니다.
네이선 랏카 드림

정말이다. 나는 이런 메일을 수시로 보낸다. 그리고 당신이 몸담고 있는 업계의 사람들을 공략하면, 시장의 수요 측면과 공급 측면을 배울 좋은 기회를 얻을 수 있다. 그러다 보면 연락처가 쌓여 자신만의 네트워크가 형성될 것이다. 이미 그 네트워크를 누구에게 팔아야 할지 알고 있으니 곧장 그 사람에게 접근하면 된다. 반대로 당신의 사업을 가능한 많은 잠재 고객에게 노출하고 싶다면, 잠재 고객 리스트를 누가 많이 보유하고 있는지 역시 이미 알고 있으니 그에게 곧장 가서 제안하면 된다.

고객 리스트를 많이 보유한 사람을 찾는 법은 어떤 업계이냐에 따라 다를 것이다. 나는 소프트웨어 업계에서 일한다. 그래서 주로 G2 크라우드나 시프터리와 같은 웹사이트를 이용한다. 여기서 가장 많은 이용자를 보유한 소프트웨어를 확인한다. 소프트웨어 업체는 분명 자신의 프로그램을 사용하는 이용자의 메일 주소를 가지고 있다. 그러니 이용자가 많다는 것은 그만큼 보유하고 있는 메일 주소가 많다는 뜻이다. 나는 소프트웨어 업체에 건조하게 메일을 보낸다.

진행 중인 다른 프로젝트 때문에 확보한 연락처를 활용할 수도 있다. 내 경우 팟캐스트 스폰서들에게 10만 명의 마케터들에게 보낼 이메일 블라스트*에 참여할 생각이 있는지 묻는다. 참가비는 팟캐스트 스폰서십과는 별도다. 나는 이미 마케터 10만 명의 메일 주소를 보유하고 있는 사람과 수익의 60%를 내가 가져가기로 협상을 끝낸 상태다. 그래서 만약 그들에게 스폰서 한 명을 소개해주면, 수익의 60%는 내 몫이 된다. 나는 상대방에게 다음의 메일을 보냈다.

제 메일 주소록을 보내드릴까요?(콘티파이 링크?)

네이스 랏카 ███████████
수신자: 모히트

제 커뮤니티에 새로운 상품을 소개할 방법을 테스트하던 중에 당신이 떠올랐습니다.
목록에는 대략 50만 명의 메일 주소가 담겨 있어요.
(대부분이 영업사원, 마케팅 담당자, CEO, 창업자, 그로스 해커랍니다.)
제휴 프로그램 쓰시죠?
콘티파이**에서 파트너십이나 제휴 프로그램을 담당하는 직원이 있나요?
오늘 밤에 워싱턴으로 넘어갈 계획이니, 제가 내일 다시 연락드리겠습니다.

정말 사적인 메일처럼 느껴지게 쓰는 게 비결이다. 가령 "오늘 밤에 워싱턴으로 넘어갈 계획이니, 내일 다시 연락드리겠습니다."라는 그

---

* email blast. 하나의 메일을 여럿에게 동시에 보내는 마케팅을 말한다.
** Contify. 경쟁 업체, 고객 분석, 관련 산업 동향 등에 대한 정보 수집 및 분석할 수 있도록 돕는 AI 기반의 영업 전략 플랫폼이다.

와 나만이 주고받는 메일처럼 느껴진다. 이런 식으로 메일을 보내면 회신을 받을 확률이 높아진다. 추가로 한두 군데 철자를 틀려주는 센스도 발휘해보자. 이러면 수신자는 대량 발송한 메일이 아니고 자신에게만 보낸 메일이라는 생각을 하게 된다.

팟캐스트를 듣고 누가 그들을 후원하고 있는지 살펴보는 것도 좋다. 팟캐스트 스폰서들은 돈을 주고서라도 노출도를 높이려고 할 것이다. 그들이 혹시 구글에 광고를 싣고 있다면 다음의 메일을 보내 거래를 제안해볼 수 있다.

안녕하세요? 구글 광고를 하고 계시네요. 제가 가진 주소록을 활용하시면 마케팅 효과가 더 높을 겁니다. 구글에 당신의 웹사이트가 검색되도록 설정한 키워드와 연관된 사람들의 메일 주소입니다. 이 주소로 메일을 보내 마케팅을 해보시면 어떨까요?

이를 본격적으로 하면, 메일 주소록을 중개해서 더 많은 돈을 벌 수도 있다. 이렇게 번 돈을 몇 개의 사업에 투자하고 일이 어떻게 흘러가는지 지켜보자. 설령 당장 직장을 관둬도 괜찮을 만큼 수익을 얻지 못하더라도, 투자 수익이 은행에 차곡차곡 쌓여 상당한 불로소득이 될 것이다.

분명히 메일 주소록을 중개하는 방법보다 돈을 더 많이 벌 방법이 있다. 그럼에도 메일 주소록 중개를 추천하는 까닭은 내가 효과를 봤기 때문이다. 정말 효율적인 방법이고 사전에 들어가는 비용이 전혀 없다. 6장에서 소개한 현금 수익을 발생시키는 전략들도 유용할 것이다. 여웃돈을 벌 수 있는 소개하고픈 방법이 하나 더 있다. 이 방법은 메일 주소록을 이용하는 것보다 훨씬 대중적인 방법이다. 바로 우버나 리프트 같은 승차 공유 서비스를 이용하는 것이다. 직장 때문에 일정 조율이 쉽지 않은 사람들이 생각해볼 수 있는 방법이다. 자유시간이 생길 때 언제든지 돈을 벌 수 있다. 다만 시간 요율이 높지 않다. 하지만 원하는 시간에 운전해서 부수입을 올리기에 우버나 리프트만큼 유용한 것은 없다. 물론 신음소리가 절로 나올 정도로 고된 일이다. 하지만 다른 무언가에 투자할 자금을 모으는 데 유용한 방법임은 분명하다. 살고 있는 지역에 따라 승차 공유 서비스로 놀라울 정도로 높은 수익을 올릴 수도 있다. LA나 뉴욕처럼 물가가 높은 대도시의 경우 승차 공유 서비스만으로 수백만 달러의 수익을 올리는 사람들도 있다. 물론 하루 종일 아니면 그 이상을 운전만 할 것이다. 하지만 그들은 자신들이 원하는 시간과 조건으로 일해서 상당한 수익을 얻고 있다.

11. 모방의 기술

새로움에 투자하는 것은
바보들이나 하는 짓이다

TO

"당신이 엄청난 것을 만들어내면 사람들이 그대로 베낄 것이다.
그러나 야후에 검색창이 있다고 야후가 구글이 되는 것은 아니다."

- 에반 스피겔Evan Spiegel

SEND ▼ ⋮

기업가들이 모인 자리에서 아무나 붙잡고 어떤 사업 아이디어를 가지고 있냐고 물으면, 열에 아홉은 "NDA 때문에 말씀드릴 수가 없네요."라는 대답이 돌아온다.

그는 자신의 아이디어가 기가 막힐 정도로 좋아서, 나오기만 하면 시장을 단숨에 장악할 것이라 생각한다. 그러나 현실은 그렇지 않다. 새로운 아이디어는 거의 항상 **실패**한다. 그리고 엄청난 금전적 출혈을 일으킨다.

다른 사람들의 아이디어를 모방하는 행위에 대해서 내가 어떤 생각을 가졌는지는 알 것이다. 마음껏 모방해라. 안 하는 사람이 바보다. 이번 장에서는 경쟁자의 아이디어를 모방하고, 그들의 아이디어를 약간 수정해서 그들보다 더 성공하는 방법을 공개할 것이다.

승자에게는 새로운 아이디어가 없다. 하지만 그들은 경쟁자의 비결을 그대로 모방하고 승리를 위해 자신만의 색깔이나 독특한 관점을 가

미하는 법을 안다. 이런 방식으로 새로운 움직임을 촉발시킬 수 있다. 완전히 새로운 아이디어를 생각해낼 필요가 없다. 모든 성공한 기업가들은 경쟁자를 모방했다.

페이스북은 크레이그스리스트보다 설계가 잘된 마켓플레이스를 출시했다. 스트라이프는 사용하기 쉬운 API가 결합된 결제 시스템이다. 베놈, 페이팔, 스퀘어캐시 그리고 구글페이 모두 결제 시스템을 출시했고 아주 약간의 차이만 있을 뿐 거의 같은 시스템들이다. 존 D. 록펠러 역시 다른 제철소를 모방했고 석유 정제와 황 제거 방식을 변경해 막대한 수익을 올렸다.

블로그 하단에 스폰서 콘텐츠나 '관련 포스트'가 나오는 섹션을 눈여겨본 적이 있던가? 디지털 광고 플랫폼 아웃브레인Outbrain과 타불라Taboola는 수년간 이 분야를 장악해왔다(결국 2019년 두 기업은 합병했다). 하지만 레브콘텐트Revcontent의 존 렘프John Lemp는 주저하지 않고 이 분야에 뛰어들었다.

2017년 레브콘텐트는 자사 플랫폼에 1억 8,400달러어치 광고를 실었고 광고수익률은 25%에 달했다. 이것은 '새로운 아이디어를 가지고 있어야 성공한다.'는 일반 통념을 깨트린 대표적인 사례다. 존 렘프는 이미 검증된 비즈니스 모델을 그대로 가져다 썼다. 지금도 경쟁자들로부터 잠재 고객을 야금야금 빼앗아가고 있다.

자만심에 가득 차서 그 누구도 시도한 적 없는 아이디어로 성공하겠다는 생각은 버려라. 그 누구도 시도하지 않았다면, 분명 그럴 만한 이유가 있는 것이다. 설령 당신에게 새로운 아이디어가 있고 그게 기가 막힐 정도로 좋다고 하더라도, 이미 검증된 아이디어나 비즈니스 모델을 활용하면 훨씬 빨리 수익을 얻을 수 있다. 경쟁자를 모방해서 돈을 많이 벌고 나서도 자신만의 새로운 아이디어를 시도할 시간과 자금은 충분할 것이다.

경쟁자만큼은 못해도 적어도 부자는 될 수 있다

경쟁자와 같은 급으로 성장하지 못하더라도 경쟁자들의 비즈니스 모델을 모방하면 부자가 될 수 있다. 이안 블레어Ian Blair는 이를 증명한 장본인이다. 그는 대학생일 때 빌드파이어를 출시했다. 빌드파이어는 일종의 드래그 앤드 드롭drag-and-drop 소프트웨어다. 기술적인 전문 지식이 없는 사람들도 빌드파이어BuildFire로 모바일 앱을 손쉽게 만들 수 있다. 앱 개발용 워드프로세스라고 생각하면 이해하기가 쉬울 것이다. 빌드파이어는 비즈니스앱스Bizness Apps와 아주 유사하다. 사실 이안 블레어는 비즈니스앱스로 소기업에 모바일 앱을 만들어주고는 했다. 약 1년 동안 이렇게 앱을 만들어주면서 그에게 1가지 생각이 떠올랐다. 소기업을 대상으로 모바일 앱을 만들어주는 것보다 비즈니스앱스와 유사한 소프트웨어를 개발하면 더 많은 돈을 벌 수 있을 것 같았다. 그래서 그는 자신이 애용하던 비즈니스앱스의 경쟁자가 되기로 결심했다.

2012년 그는 빌드파이어를 출시했고 250만 달러의 자금을 조달했다. 그리고 직원의 1/3이 25살이다. 2017년 연 매출은 240만 달러였고, 현재의 월간 순환 매출은 30만 달러다. 이안 블레어는 샌디에이고 스카이라인을 배경으로 85만 달러짜리 아파트에서 나와 스카이프로 통화했다.

이안 블레어는 경쟁자를 모방해서 회사를 차렸지만, 경쟁자인 비즈니스앱스에 비하면 갈 길이 멀다. 여전히 비즈니스앱스가 시장을 장악하고 있다. 앤드류 가즈데키Andrew Gazdecki가 2010년 출시한 비즈니스앱스는 투자자들로부터 11만 달러를 조달했다. 28살의 앤드류 가즈데키는 90명의 직원을 둔 기업의 CEO다. 2017년 연 매출은 1,800만 달러였고, 현재의 월간 순환 매출은 150만 달러다.

	비즈니스앱스	빌드파이어
CEO/창업자	앤드류 가즈데키	이안 블레어
창업연도	2010	2012
자금조달	$11,000	$2,500,000
직원 수	90	31
2017년 매출	$18,000,000	$2,400,000
월간 순환 매출	$1,500,000+	$200,000-$400,000
직원당 매출액	$80,000	$77,400
고객 수	3,000+	1,000-5,000
ARPU(이용자당 평균 매출)	$500+	$400-$500

선두 주자 비즈니스앱스와 비즈니스 모델을 모방한 빌드파이어의 현황.

나는 숫자에 집착하는 경향이 있다. 그래서 이안 블레어의 이야기가 아주 마음에 든다. (만약 당신도 숫자를 중요시한다면, 위의 표를 봐라. 비즈니스앱스와 빌드파이어의 현황이 단숨에 파악될 것이다.) 핵심만 요약하면 이렇다. 앤드류 가즈데키가 이안 블레어보다 더 성공했다. 그럼에도 이안 블레어는 앤드류 가즈데키의 아이디어를 그대로 모방해서 자신만의 수백만 달러 기업을 세울 수 있었다. 그리고 따지고 보면 앤드류 가즈데키의 아이디어도 완전히 새로운 것은 아니다. 그 역시 윅스Wix, 스퀘어스페이스Squarespace, 위브리Weebly와 같은 다른 드래그 앤드 드롭 웹사이트 소프트웨어를 모방했다.

나 역시 이안 블레어처럼 경쟁자의 아이디어를 모방해서 기업 2개를 창업했다. 당신도 이안 블레어와 나처럼 할 수 있다. 내가 그 방법을 지금부터 소개하겠다. 이번 장에서 소개하는 전략들은 대부분 소프트웨어 업계와 관련되어 있다. 내 주요 분야가 소프트웨어이기 때문이다. 하지만 요식업, 섬유업, 전문 서비스업 등 다른 업계에서도 충분히 적용할 수 있는 전략들이다.

어떤 업계에 몸담고 있든지 가장 먼저 할 일은 모방할 아이디어를 찾는 것이다. 아이디어는 어디에나 존재한다. 단, 숨어 있어서 눈에 잘 띄지 않을 뿐이다. 어디서 아이디어를 찾을 수 있는지만 알면 된다.

핫한 업계에서 마음에 드는 아이디어를 찾는다

게임에서는 이겼는데 우승상금이 없다면, 게임 선택을 잘못한 것이다. 뉴 리치들은 새로운 분야에 뛰어들기 전에 제일 먼저 그 도전이 할 만한 가치가 있는지를 확인한다. 다시 말해, 도전해서 수익을 얻을 수 있는지부터 살핀다. 트렌드부터 살피자. 어떤 분야가 유망한가? 많은 관심과 자금이 쏠리는 곳이 도전해서 성공할 경우 얻을 이익이 가장 큰 분야다. 항상 그랬다. 아래 웹사이트를 활용해서 떠오르는 시장과 산업을 찾아보자.

오프라인 사업을 구상 중인 사람에게 유용한 사이트

오프라인 상품을 출시하려고 생각 중인 사람이 있다. 그가 가장 빨리 자금을 모을 방법은 출시하려는 상품을 예약 판매하는 것이다. 이 경우에는 크라우드펀딩을 이용해야 한다. 크라우드펀딩을 이용하면 상품을 예약 판매하면서 사전 홍보도 할 수 있다. 그래서 아래의 경우라면 크라우드펀딩이 매우 유용할 것이다.

▶ 소비재를 출시한다. B2B 상품은 크라우드펀딩으로 자금을 조달하기가 훨씬 더 어렵다. 수요자가 얼마 없기 때문이다. 크라우드펀딩은 불특정 다수의 대중을 대상으로 자금을 조달하는 방식이다. 그러므로 크라우드펀딩의 성공 여부는 펀딩 상품이 대중들이 얼마나 원하는 상품인가에 달려 있다.

▶ 지분을 나눠줄 수 없다. 크라우드펀딩에 참여하는 후원자들은 투자자들처럼 지분을 요구하지 않는다. 그러므로 크라우드펀딩을 활용하면 자금 조달뿐만 아니라 기업에 대한 지분도 완벽히 지켜낼 수 있다. 이 말인즉슨 투자자들에게 휘둘리지 않아도 된다는 의미다. 경영자는 투자자의 눈치를 볼 수밖에 없다. 그들의 비위를 거스르면 당장 투자금을 빼버릴지도 모른다. 하지만 크라우드펀딩으로 자금을 조달하면 이런 걱정을 전혀 할 필요가 없다. 내가 기업의 지분을 모두 갖고 있을 수 있기 때문이다.

▶ 대출을 받고 싶지 않다. 제발 은행 대출을 받아서 사업하지 마라. 필요한

자금이 모일 때까지 크라우드펀딩을 통해 예약 판매를 해라.

▶ 자기자본으로 사업을 할 만큼 부자가 아니다. 다시 한 번 말하지만, 예약 판매를 해라. 예약 판매가 답이다. 예약 판매로 번 수익을 사업에 재투자 하면 된다.

오프라인 상품을 모방하면 2가지 기회가 주어진다. 기존 아이템에서 아이디어뿐만 아니라 크라우드펀딩 전략까지 얻을 수 있다. 그러니 성공한 경쟁자들의 아이디어를 모방하자. 킥스타터나 기타 크라우드펀딩 사이트로 가서 '모금액이 가장 많은 캠페인'과 '모금액이 가장 적은 캠페인'을 검색한다. 그리고 나서 성공과 실패 원인을 분석한다. 스토리텔링이 훌륭했나? 아니면 상품 자체가 기가 막혔나? 뷰 스마트 글라스가 크라우드펀딩 캠페인을 통해 5,500명 이상의 사람들로부터 100만 달러 이상을 조달할 수 있었던 비결은 뭘까?

목 베개 '오스트리치필로우 고Ostrichpillow Go'는 크라우드펀딩에 성공했을까? 또한 국자의 성공 비결은 뭘까?

언급한 상품들은 완전히 다른 종류의 것들이지만, 크라우드펀딩을

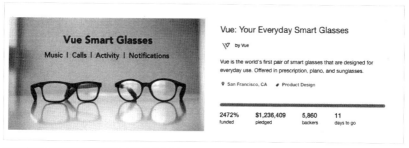

목표액의 2,472%를 달성한 '뷰 스마트 글라스'.

OSTRICH PILLOW GO – Maximum comfort sleep for all necks
StudioBananaThings

The ultimate travel pillow providing unparalleled comfort and total neck support thanks to its ergonomic design and viscoelastic core.

📍 London, UK

311% **$155,553** **17**
funded pledged days to go

GIR Ladle & Spoonula | Flexible, squishable, indestructible
GIR: Get It Right

The ladle and spoonula you've been waiting for. Precision-pouring edge, perfect flexibility. Delivered in time for holiday gift-giving.

📍 New York, NY

1090% **$109,072** **3**
funded pledged days to go

크라우드펀딩에 올라온 목 베개 '오스트리치필로우 고'와 주방도구 '스푸눌라'

통해 성공적으로 자금을 조달했다. 그들의 성공 전략을 모방해서 당신 상품에 적용할 수 있다.

달성 가능한 목표를 설정하고 미리 씨앗을 뿌려둔다. 이 상품들이 크라우드펀딩에 성공할 수 있었던 것은 펀딩 목표를 낮게 설정해 일찍 목표액에 도달했고 그 덕분에 모멘텀이 빠르게 형성됐기 때문이다. 지인을 동원하자. 크라우드펀딩 캠페인을 시작하기 전에 지인들에게 후원 약속을 받는다. 그러고 나서 크라우드펀딩 캠페인이 시작되는 순간 웹사이트에 접속해서 후원을 눌러달라고 부탁한다. 가령 목표액이 5,000달러라면, 캠페인 시작 후 이틀 만에 목표액에 달성하는 것을 목표로 50~100명의 사람들에게 50~100달러를 후원해 달라고 부탁한다.

일단 목표액을 달성하고 나면, 홍보는 저절로 이뤄진다. 당신의 상품은 더욱 더 입소문을 타게 될 것이고 더 많은 후원을 받게 될 것이다. 뷰 스마트 글라스의 크라우드펀딩 캠페인이 중반에 접어들었을 때, 〈비즈니스 인사이더Business Insider〉는 뷰 스마트 글라스를 소개하는 특집기사를 실었다. 당시 뷰 스마트 글라스는 이미 목표액 5만 달러는 넘어선 상태였고, 모금액은 무려 78만 달러에 달했다. 뷰 스마트 글라스는 〈포브스Forbes〉, 〈테크크런치TechCrunch〉, 〈컴퓨터월드Computerworld〉, 〈디지털 트렌드Digital Trends〉, 〈더 버지The Verge〉 그리고 〈웨어러블Wareable〉에서도 소개됐다. 크라우드펀딩 캠페인 중반에 오스트리치필로우 고는 〈USA 투데이〉에도 소개됐다.

스토리텔링에 힘쓴다. 대중은 정서적 교감을 원한다. 당신과 정서적 교감을 했다고 믿으면, 그들은 당신에게 투자할 것이다. 그래서 크라우드펀딩에서 스토리텔링이 중요하다. 당신만의 개성을 보여주는 영상을 제작해서 잠재 후원자들에게 보여주자. 약간의 유머를 섞는 것을 잊어서는 안 된다. 뷰 스마트 글라스의 홍보영상에는 커다란 VR 안경을 쓴 남자가 피자 배달부와 대화를 나누는 우스꽝스러운 모습이 담겨 있다. 스푸눌라는 요리사들을 공략한다. 비프스튜를 단번에 들어 올리는 영상을 보여주며 그들을 자극한다. 오스트리치필로우 고는 좁디좁은 비행기 좌석에서 최대한 편안하게 자려고 요상한 자세를 취한 사람들의 모습을 보여주며 잠재 후원자들을 공략한다.

제품 사양과 디자인을 독특하게 구성한다. 후원자들은 최종 상품이 어떻게 개발되었는지 이면에 숨겨진 이야기에 열광한다. 후원자들에게 그 상품이 어떻게 만들어졌고 왜 좋은지 그리고 어떻게 설계됐는지를 자세히 들려주자. 초기 시제품 사진도 보여주고 화이트보드에 휘갈겨 쓴 아이디어 도식도 보여주는 것

뷰 스마트 글라스의 홍보 영상. 대중은 정서적 교감을 원한다.

이다. 뷰 스마트 글라스의 홍보 영상은 골전도 음향 기술이 어떻게 스테레오 음향을 내이로 전송하는지 보여준다. 그리고 오스트리치필로우 고의 홍보영 상에는 화이트보드에 그려진 디자인 아이디어들이 담겨 있고, 스푸눌라는 기 하학, 차원 그리고 제약 등급의 플래티넘 실리콘의 경이로움에 집착한다.

가치와 희소성을 무기로 내세운다. "그거 내가 제일 먼저 썼잖아!" 이상하게 사 람들은 무엇이든 남들보다 먼저 손에 넣고 싶어 한다. 특히 할인가에 판매되 는 한정판이라면 이런 성향은 더욱 강해진다. 리워드를 이용해서 사람들의 이 러한 경향을 자극해보자. 뷰 스마트 글라스는 얼리버드 리워드를 제공했다. 조기 주문자들이 350개의 지정된 장소에서 41% 할인가로 개인 처방에 따라 제작된 스마트 글라스를 구입할 수 있도록 했다. 매진되자 6,833명이 179달 러에 얼리버드 리워드를 구매했다. 희소성을 전면에 내세워 사람들을 자극했

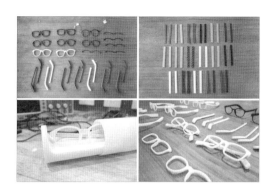

🔋 **Battery**
2-3 days standby time on a single charge
7 days standby with charging case (3 charges)
Talk time: 5 hours
Size: 3.7V 90mAh Lithium Polymer

💧 **Water Resistance**
Rain, splash and sweat resistant

🔺 **Sensors**
6-axis accelerometer & gyroscope
Infrared proximity sensor
5 field capacitive touch pad

🔊 **Audio**
Stereo bone conduction speakers
Patent pending sound leakage prevention design
Frequency range: 20-20,000Hz
Impedance 8.5Ω, Distortion <5.0, SPL 88dB
MEMS digital microphone

⚡ **Charging**
Wireless charging via case
Charging time: 2 hours
Case is charged via USB

📱 **App Compatibility**
iPhone 5+ running iOS 8+
Android 4.3+

⏸ **Bluetooth**
Compatible with all devices
Bluetooth 4.2
A2DP profile
30ft / 10m range

⚙ **Processor**
ARM Cortex M3

⚖ **Weight**
28 grams

던 것이다. 뷰 스마트 글라스는 모멘텀을 이어가기 위해서 도전적인 목표도

세웠다. 20만 달러, 50만 달러 그리고 120만 달러를 모금하는 데 성공하면,

상품에 기능을 추가하기로 한 것이다. 추가 기능이 비싼 기능일 필요는 없다.

모금액이 120만 달러를 넘어섰을 때, 뷰 스마트 글라스는 탈부착이 가능한

코 패드를 추가했다.

더 많은 구매욕을 자극하기 위한 뷰 스마트 글라스의 얼리버드 리워드. 매진을 마케팅 무기로 활용했다.

프로덕트 헌트Product Hunt도 인기 있는 오프라인 상품을 조사하기에 좋다. 프러덕트 헌트는 사람들이 웹사이트에 올린 신제품을 투표에 부친다. 득표가 많은 상품에 대한 수요가 많다고 생각하면 된다. 프로덕트 헌트에서는 자금을 조달할 수 없다. 하지만 트렌드를 읽기에는 아주 좋은 웹사이트다.

킥스타터, 인디고고, 프로덕트 헌트 외에도 트렌드를 파악하는 데 유용한 웹사이트들이 있다. 대표적인 크라우드펀딩 웹사이트로 포지블Pozible, 율룰르Ulule와 펀더블Fundble이 있다.

온라인 사업을 구상 중인 사람에게 유용한 사이트

소프트웨어 사업을 시작할 생각인가? 그렇다면 오프라인 사업과 마찬가지로 업계의 핫한 트렌드부터 먼저 파악해야 한다.

프로덕트 헌트에 올라온 신제품 투표 현황.

1. **시프터리**Siftery.com에서는 최근에 가장 많은 신규 고객이 몰려드는 기업을 확인할 수 있다. 최근에 매출이 급증한 기업이 신규 고객이 늘어난 기업이다. 돈은 거짓말을 하지 않는다. 많은 사람들이 어떤 새로운 소프트웨어를 사용하고 있다면, 바로 그것이 떠오르는 분야이니 주목해야 한다.

  시프터리에서는 마케팅, 영업, 사업 개발, 고객 지원, 제품과 디자인, 애널리틱스, 데이터 과학, HR, 재무회계, 생산성 등 다양한 부문에서 디지털 트렌드를 파악할 수 있다.

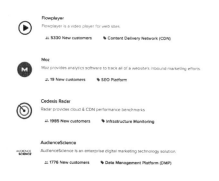

시프터리에 올라온 신규 고객 리스트.

2. **겟랏카**는 고객 수, 매출액, 제품 가격대 등 비공개 소프트웨어 개발업체에 관한 다양한 데이터를 제공한다. 소프트웨어 출시를 고려하고 있다면, 겟랏카에서 유사한 소프트웨어를 출시한 기업들의 현황을 살펴보기를 바란다.

3. **빌트위드**BuiltWith에서는 디지털 업체들이 자신들의 제품을 판매하기 위해서 어떤 웹사이트를 가장 많이 사용하는지를 확인할 수 있다. 다시 말해, 빌트위드는 광부들이 금을 캐기 위해서 어떤 곡괭이를 사용하고 있는지를 알려준다. 그리고 전자상거래에 관심 있다면, 빌트위드를 꼭 한 번 방문해보기를 바란다. 빌트위드에서는 전자상거래 업체들의 시장 점유율을 확인할 수 있다. 시장 점유율이 높은 업체는 왜 높은지 그리고 낮은 업체는 왜 낮은지를 분석해보면, 당신의 성공 가능성을 높이는 데 도움이 될 것이다. 빌트위드의 메인 메뉴에서 툴 메뉴를 선택하면 드롭다운 메뉴가 나온다. 거기서 웹 기술 트렌드를 선택하고 기술 트렌드를 살펴보자.

아래는 빌트위드의 웹 기술 트렌드 화면의 스크린샷이다. 화면 속 차트에서 시장 점유율 기준 상위 10개 업체의 정보를 확인할 수 있다. 시장 점유율은 우커머스 10%, 마젠트 11%, 쇼피파이 9% 그리고 기타 44%다. 시장 점유율을 확인하면, 어느 웹사이트를 이용해서 제품을 판매해야 할지 파악할 수 있다. 왜 우커머스의 시장 점유율은 10%에 이르는 것일까? 왜 쇼피파이의 시장 점유율은 9%지? 처음부터 기업을 창업하는 대신 시장에 바로 뛰어들기 위해서 기타 44%에 속하는 기업 중에서 인수할 만한 업체가 있을까? 빌트위드에서 이런 질문에 대한 답을 구할 수 있다.

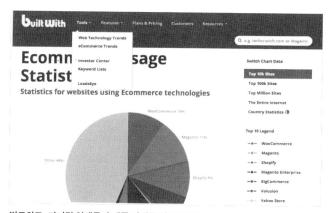

빌트위드. 디지털 업체들이 제품 판매를 위해 활용한 웹사이트를 알 수 있다.

4. **테크크런치**는 기술 분야에 특화된 블로그다. 웹사이트 하단에서 최근 진행된 펀딩에 관한 정보를 확인할 수 있다. 특정 기업에 상당한 자금이 몰렸다면, 그 기업이 속한 분야가 핫한 분야라고 생각하면 된다. 벤처 투자가들은 10억 달러 이상의 수익을 올릴 가능성이 없다고 판단하면 절대 투자하지 않는다. 그들이 어느 분야에 주로 투자했는지를 주의 깊게 살피자.

테크크런치에서는 최근 진행된 펀딩에 대한 정보를 얻을 수 있다.

테크크런치에서는 투자자, 펀딩 규모와 산업을 기준으로 펀딩 결과를 검색할 수도 있다. 배블러Babbler의 펀딩 결과를 보자.

스크린숏을 보면 배블러는 PR 프로그램을 제공한다는 사실을 알 수 있다. 배블러 프로그램을 사용하면서 다른 PR 프로그램에는 없는 특별한 기능이 있는지 살펴보자. 벤처 투자가들은 10배 이상 수익을 얻을 수 있는 분야에 만 투자한다는 사실을 잊지 마라. 그들이 이 기업에 투자하면 10배 이상의 수익을 얻을 수 있다고 생각하는 이유가 무엇인지 조사해라. 이유가 파악 되면, 그 부분을 모방하고 개선할 방안을 고민하자.

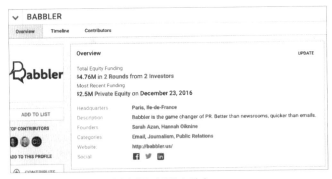

테크크런치에서는 기업의 펀딩결과를 검색할 수 있다.

5. **기업가들이 출연하는 팟캐스트를 듣는다.** 나는 매일 15분짜리 팟캐스트를 진행한다. 내가 팟캐스트에 출연하는 기업가들에게 묻는 단골 질문이 있 다. "좋아하는 온라인 툴은 무엇인가요?" 이 질문은 조사할 만한 새로운 툴 과 시장을 파악하는 데 유용한다. 그 분야가 마음에 들면 나는 그 분야의 기 업을 인수할지 아니면 직접 창업할지 그것도 아니면 기존 기업에 투자할지 를 결정한다. (http://NathanLatka.com/thetopitunes에서 팟캐스트 를 들을 수 있다).

6. **대형 링크드인 그룹을 조사한다.** '아마존 애널리틱스'를 중심으로 대규모 링크드인 그룹이 형성되어 있다면, 사람들이 그 분야에 관심이 많다는 의미다. 해당 분야와 관련된 툴을 개발하기로 했다면, 축하한다! 이미 당신은 첫 유통 채널을 확보했다.

예를 들어, 디지털 상품을 판매할 생각이다. 그래서 링크드인에서 디지털 마케팅과 관련된 그룹을 검색했다. 디지털 도넛이 디지털 마케팅 분야에서 가장 큰 그룹을 형성하고 있다. 이 그룹에 속한 회원은 150만 명 이상이다. 그룹의 관리자를 파악하고 그룹 개설자에게 메시지를 보낸다. 목표는 그들과 관계를 맺어 그룹 회원에게 메일을 보내 당신이 구상 중인 디지털 상품을 소개하도록 만드는 것이다. 이렇듯이 링크드인의 대형 그룹은 거대한 유통 채널이 될 수 있다. 다음은 내가 디지털 도넛Digital Doughnut 개설자와 주고받은 메시지다.

존 ▓▓▓▓▓▓▓▓▓▓▓▓▓▓
상태: 로그인

----------------- 2014-04-29 -----------------
보낸 사람: 존 ▓▓▓▓▓▓▓▓▓▓▓▓ 5:17AM

네이선에게
네. 그랬어요. 그레이엄과 마이크와 이야기하셨다고 들었어요.
+44 794 905 0711로 전화주세요.

존 드림

2014년 4월 28일 7:18 PM 네이선 랏카 ██████████████님이 작성:

존, 다니엘이 당신과 통화할 시간을 잡았다고 알려줬습니다.
일정을 다시 확인하고자 메일을 보냅니다.
언제 통화하기 가장 편하신가요? 통화 일정이 확정된 거죠?

존 ██████████████
상태: 로그인

일정을 다시 확인하고자 메일을 보냅니다.
언제 통화하기 가장 편하신가요? 통화 일정이 확정된 거죠?
감사합니다.

2014년 4월 15일 오후 4:56, 네이선 랏카 ██████████████████님이 작성:
존, 일정 확인 부탁드려요.
30분 동안 채팅할 수 있을까요? 메일 주소를 알려주시겠어요?

2014년 3월 31일 오후 6:41, 네이선 랏카 ██████████████████님이 작성:

존 ██████████████████
상태: 로그인

존, 최근에 미래 시장에 적합한 디지털 마케팅 아이디어로 포브스 억만장자로부터 200만
달러를 투자받았어요. 하지만 잘 모르겠어요.

투자금 200만 달러를 활용할 계획을 세웠는데, 한번 봐주실래요?
그리고 억만장자가 투자한 현재 우리가 개발하고 있는 비밀 프로젝트에 대한 피드백도 부탁드려요.

아래 랭크로 들어가면 더 많은 정보를 확인하실 수 있어요.
http://www.roanoke.com/busniess/blacksburg-startup-heyo-wins-million-investemtn/article_bfbaeedc-ae3a-11e3-97a4-0017a43b2370.htm.
30분 동안 채팅할 수 있을까요? 메일 주소를 알려주시겠어요?
감사합니다.

----

7. **페이스북 그룹을 조사한다.** 페이스북에서 특정 산업을 중심으로 형성된 그룹을 검색한다. 예를 들어, 기업가를 주요 독자층으로 삼는 디지털 신문을 발행하려고 한다. 페이스북에서 기업가와 관련된 그룹을 검색하고 그룹 개설자들에게 연락해서 관계를 형성한다. 그들과 소통하면서 그룹 회원들을 대상으로 디지털 신문을 어떻게 교차 홍보할지를 고민한다. 분명 그 방법을 찾기가 쉽지는 않을 것이다. 하지만 그들이 당신의 디지털 신문의 주요 독자층이고 돈을 벌 수 있는 유통 채널이니 놓쳐서는 안 된다.

8. **슬랙 그룹에 가입한다.** 나는 세일즈 해커Sales Hackers라는 슬랙 그룹의 회원이다. 세일즈 해커의 회원 수는 700명 이상이고 그들은 주로 광고대행사와 광고주 사이의 연락 및 기획업무를 담당하는 대행사의 책임자, 기업 임원, 영업 툴 사용자다. 그들은 세일즈 해커에서 자신들이 좋아하는 디지털 툴이 무엇인지 그리고 왜 그것을 사용하는지를 이야기한다. 어떤 디지털 툴이 인기가 있고 없는지를 파악하기에 좋은 장소다.

슬랙스리스트에서 산업별 슬랙스 그룹을 확인할 수 있다.

내 첫 소프트웨어 기업은 헤요였다. 헤요는 페이스북 앱에서 하는 마케팅 플랫폼이었다. 당시 이 분야에 자금이 몰리고 있었기 때문에 나는 이 분야가 핫하다고 생각했다.

소셜 미디어 마케팅 플랫폼은 내가 진입하기 이전부터 핫했다. 2010년 10월 버디 미디어Buddy Media는 최상위 투자자들로부터 추가로 2,700만 달러를 투자받았고, 와일드파이어Wildfire는 1,000만 달러의 자금을 조달했다. 또한 인볼버Inolver는 2010년 10월에 800만 달러를 투자받았다. 나는 분명히 이 분야에서 엄청난 투자 수익을 올리는 사람들이 탄생할 것으로 예측했다. 그리고 실제로 2012년 후반에 10억 달러 이상으로 투자금을 회수한 사람들이 속속 등장했다.

많은 사람이 엄청난 투자금이 몰리는 분야를 보면서 자신은 자금이 부족하니까 혹은 기존 업체들이 이미 몇 년을 앞섰으니 섣불리 뛰어들지 말아야겠다고 생각한다. 하지만 이것은 완전히 **틀린 판단**이다. 이렇게 생각해보자. 만약 투자가들이 한 분야에 막대한 자금을 쏟아붓고 있다면, 그들이 해당 산업을 성장시키고 있다는 의미다. 산업이 커지면 미래 고객을 찾기가 더 쉬워진다. 그러므로 투자가들이 자금을 쏟아붓는 분야에 진출한다는 것은 그들의 자원을 내 것으로 활용한다는 의미이기도 하다.

인기 있는 분야가 파악되면, 누가 그 분야를 선도하고 있는지를 조사하고 그들의 성장 전략을 분석해 모방한다. 이러한 각본대로 움직이면, 당신의 성공 가능성은 커진다.

경쟁자의 성공 전략을 분해해보자

기업은 사업을 키우기 위해서 온갖 방법을 동원한다. 무료 콘텐츠 마케팅을 활용하기도 하고, 심지어 매월 100만 달러 이상의 비용을 들여서 마케팅한다. 경쟁자를 이기기 위해서 그들의 매출이 어디서 주로 발생하는지를 파악해야 한다. 그러고 나서 서서히 그들의 매출을 빼앗아오는 것이다. 그들의 매출원이 파악되지 않았다면, 섣불리 공격하지 마라. 나는 다음의 방법으로 경쟁자의 성장 전략을 파악하고 그들이 고객을 확보하는 방법을 확인한다.

시밀러웹Similar Web에서는 특정 웹사이트의 트래픽이 주로 어디서 발생하는지를 확인할 수 있다. 예를 들어, 투두리스트Todolist.com의 경쟁사를 창업할 생각이라면 시밀러웹으로 가서 '투두리스트'를 입력한다. 그러면 위와 같은 보고서가 생성된다.

투두리스트의 트래픽은 주로 라이프해커LifeHacker와 Ifttt에서 발생했다. 이런 블로그와 웹사이트를 사용하는 CEO 그리고 작가와 친구가 된

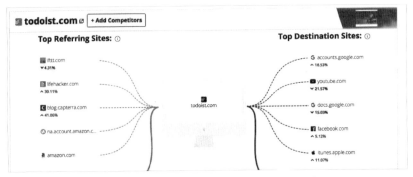

시밀러웹에서는 특정 웹사이트의 트래픽이 주로 어디서 발생하는지 확인할 수 있다.

다. 어렵겠지만, 경쟁자들의 트래픽을 빼앗아오면서 당신이 개발한 새로운 툴에 글을 쓰도록 설득해야 한다. 다음 장에서 내가 어떻게 24시간 만에 14명의 신규 고객을 확보할 수 있었는지에 대해 이야기하겠다. 그들은 각자 매월 360달러를 지출하고 내 툴을 사용했다.

아레프스를 사용하면, 어떤 단어를 구글에 검색했을 때 경쟁자들이 결과 페이지에 나타나는지를 확인할 수 있다. 아레프스 웹사이트(https://Ahrefs.com)로 가서 '투두리스트'를 검색하면 아래의 보고서가 나온다.

아레프스에서 '투두리스트'의 검색 결과.

자연 검색어가 5만 3,000개라는 것은 사람들이 구글에 검색했을 때 결과 페이지에 투두리스트가 등장하게 되는 단어가 5만 3,000개에 이른다는 뜻이다. 다시 말해, 이런 단어를 구글에 검색하면 자연 검색 결과 페이지에 투두리스트가 등장한다. '자연 검색어'를 클릭하면, 어떤 단어들이 이에 해당되는지 확인할 수 있다.

Keyword	Position		Volume	KD	CPC	Traffic ↓	URL
outlook	20 ↑1	ıllı	4,100,000	79	1.36	28,618	🔒 en.todoist.com/outlook ▾
todoist	1	ıllı	67,000	48	3.42	23,861	🔒 en.todoist.com/ ▾
todoist	3	ıllı	67,000	48	3.42	9,865	🔒 todoist.com/Users/showLogin ▾
to do list	1	ıllı	34,000	76	1.69	4,600	🔒 en.todoist.com/ ▾
to do list	2	ıllı	34,000	76	1.69	3,987	🔒 en.todoist.com/chrome ▾

이프레스를 통해서 웹페이지 상단에 노출시킬 수 있는 크래픽 양을 추정할 수 있다.

'to do list'라는 키워드에서 투두리스트 웹사이트로 매월 4,600건의 트래픽이 발생한다. 이를 기준으로 'to do list'라는 키워드를 검색했을 때, 당신의 웹사이트가 투두리스트보다 상위에 나오도록 만들면 트래픽을 얼마나 빼앗아올 수 있는지 추정할 수 있다. 이 책은 콘텐츠 마케팅이나 검색엔진 최적화에 관한 책은 아니다. 하지만 투두리스트 웹사이트에 트래픽을 발생시키는 자연 검색어를 구글에 검색했을 때 당신의 웹사이트가 결과 페이지 상단에 나오도록 하려면, 콘텐츠 마케팅인 검색엔진 최적화에 대해서 알아야 한다.

앱 애니App Annie는 모바일 앱 시장을 조사하는 데 유용한 웹사이트다. 예를 들어, 전자 문서 서명 앱 시장을 조사하고 있다면, 나라면 애플

앱스토어에서 헬로사인HelloSign의 순위를 확인할 것이다. 앱 애니로 가서 '헬로사인'을 검색한다. 그러면 어떤 사람들이 애플 앱스토어에서 헬로사인을 검색하는지 파악할 수 있다.

App Store Optimization

What words do people use when trying to find an app?

The right keywords can help an app to get discovered more often, and increase downloads and revenue. App Annie tracks millions of keywords so you can get more downloads for your app, and understand what keywords your competitors are using.

LEARN MORE

앱 애니는 모바일 앱 시장을 조사하는 데 유용한 툴이다.

애플 앱스토어의 키워드 최적화는 이해하기 어려운 기술이다. 그 누구도 애플이 어떻게 앱의 순위를 매기는지 정확하게 모른다. 아마도 앱 이름, 부제, 설명 그리고 후기를 종합적으로 분석해서 결과를 도출할 것이다. 그러니 헬로사인과 연관된 키워드를 당신 앱의 부제와 설명에 집어넣도록 해라.

나는 앞서 소개한 전략을 이용해서 250만 달러의 자금을 조달해서 헤요를 누적 매출이 500만 달러이며 고객 수가 1만 명에 달하는 기업으로 성장시켰다. 자세한 이야기는 이번 장 말미에서 하겠다.

우선 디지털 상품을 개발하는 방법에 관해 이야기해보자. 다시 한 번 말하지만, 나는 기술 분야를 중심으로 이야기를 풀어갈 것이다. 하지만 기술 분야가 아닌 다른 분야도 같은 프로세스에 따라 상품을 개발할 수 있다.

프리랜서 네트워크를 활용하자

기술 분야에 뛰어든 사람들이 가장 먼저 하는 질문은 어디서 개발자를 구하느냐다. 사업가는 누군가와 자기 기업의 지분을 나누기를 원치 않는다. 기술 분야에서는 기업의 지분을 온전히 지켜내기가 쉽지 않다. 기술 기업을 세우려면 기술에 대한 전문 지식이 있는 누군가가 필요하기 때문이다.

기업의 지분을 최대한 보유하면서 개발자를 찾는 가장 빠른 방법은 톱탈을 이용하는 것이다. 톱탈의 다른 버전인 업워크는 개발자 풀이 크지 않지만, 개발자를 찾는 데 유용한 웹사이트다. 이 두 웹사이트에서 프리랜서 개발자를 구한다. 이렇게 하면 당신 기업의 지분을 나눠주지 않고 프로젝트에 필요한 기술 전문성을 확보할 수 있다.

당신의 목표에 대한 프리랜서 개발자의 이해를 돕기 위해 모방 프로젝트나 기업을 이야기해라. 나는 최근에 짐 파울러Jim Fowler를 인터뷰했다. 그는 지그소Jigsaw를 세일즈포스에 매각하고 1,200만 달러 이상의 수익을 챙겼다. 인터뷰하는 동안, 그는 자신의 새로운 프로젝트인 아울러Owler를 공개했다. 당시 나는 수집한 비즈니스 데이터를 활용할 방안을 고민하고 있었고 그의 새로운 프로젝트가 마음에 들었다. 겟랏카의 새로운 버전을 도식화해서 보여주는 것보다 아울러를 예로 들어가며 설명했을 때 톱탈 개발자들은 내가 무엇을 원하는지 훨씬 빨리 파악했다.

겟랏카는 창업자들이 자기 기업을 가장 비싸게 팔고, 투자자들이 투자 수익이 높은 기업을 찾고, 대기업의 사업 개발 부서는 인수할 기업을 찾을 때 필요한 정보를 제공하는 웹사이트다. 기본 구조는 아울러와 매우 유사하지만, 데이터 출처는 완전히 다르다.

어떻게 경쟁자를 빨리 모방할까

나는 톱탈을 이용해서 겟랏카 웹사이트를 구축했다. 다음은 내가 사용한 방법이다.

1. 톱탈에 구인광고를 올리고 톱탈 채용 담당자들이 내가 원하는 개발자를 찾도록 한다. 나는 새로운 툴의 사용자 흐름도를 도식화하기 위해서 디자인 툴인 발사믹Balsamiq을 사용했다. 이렇게 하면 개발자들이 웹사이트를 개발하는 데 얼마의 시간(그리고 돈!)이 들지를 더욱 수월하게 추산할 수 있다.

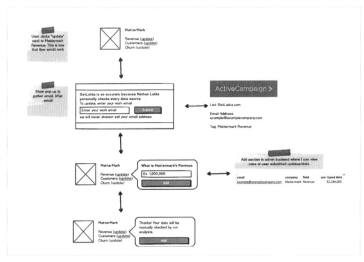

발사믹을 활용해 만든 새로운 툴의 사용자 흐름도.

2. 스카이프로 면접을 보고 마음에 들면 그를 채용한다. 나는 2명을 면접했고, 우크라이나에서 살고 있는 스티븐Steven을 채용했다. 이유는 그가 내가

보낸 도식을 보고 날카로운 질문을 했기 때문이다.

3. 개발자에게 비용을 지급할 때 톱탈을 이용하고 빗버킷Bitbucket, 아사나Asana 또는 트렐로Trello를 통해 작업을 관리한다.

4. 톱탈은 개발자에게 시간당 50달러를 지급하고 확보한 시간을 시간당 65달러에 당신에게 팔아서 매출을 올린다(프로젝트에 따라 가격이 인상된다). 톱탈을 사용하면 개발자를 찾기 위해 상당한 시간을 허비할 필요가 없다.

나는 조기 시제품을 제작할 때 톱탈과 같은 웹사이트를 사용하는 것을 선호한다. 그 이유는 크게 2가지로 정리된다.

1. 기업 지분을 100% 소유할 수 있다.
2. 월 고정 지출을 줄일 수 있다. 직접 개발자를 고용하면 그에게 매달 임금을 줘야 한다. 그리고 건강보험료, 생일이나 회식 등 잡다한 비용을 걱정할 필요가 없다(이런 일들은 돈뿐만 아니라 시간도 많이 잡아먹는다).

시제품 제작의 마지막 단계는 예산을 직접 수립하고 고수하는 것이다.

최소 기능 제품을 제작하는 방법에 대한 정보는 어디에서나 쉽게 얻을 수 있으니, 이 책에서 자세히 다루진 않겠다. 첫 번째 고객을 확보하기 전에는 5,000달러 이상 지출해서는 안 된다. 5,000달러 이하의 예산을 들여서 최소 기능 제품MVP을 제작하는 것이 좋다.

겟랏카의 MVP는 아래의 CSV파일로 구현된 데이터베이스였고, 이 불품없는 시제품으로 처음 벌어들인 수익은 5,000달러였다.

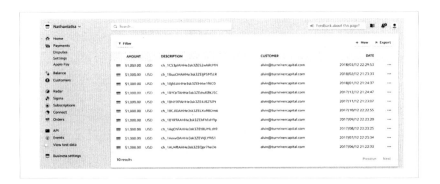

내 첫 고객은 2017년 6월 12일부터 월 1,000달러를 지급하고 아래의 기업 정보와 거래 내역이 포함된 데이터베이스에 접속했다.

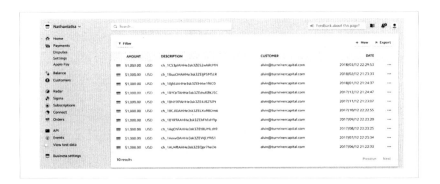

프로그램의 기능을 개선하기 위한 논의의 초반 단계에 고객들을 개입시키면, 그들은 당신과 프로그램에 특별한 애정을 갖게 된다. 그들이 해당 프로그램을 제일 처음 사용한 사람들이라는 사실에 자부심을 느끼도록 만들어야 한다. 이것을 제대로 해내면, 그들은 주변 친구들에게 자신들이 당신을 어떻게 발견했고, 프로그램을 개선하는 데 얼마나 기여했는지를 자랑삼아 이야기하고 다닐 것이다. 이것이 새로운 고객 유치로 이어질 수 있다. 그래서 겟랏카에 새로운 정보를 추가할 때, 나는 항상 초기 고객들에게 피드백을 구한다.

제목: 검색 기능
보낸 사람: 네이선 랏카 ▓▓▓▓▓▓▓▓▓▓▓▓
받는 사람: 앨빈

지난밤에 추가한 검색 기능 원활하게 실행되나요?
http://159.203.160.129/
데이터베이스에 들어 있는 기업 수가 3,000개이니 검색 기능이 유용할 거라고 생각합니다.
말해주신 다른 부분들에 대해 작업을 진행하고 있습니다.

보낸 사람: 앨빈 앙 ▓▓▓▓▓▓▓▓▓▓▓▓
받는 사람: 나

문제없이 잘 실행됩니다. 검색 기능과 필터 기능은 아주 중요하죠.
자동 추천 기능도 아주 좋을 것 같아요. 하지만 자동 추천 기능은 실행하기가 좀 어렵죠.
제가 도와드릴 부분이 있으면 알려주세요.
앨빈 드림

그들의 피드백을 반영해 프로그램을 개선했고, 신규 고객을 확보한 뒤에 데이터베이스 접속료를 인상했다. 신규 고객에게는 월 2,000달러의 접속료를 부과했다.

신규 고객에 대한 데이터베이스 접속료 내역.

요즘 접속료는 월 2만 달러다. 그리고 나는 매출 성장에 맞춰 겟랏카에 투자를 조금 더 늘리고 있다. 예를 들면, 매출이 1달러 늘 때마다 데이터베이스를 개선한 개발자들에게 0.1달러를 지급한다. 나는 개인 자산을 활용하지 않고 5만 달러만 투자해서 겟랏카를 성장시켰다.

톱탈 개발자들과 최소 기능 제품을 제작했다면, 이 시제품으로 경쟁자를 공략할 방법에 대한 고민을 시작해야 한다.

1. 경쟁자의 웹사이트에 고객 게시판이 있다면 게시판에 올라온 글을 읽어본다. 고객들의 요청이 가장 많은 기능이 무엇인지 그리고 그중에서 아직 개발되지 않은 기능이 있다면 그게 무엇인지 파악한다. 나는 이를 '고객 지원 주도형 비즈니스 스타트 가이드'라고 부른다. 경쟁자의 고객 게시판에서 얻은 정보를 자신의 사업에 적극적으로 활용한다. 예를 들어, 맞춤형 정기 구독 쇼핑몰 크레이트조이Cratejoy의 경쟁사를 세울 생각이라면 크레이트조

이의 피드백 요청 페이지(www.cratejoy.ideas.aha.io)로 가서 고객들의 요청에 대한 솔루션을 개발하는 것이다(기존 고객이 자신의 카트에 무언가를 추가할 수 있는 기능에 56명이 찬성했다).

고객이 요청하는 기능이 추가된 솔루션을 개발하면, 서서히 경쟁자들의 시장 점유율을 빼앗을 수 있다.

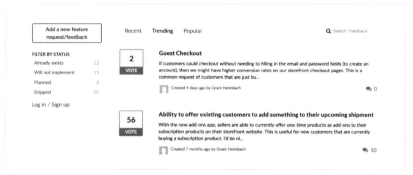

경쟁자의 고객 게시판은 중요한 정보 공급처다.

2. G2 크라우드처럼 소프트웨어를 비교 분석해 순위를 매기는 웹사이트에서 경쟁자에 대한 부정적인 후기를 확인한다.

이렇게 하면 경쟁자가 제공하지 않는 기능이 무엇인지 파악할 수 있다. 그 기능이 탑재된 솔루션을 당신이 개발할 수 있을지도 모른다. 하지만 기억해라. 상품이 최고라고 무조건 잘 팔리는 것은 아니다. 최고의 상품이 확보되었다면, 유통 채널에 대해 고민해야 한다.

경쟁사의 유통 채널을 공략하라

2014년 나는 헤요의 경쟁사인 숏스택ShotStack의 트래픽 경로를 조사하고 있었다. 검색엔진 최적화 툴셋 아레프스Ahrefs로 검색해보니 상당한 트래픽이 "톱 5 페이스북 콘테스트 앱Facebook Contest Apps: Top 5 Apps for Your Next Contest"이라는 구아바박스GuavaBox.com의 게시글에서 나왔다. 하지만 헤요는 그 목록에 없었다.

다음은 구아바박스 공동 창업자와 주고받은 메일이다. 끝내 나는 그를 설득해서 '헤요 프리 콘테스트 빌더Heyo Free Contest Builder' 링크를 게시글 상단에 삽입했다. 처음에 나는 구아바박스 웹사이트에 공개된 대표 메일로 연락을 취했다. 다음은 메일로 나눈 내용이다.

나:

안녕하세요? 블로그에서 페이스북 콘테스트 분야에 대한 글을 봤습니다. 제가 페이스북 콘테스트 제작 툴을 개발하고 있는데, 출시 예정인 새로운 디자인과 관련해서 2가지 문의 사항이 있어서 연락드립니다. 개인적인 내용이라 통화가 가능할까요?

구아바박스:

네이선 씨, 안녕하세요. 연락 주셔서 감사합니다.
기꺼이 헤요를 살펴보고 피드백을 드리겠습니다. 멋진 툴 같네요.

나:

앤드류 씨, 안녕하세요. 회신이 늦어서 죄송해요.
우리 툴에 대해서 당신의 피드백을 받고 싶어요.

좀 더 자세히 대화를 주고받고 싶은데, 금요일에 30분 동안 스카이프 통화가 가능할까요?

스카이프로 통화하면서 그에게 많은 질문을 퍼부었다. 그들이 내 제품에 조금이나마 애정을 품게 만들 속셈이었다. 나는 우선 다음의 질문을 했다.

▶ 당신이 현재 고객들에게 판매하고 있는 것은 무엇인가요?

▶ 당신이 현재 사용하고 있는 툴은 무엇인가요? 어떤 점이 마음에 드나요? 그리고 어떤 점에 마음에 들지 않나요?

▶ 헤요의 경쟁사들이 출시한 툴을 사용하고 있나요?

그러고 나서 그들이 내 제품에 애착을 갖도록 다음과 같은 질문을 하기 시작했다.

▶ 헤요 툴셋에 있는 이 기능에 대해서 어떻게 생각하나요?

▶ 이 위젯을 한번 사용해보고 나서, 당신의 고객에게 팔아볼 생각이 있으세요?

▶ 우리 툴이 당신 회사의 매출을 올리는 데 어떻게 활용될 수 있을까요?

이런 대화를 하면, 상대방은 마치 해당 상품이 자신의 것이라 느끼게 된다. 내가 상품에 대해 외부인은 알 수 없는 부분까지 그와 공유했기 때문이다. 스카이프 통화 이후에 그레이(앤드류의 공동 창업자)에게 다음의 메일을 보냈다.

그레이 씨, 안녕하세요.

지난번에 스카이프로 통화하면서, '와일드파이어 프로모션 제작 툴Wildfire Promotion Builder'라는 게시글 위에 헤요 소개글을 포스팅하기로 했잖아요. 당신도 여기에 동의하셨고요. 해당 게시글을 찾아서 업데이트하려면 아카이브를 뒤져야 할 텐데, 수고로움을 감수하고 동의해주셔서 정말 감사해요. 이번 기회를 계기로 앞으로 계속 함께 일할 수 있었으면 좋겠어요!

'헤요 프리 콘테스트 빌더' 개괄

헤요는 드래그 앤드 드롭 페이스북 콘테스트 제작 플랫폼이다. 다수 기업들이 헤요를 이용해 페이스북 인게이지먼트를 높이고 페이스북 팬들의 메일 주소를 확보하고 '좋아요'를 획득해 매출을 올리고 있다.

헤요는 전 산업군에 걸쳐 사용될 수 있는 콘테스트 탬플릿도 추천한다. 예를 들어, 스쿼 밸리Squaw Balley는 헤요를 이용해 페이스북 콘테스트를 제작해 열흘 이내에 4,500개의 메일 주소를 확보했다.

또 다른 사례로 니콜레트 아일랜드 인Nicolette Island Inn은 페이스북 팬 25%의 메일 주소를 확보했다. 니콜레트 아일랜드 인이 사용한 헤요 콘테스트 템플릿은 페이스북 팬들에게 우승 확률을 높이기 위해 메일 주소를 입력하고 나서 '좋아요', '공유' 그리고 '트윗'을 클릭하라고 요청했다.

헤요에는 유용한 기능이 많다. 그중에서 헤요로 제작된 페이스북 콘테스트는 자동적으로 모바일 기기에 최적화 버전으로 변환되고 심지어 마케팅용 스마트폰 URL도 생성된다. 무료 체험을 원하면 여기를 클릭해라.

그레이 씨, 블로그에 적당하게 위의 내용을 마음껏 편집하셔도 좋아요. 저보다 블로그 독자를 훨씬 더 잘 아실 테니까요.

그런데 여기에는 링크가 내장되어 있지 않네요. Lujure.Zferral.com(우리 프로그램입니다)에서 로그인하면 링크를 확인할 수 있습니다.

아니면 약 4주 뒤에 가입비가 100달러인 프로그램을 출시할 때까지 기다려주세요. 문의사항 있으시면 연락 주세요.

감사합니다.

이렇게 메일을 보내고 며칠 뒤에, 그레이는 아래와 같이 블로그를 업데이트했다. 쇼트스택 바로 위에 헤요가 포스팅됐다.

이 포스팅이 블로그에 올려지고 첫 30일 동안, 14명의 신규 고객이 유입됐다. 그들은 월 30달러를 지출하고 헤요를 사용했다. 나는 그들이 헤요를 사용하는 기간이 12개월은 족히 넘을 것이라고 생각했다(360달러+고객 평생 가치). 그래서 그레이에게 신규 고객당 100달러를 지출하는 데 큰 문제가 없었다. 그는 1,400달러를 벌고(신규 고객 14명 × 100달러), 헤요는 5,040달러의 매출을 올렸다(신규 고객 14명×360달러 고객 평생 가치).

경쟁에서 이기기 위해서는 이런 종류의 전투를 수천 번 벌여야 한다. 하지만 새로운 아이디어로 사업을 시작했다면, 이렇게 경쟁사와 전투를 벌일 기회조차도 얻지 못할 수 있다. 구아바박스가 기존의 페이스북 콘테스트 빌더의 목록을 포스팅했기 때문에, 이 전략이 통했다. 내가 한 것이라고는 기존의 페이스북 콘테스트 빌더 개발업체보다 더 많은 인센티브를 구아바박스에 제시해 목록 첫 번째 자리를 획득했을 뿐이다.

숏스택의 트래픽을 빼앗아오기 위해 내가 사용한 전략은 간단하다. 경쟁사에 대해 글을 썼던 작가들에게 적극적으로 연락을 취하고 그들과 친분을 쌓고 당신의 제품을 목록에 추가하도록 만든다. 그들이 업데이트한 예전 콘텐츠가 매월 당신 웹사이트로 새로운 트래픽을 발생시킬 것이다. 게다가 이렇게 하면 경쟁사들로부터 트래픽을 빼앗아 올 수도 있다! 이런 종류의 투자는 갈수록 가치가 커진다. 매달 조금씩 웹사이트 조회 수가 올라간다. 얇은 종이를 한 장 한 장 쌓는다고 생각해보라. 처음에는 아무 의미가 없는 것 같지만, 365일 하루도 빠지지 않고 쌓으면 상당한 높이의 종이 더미가 만들어진다. 이렇게 유통 채널을 장시간 꾸준히, 조금씩 늘려나가면, 어느 순간 그 분야를 선도하는 기업으로 부상하기 시작할 것이다.

유통 채널에 비용을 지불하는 대신, 할 수 있다면 유통 채널을 아예 인수해버리는 것도 좋다. 예를 들어, 메일 주소록에 있는 사람들에게 당신의 기업을 단 한 번 소개하는 대가로 5,000달러를 지출하는 대신에, 그 기업을 인수해서 메일 주소록을 당신 것으로 만들어버리는 것이다. 이것이 내가 더 톱 인박스를 인수한 이유다. 큐레이션 웹사이트, 후기 웹사이트, 유튜브 채널 등 어떤 유통 채널이든지 할 수만 있다면 인수해라.

경쟁자를 모방해서 성공하는 방법

- **1단계. 핫한 산업을 찾아라:** 킥스타터와 같은 크라우드펀딩 사이트에서 모금액이 가장 많은 업종을 파악하고 시프터리와 같은 사이트에서 고객 수가 가장 빠르게 증가하는 기업을 조사한다.

- **2단계. 잘나가는 기업이 왜 잘나가는지를 파악한다:** 아레프스, 시밀러웹 등을 통해 경쟁사들이 트래픽을 어떻게 확보하는지 조사한다.

- **3단계. 자신만의 상품을 만든다:** 톱탈이나 업워크를 통해 프리랜서 개발자를 고용해 경쟁사의 상품을 자신만의 상품으로 재해석한다. 인기상품을 모방하고 경쟁사의 고객 게시판에서 아이디어를 얻어 상품을 개선한다.

- **4단계. 경쟁사의 유통 채널을 공략한다:** 경쟁사에 관한 글을 올렸던 블로거와 인플루언서에게 연락을 취한다. 내가 구아바박스에 혜요를 홍보해줄 것을 요청할 때 주고받은 메일을 참고해서 그들에게 당신의 상품을 홍보해달라고 요청해라.

12. 소득 증식의 마스터키

안 쓰는 다수 말고,
쓰는 소수자를 묶는다

"현상을 분석하고 거기서 얻어낸 증거로 새로운 무언가를
생각해내는 사람이 영리한 사람이다."

- 마크 해던Mark Haddon

SEND ▼

사람들은 내가 미디어 사업, 특히 팟캐스트와 페이스북 라이브쇼를 통해 많은 돈을 벌었다고 생각한다. 그도 그럴 것이 수백만 명의 사람들이 내 팟캐스트를 청취하고 페이스북 라이브쇼를 시청한다. 그러니 이것이 마냥 틀린 생각은 아니다. 하지만 이것이 내가 뉴 리치가 된 배경을 전부 설명해주지는 못한다. 사람들이 눈치채지 못한 것이 있다. 나는 눈에 드러나 있지 않은 사업에서 가장 큰 수익을 내고 있다.

내 '숨겨진' 수익은 증식의 결과다. 앞에서 잠깐 언급했지만, 서로 다른 프로젝트를 연결하는 패턴을 찾고 그 패턴을 이용해서 돈을 벌 때 소득이 증식된다. 이것이 바로 '1+1=2'가 아닌 '1+1=3'이 되는 마법을 일으킨다. 예를 들어 '톱 앙트러프러너즈'에서 인터뷰한 CEO들은 더 톱 인박스를 통해 홍보 활동을 하는 것에도 함께 매력을 느꼈다. 그래서 나는 팟캐스트와 더 톱 인박스를 하나로 묶어 스폰서십 패키지를 만들었다. (이것은 내게 새로운 수익원이 됐다).

소득 증식에 활용할 수익원이 많지 않더라도 걱정할 필요는 없다. 새로운 아이디어를 찾는 것은 생각보다 훨씬 쉬운 일이다. 직접적인 접근법은 아주 단순하다. 나 역시 항상 이 접근법으로 새로운 아이디어를 찾고 있다. 그리고 이렇게 찾은 아이디어는 단 한 번도 나를 실망시킨 적이 없다.

소득 증식 전략들이 동시에 맞물려 돌아가도록 만들어야 한다.

매출을 2배로 올릴 수 있는 질문들

내 대본을 활용해서 고객들에게 질문을 해보기를 바란다.

고객들로부터 원하는 정보를 얻어내는 방법이 있다. 고객이 상품이나 서비스를 구매하고 비용을 지급하는 즉시, 그에게 유사한 상품이나 서비스 중에서 구매할 의향이 있는 게 무엇인지 묻는다. 고객이 100명, 1,000명 아니면 단 3명만 있어도 충분히 할 수 있는 질문이다. 그냥 메일로 'X를 위해 구매했던 다른 툴이 있나요?'라고 묻자.

'X'는 당신이 몸담은 분야이거나 솔루션을 제시하는 문제일 수 있다. 가령 절세 소프트웨어를 판매한다면, 고객에게 세금과 자산을 관리하기 위해서 어떤 툴을 구매했는지 물어볼 수 있다(그가 유료 고객이든 무료 체험 고객이든 상관없다). 여기서 분명히 짚고 넘어갈 부분이 있다. 이것은 고객에게 원하는 것이 무엇이냐고 묻는 것과는 완전히 다르다. 그들에게 원하는 게 뭐냐고 물으면 답변이 산더미처럼 쏟아질 것이다. 아마도 실제 구매하지도 않을 것들을 끝없이 나열할지도 모른다. 그들이 과거에 실제로 구매했던 것이 무엇인지를 알면, 그들이 지금 당장 돈을 주고 기꺼이 사용할 것이 무엇인지도 예측할 수 있다.

　고객들의 답변을 정리하면 어떤 패턴이 눈에 들어올 것이다. 같은 상품이나 같은 니즈를 계속 언급했을지도 모른다. 그러면 거기서부터 다음 사항에 관해 결정을 내릴 수 있다.

▶ 다른 기업을 인수한다. 고객들에게서 X 기업의 상품을 구매했다는 답변이 돌아온다면, 나라면 9장에서 소개한 전략들을 이용해서 X 기업을 인수하겠다. 기업을 하나 더 경영할 여유가 된다면, 직접 기업을 창업하는 것보다 기존 기업을 인수하는 편이 훨씬 쉽다. 현재 고객에게 새롭게 인수한 기업의 상품을 교차 판매할 수 있다.

▶ 다른 기업과 제휴를 맺는다. 다른 기업을 인수할 수 없다면, 그들과 힘을 합치는 것도 방법이다. 많은 고객들이 다른 기업의 상품을 좋아한다면 상대 기업의 고객들이 당신의 상품을 구매할 수도 있다는 뜻이다. 서로의 고객에게 상대방의 상품을 교차 판매하면 누이 좋고 매부 좋은 상황이 될 것이다.

▶ 유사한 상품을 추가한다. 신규 사업을 시작할 필요는 없다. 현재 판매하고 있는 상품의 파생 상품을 만들어보자. 세금 소프트웨어를 사용하는 고객들이 인보이스나 재고 추적 툴도 구매했다면, 당신도 이와 유사한 상품을 단독 혹은 세금 소프트웨어와 하나로 묶어서 판매할 수 있다.

　이와 같은 방법으로 소득을 증식시킨 가장 대표적인 사례가 맥도날드다. 맥도날드는 일찍이 사람들이 햄버거와 감자튀김을 함께 사 먹기를 좋아한다는 사실을 눈치채고, 햄버거와 감자튀김을 하나로 묶어서 세트 메뉴로 판매하기 시작했다. 지금은 햄버거와 감자튀김 세트 메뉴를 주문하는 고객들이 단품으로 주문하는 고객들보다 훨씬 많다. 맥도날드는 경쟁사의 인기 메뉴를 베껴서 새로운 수익원을 만들어냈다. 스타벅스가 큰 인기를 얻자, 맥도날드는 맥카페를 열어서 커피 음료를 판매하기 시작했다. 그리고 그 누구도 하얀 풀떼기만 있는 샐러드를 원치 않는다는 사실을 깨닫고 파네라와 칙필레이를 모방해서 알록달록하고 영양가 있는 재료로 샐러드를 만들어 판매하기 시작했다.[*]

이번 장에서는 기존 사업에 상품이나 서비스를 추가하는 방법을 집중적으로 다룰 것이다. 이것은 새로운 수익원을 얻는 데 가장 효과적인 성장 전략이다. 이 전략으로 소득을 증식시킬 수 있다. 이 전략에서 핵심은 새로운 고객보다 현재 고객에 집중해야 한다는 것이다. 넓고 얕게 보다는 좁고 깊게 파고들어야 한다.

새로운 고객이 아닌 지금의 고객에 집중하라

사람들은 주로, 사업을 성장시킬 유일한 방법이 고객층을 확대하는 것이라고 생각한다. 이는 큰 오산이다. 더 많은 고객을 확보하는 전략은 수익을 증대하기 위해 내가 가장 마지막에 사용하는 전략이다. 기존 고객을 활용해서 새로운 수익원을 만들어내는 것이 좀 더 효율적으로 수익을 증대할 수 있다. 사업을 어떻게 성장시킬지 고민할 때, 항상 '넓

---

[*] (원주) * www.businessinsider.com/mcdonalds-is-changing-its-salad-2016-6.

고 얕게보다는 좁고 깊게'를 염두에 두기를 바란다.

고객들이 구매한 타사의 상품을 출시한다. 설령 기존 고객들은 그 상품을 이미 가지고 있어서 다시 사지 않겠지만, 신규 고객은 신상품을 구매할 수도 있다. 물론 신규 고객도 중요하다. 하지만 여기서는 기존 고객이 당신에게 더 많은 돈을 지출하도록 만드는 데 집중해야 한다. 다시 한 번 더 말하지만, '넓고 얕게보다는 좁고 깊게' 공략해야 한다.

기존 고객들이 당신에게서 더 많은 가치를 더 많은 돈을 내고 구입하도록 만들 방법에 대해 고민해야 한다. 여기서 균형을 유지하는 것이 중요하다. 1명의 고객에게서 매출의 10% 이상이 발생하는 상황을 만들어서는 안 된다. 이것은 위험한 상황이다. 하지만 소수에게서 상당한 매출이 발생하도록 만들 수 있다면, 수익 잠재력이 커질 것이다.

고객 수	고객당 가격	연 매출
5	월 $16,600	$1M
100	월 $833	$1M
5,000	월 $16	$1M
100,000	월 $.80	$1M
고객이 5명일 때 활용할 비즈니스 모델과 고객이 1만 명일 때 활용할 비즈니스 모델을 고민해보자.		

고객 수에 제한을 두고 아래의 질문을 스스로에게 던진다.

▶ 고객 수가 단지 50명밖에 되지 않는다면, 어떻게 가치가 수백만 달러에 달하는 기업을 세울까?

▶ 그들에게 무엇을 팔아야 할까?

▶ 그들에게 얼마를 부과해야 할까?

▶ 가격 인상은 어떻게 진행해야 할까?

▶ 그들이 기꺼이 돈을 더 주고라도 구입할 상품은 무엇일까?

나는 겟랏카가 월 30달러를 받고 100만 명에게 판매할 만한 상품은 아니라고 생각했다. B2B SaaS(서비스형 소프트웨어) 데이터에 관심 있는 사람은 많지 않다. 하지만 벤처캐피털 업계에 몸담은 소수 집단의 사람들에게는 상당히 가치 있는 상품이다. 그래서 나는 데이터베이스에 접근할 수 있는 고객을 소수로 제한하고 관리했다. 고객이 소수이다 보니 그들에게 고객 맞춤형 서비스를 제공할 수 있었다. 그러자 겟랏카의 데이터베이스에 접속하고자 자리가 나기만을 기다리는 사람들이 생겨났다.

지금 나는 고객 수를 50여 명으로 제한하고 있다. 그리고 몇 달마다 그들에게 메일을 보내 요금이 인상될 예정임을 공지한다. 그러면 요금 인상으로 1~3명 정도의 이탈 고객이 발생한다. 이렇게 생긴 빈자리는 대기자들에게 돌아간다. 나는 '지금 세 자리가 비었는데, 요금은 월 X달러입니다.'라는 내용으로 대기자들에게 메일을 보낸다. 그러면 빈자리는 금세 채워진다.

팟캐스트 청취자들은 오직 50명에게만 이런 서비스를 이용할 기회가 주어진다는 것을 안다. 이 사실이 긴박함을 만들어낸다. 그래서 대기자들은 기회를 놓칠세라 빈자리를 차지하려 달려든다. 그러고 나서 50명의 고객에게 인상된 가격을 부과해 현금 흐름을 높인다.

마케팅 및 영업 플랫폼인 인퓨전소프트Infusionsoft의 CEO 클레이트 매스크Clate Mask도 매출을 높이기 위해 '넓고 얕게보다는 좁고 깊게' 접근법을 썼다. 그가 말하기를 2014년 인퓨전소프트의 월 고객 이탈률은 8%에 육박했다. 이번 달 고객이 100명이라면 다음 달에는 92명으로 줄어든다는 뜻이었다. 소프트웨어 업계에서 이 정도는 정말 높은 고객 이탈률이다.

그래서 그는 고객 이탈률을 낮추기 위해서 언뜻 들었을 때 이해가 안 되는 전략을 썼다. 그는 가격을 인상했다. 이는 더 많은 고객 이탈로 이어졌다. 그는 왜 이런 전략을 사용했을까? 그는 고객 이탈률이 높은 이유를 분석했다. 사람들은 무료 체험을 위해 가입했다. 그렇다고 가입 즉시 소프트웨어를 사용하지도 않았다. 그러다가 무료 체험 기간이 종료되면 탈퇴해버렸다.

그래서 그는 유료 서비스로 전환되는 시점에 바로 2,500달러를 서비스 요금으로 부과했다. 그러자 고객들은 무료 체험 기간이 끝나기 전에 소프트웨어를 활용하기 시작했다. 이 방법으로 유료로 서비스를 사용할 의향이 없는 사람들을 솎아냈다. 정당한 비용을 지출하고 소프트웨어를 사용할 의향이 있는 사람들만이 남았던 것이다. 그는 각 고객에게 직원을 1명씩 붙여서 소프트웨어 사용을 지원했다. 이렇게 하니 고객 이탈률은 8%에서 2%로 떨어졌다. 고객의 수는 대폭 줄어들었지만, 가격을 높였고 유료 고객들은 대체로 장기 고객이었다. 이것은 매출이 엄청나게 개선되는 결과를 가져왔다.

아직 고객들을 알아가는 단계라면, 그물망을 넓게 던져 몇 달 동안 고객들의 행동을 관찰하는 것이 좋다. 누가 재주문을 했는지 그리고 누가 가장 많은 돈을 지출하는지 등을 관찰하고 분석한다. 어떤 패턴들이 눈에 들어오기 시작하면, 접근법을 살짝 변경해서 직접적으로 돈을 많이 내는 고객들을 지원한다.

다음 표는 가입한 달을 기준으로 산출한 헤요의 고객 이탈률이다. 우리는 이것을 '코호트 이탈 분석cohort churn analysis'이라고 부른다. 2014년 2월에 가입한 443명 중 84.7%가 2016년 2월에 구독을 취소했다. 새로 개편한 요금제는 2014년에 2월에 가입해서 여전히 헤요 서비스를 이용하고 있는 15.3%의 고객들에게 적용됐다. 나는 그들이 왜 헤요에 대해서 높은 충성도를 보이는지가 궁금했다.

고객 수	총계	코호트 이탈률
2/14	443	84.7%
3/14	401	82.7%
4/14	418	78.6%
5/14	304	79.6%
6/14	438	81.6%
7/14	396	77.5%

헤요의 고객 이탈률(가입한 달 기준).

나는 고객들의 고객 충성도가 높은 이유를 파악하고 나서 요금제를 개편하거나 다른 상품을 추가로 판매해서 매출을 높였다. 페이스북 콘테스트를 통해 잠재 고객을 많이 확보한 기업 고객들이 혜요를 장기간 사용했다. 그래서 나는 잠재 고객의 유입량과 혜요 요금제를 연동시켰고 그 즉시 매출이 급상승했다.

누구나 나처럼 할 수 있다. 역사적으로 어떤 고객들이 가장 많은 비용을 지출하는지를 분석한다. 그러고 나서 그 이유를 분석하고 그 데이터에 기반해 요금제를 개편하거나 설정한다. 직감만 믿고 결정하지 마라. 직감이 맞을 때도 있지만, 틀릴 때가 더 많다. 직감과 데이터가 모두 필요하다.

여기서 조심해야 한다. 추가 판매를 위한 추가 판매를 시도해서는 안 된다. 고객들은 이런 속이 빤히 보이는 행위에 그렇게 너그럽지 못하다. 당신의 비즈니스 모델에 적합하다면 사용량을 기준으로 추가 판매를 하는 것이 좋다. 대체로 새로운 요금제가 나오면 고객들은 추가 판매에 좀 더 유연해진다. 나는 바로 이런 접근법으로 혜요의 매출을 높였고 더 톱 인박스를 또 하나의 수익원으로 변모시켰다. 더 톱 인박스는 무료 사용 횟수 50회를 모두 사용하면 유료화된다. 이때 요금은 월 5달러다. 더 톱 인박스를 무료로 50회 사용해 정기고객이 된 그들에게 월 5달러는 그리 큰돈이 아니다.

오프라인 상품을 추가로 판매할 생각이라면, 슈퍼마켓의 계산대 주변이나 아마존의 '이 상품을 구매한 분들이 이 상품도 구매했습니다.'라는 팝업을 눈여겨봐라. 맥주 진열대에 놓인 탁구공을 보고 짜증낼 대학생은 없을 것이다. 미국의 대학생들은 슈퍼마켓에서 9달러 99센트에 맥주를 사면서 비어퐁* 게임을 위해 3달러 99센터에 탁구공까지 추가로 구매한다. 슈퍼마켓 입장에서 9달러 99센트에 맥주만 파는 것보다 맥주와 탁구공을 한 곳에 진열해서 13달러 98센트를 파는 것이 훨씬 낫다.

물론 이러한 묶음 판매 전략이 짜증스러울 수도 있다. 예를 들어 버라이즌 직원이 새로 출시된 '월 1달러 요금제'에 케이블, 충전기 등 원치도 않는 상품을 끼워 팔려고 한다면 어떨까? 그러니 고객이 원하는 상품을 잘 파악해서 끼워 판매해야 한다.

3가지 소득 증식 전략

다양한 사업을 하거나 여러 상품을 판매하고 있다면, 소득 증식이 가능하다. 나는 이런저런 사업을 하면서 가장 효과적인 소득 증식 전략 3가지를 발견했다.

전략1: 서비스 사용 시간을 늘려 '지갑 점유율'을 높인다

지갑 점유율은 간단히 말하면 고객이 당신의 상품에 쓰는 액수다. 장바구니에서 실제 결제로 이어지는 상품이 많을수록 지갑 점유율이 높아진다.

---

* beer pong. 테이블 양쪽에 놓인 맥주로 채워진 컵에 탁구공을 테이블의 양쪽에서 던지는 술자리 게임으로 미국에서는 매우 흔하다.

우선, 고객이 당신의 상점이나 웹사이트에서 머무르는 시간을 늘려야 한다. 이런 시간이 길수록 그들을 더 많은 상품과 서비스에 노출된다. 사람들이 한 장소에서 많은 상품을 구매하는 것이 자신들에게 이롭다는 판단이 서면, 이 전략은 그야말로 천하무적이다.

그래서 코스트코가 회원제로 운영되고 아마존이 아마존 프라임을 출시한 것이다. 그들은 사람들이 회원료를 내면 자신들에게서 더 많은 상품을 구매하게 된다는 사실을 안다. 모든 것이 포함된 크루즈선의 여행객들이 흥청망청 술에 취하는 이유도 바로 이것이다. 엄청난 비용을 주고 크루즈선에 오른 여행객들은 자신들이 쓴 돈이 아깝지 않도록 여행하는 내내 아침 8시부터 하루 종일 술을 마신다.

월마트는 그 자체로 편리하다. 여타 주유소도 마찬가지다. 하지만 이 둘이 만나면 그 가치는 더 커진다. 사람들이 이곳에서 머무르는 시간이 더 늘어나기 때문이다. 월마트 주차장에 들어서는 순간, 사람들의 지갑은 활짝 열린다. 사람들은 월마트에서 화장지와 냉동피자부터 5시간 지속하는 에너지 드링크까지 구입하고 옆 주유소의 세차장에서 세차를 한다.

물론 당신의 사업은 월마트나 아마존이나 코스트코급은 아니다. 아마 그 근처에도 못 따라갈 것이다. 하지만 규모에 상관없이 누구나 고객의 지갑 점유율을 높일 수 있다. 비결은 간단하다. 고객들이 어떤 상품을 구매하는지를 파악하고 당신이 판매하는 다른 상품 중에서 그들이 구매하는 상품과 엮을 만한 것들이 있는지를 찾는다.

예를 들어, 당신이 취급하는 아이폰 케이스가 아마존에서 잘 팔리고 소매점에서도 판매되고 있다고 치자. 유통망을 확보하는 것은 몹시 어려운 일인데, 당신은 이미 그 어려운 일을 해냈다. 어렵게 확보한 유통망으로 아이폰 케이스만 판다는 것은 그야말로 자원 낭비다.

아이폰과 관련된 파생 소비를 분석하고 기존 유통망을 통해 추가로 판매할 상품을 결정한다. 참고로 파생 소비는 무언가를 구입함으로써 부수적으로 발생하는 또 다른 소비다. 가령 사람들의 월 파생 소비 규모가 100달러라고 치자. 그렇다면 100달러에서 최대한 많은 액수를 가져올 방법을 고민해야 한다. 사람들은 아이폰과 관련해 어떤 상품을 또 구입해야 할까? 그리고 유통망을 활용해 파생 소비 상품을 어떻게 사람들에게 팔아야 할까? 이 질문에 답을 얻을 수 있는 가장 좋은 방법은 그들에게 직접 물어보는 것이다. 차선책은 아마존에서 '이 상품을 구매한 사람들이 구매한 다른 상품'이나 유사 상품을 관찰하는 것이다. 디지털 상품의 경우에는 시프터리나 빌트위드에서 해당 내용을 확인할 수 있다.

사람들이 핸드폰 케이스와 함께 USB 충전기를 구매한다는 사실을 알았다. 그러면 USB 충전선 판매업자와 제휴를 맺을까? 아니면 직접 제작해서 판매할까? 라이선스 판매를 할까? 이중에서 마음에 드는 방법을 선택해서 USB 충전선을 판매하면 된다. 먼저 해야 할 일은 사람들이 아이폰 케이스와 함께 추가로 구매하는 연관 상품이 무엇인지 찾는 것이다.

베스트셀프BestSelf는 지갑 점유율을 성공적으로 높이고 있는 기업이다. 캐서린Cathryn과 앨런Allen은 뛰어난 기업가다. 그들은 목표 설정 플래너인 셀프 저널SELF Journal을 제작해서 31달러 99센트에 판매한다. 2015년부터 지금까지 20만 권 이상이 팔렸다. 셀프 저널은 소비자가 원하는 시점부터 13주 동안 기록할 수 있도록 디자인되어 있다. 셀프 저널에 중독된 사람은 13주가 지나면 새로운 저널을 구매한다. 그들에게 비용은 중요치 않다. 베스트셀프는 고객의 지갑을 계속 열기 위해서 저널 구독이라는 인센티브를 제공한다. 이 서비스에 가입하면 13주가 지나서 새로운 저널을 10% 할인가에 구매할 수 있다.

그들은 최근에 셀프 저널 실드SELF Journal Shield라는 연관 상품을 판매하기 시작했다. 이것은 저널의 커버로 가격은 저널의 2배 이상에 이른다. 그리고 24달러 티셔츠, 55달러 원더데이 후드티, 15달러 스마트마크(책갈피), 13달러 사이트킥(소형 셀프저널), 9달러 벽면 로드맵 등 아주 다양한 연관 상품들을 판매하고 있다. 요즘 고객의 평균 주문액은 연관 상품을 판매하기 전인 2년 전 주문액(28달러)의 거의 2배인 54달러다. 베스트셀프가 공략한 지갑 점유율은 생산성 툴에 대한 소비액이다. 그들은 이러한 접근법으로 상당한 매출을 올리고 있다.

소프트웨어 업체로는 클릭퍼널ClickPunnels이 있다. 클릭퍼널은 온라인 마케팅 및 영업 툴을 개발하는 소프트웨어 업체다. 클릭퍼널의 툴은 사용하기 매우 쉽다. 이것이 클릭퍼널의 강점이다. 사용이 너무 쉬워서 이 툴을 한 번 사용한 기업가들은 계속 툴을 이용한다. 이것이 클릭퍼널의 창업자 러셀 브러슨Russell Brunson이 고객의 지갑 점유율을 높이기 위해 사용한 전략이다. 러셀 브러슨은 고객 데이터를 분석했고 커스텀 도메인을 설정하면 고객 이탈률이 10%에서 4%로 떨어질 것이라 생각했다. 그래서 그는 커스텀 도메인을 설정했고 신규 고객이 툴을 쉽게 사용할 수 있도록 교육하는 일종의 온보딩 프로세스의 일환으로 그 비용을 충당했다. 그리고 그는 인터넷에서 메일을 보낼 때 이용하는 표준

통신 규약인 SMTP^{Simple Mail Trasger Protocol} 서버를 통합한 뒤에 고객의 충성도가 높아졌다는 사실도 발견했다. 클릭퍼널 툴은 웹사이트 구축부터 고객 서비스에 이르기까지 온라인 비즈니스를 위해 필요한 모든 단계를 지원한다. 그래서 고객은 클릭퍼널 툴 말고 다른 툴을 사용할 필요가 없다. 고객의 사업이 성장할수록, 그들은 사업을 경영하기 위해서 클릭퍼널 툴을 더 많이 사용하게 된다. 이처럼 클릭퍼널의 비즈니스 모델은 고객의 지갑 점유율을 높이는 것에 맞춰져 있다. 나는 클릭퍼널 COO를 인터뷰했다. 그는 클릭퍼널의 고객 수는 6만 5,000명에 이르고 외부 자금 조달 없이 연간 순환 매출은 6,000만 달러를 넘어섰다고 말했다.

전략2: 지갑 점유율을 높였다면, 파트너들과 협상을 벌인다

납품가부터 소프트웨어 가입비에 이르기까지 사업을 하는 데 들어가는 모든 외부 비용을 대상으로 가격 협상을 벌인다. 가격 협상을 통해 단 1달러라도 거래가를 인하한다면 당신에게는 이득이다. 돈 몇 푼 아끼기 위해서 가격 협상을 벌인다는 것이 쓸데없는 것처럼 들리는가? 돈만 많이 번다고 부자가 되는 것은 아니다. 비용 절감도 부자가 되는 하나의 방법이다. 비용 절감도 수익 증가만큼 중요하다. 그러니 3개월마다 지출을 확인하고 돈이 가장 많이 새는 아이템 10개를 추려라. 그리고 해당 파트너에게 메일을 보내 다음과 같이 말해라.

"좀 더 저렴한 옵션을 찾아야겠습니다. 더는 이 비용으로 거래할 수가 없습니다. 그래서 거래를 취소하고 싶은데요."

정확하게 이렇게 메일을 보내라. 그러면 상대방은 가격 인하를 해주지 않으면 정말 당신이 새로운 거래처를 찾아 떠날 것이라 생각할 것이다. 거의 모든 기업은 누군가가 비용을 이유로 거래 취소를 요구하면 그를 붙잡기 위해서 할인가 등 여러 가지 인센티브를 제시하게 된다. 특히 소프트웨어 업체와 서비스 업체가 이렇게 대응할 가능성이 높다. 그러니 그들이 가격 조정을 해주지 않으면 당신이 정말 떠날 거라고 믿게 만들어야 한다.

나는 월 100달러 이상의 비용을 지출하는 소프트웨어 업체들에게 1년에 대여섯 번 메일을 보내 이렇게 말한다. "계정을 취소해야겠습니다. 제가 생각했던 것과는 다르네요."

최근에 이런 메일을 메일 마케팅 캠페인 업체인 액티브캠페인Active-Campaign에 보냈다(나는 메일 마케팅에 주로 에이웨버Awber를 사용한다).

"제 계정을 확인하시면, 제가 이 서비스를 지난 몇 달 동안 거의 사용하지 않았음을 알 수 있을 겁니다. 아무래도 월 275달러 요금제를 취소해야겠습니다. 취소 처리를 부탁드려요."

액티브캠페인의 고객 서비스 책임자인 크리스틴은 메일로 내게 275달러에서 182달러로의 요금 인하를 제시했다. 나는 그냥 메일 한 통 보냈을 뿐인데 거의 50% 요금 인하를 받아냈다. 서비스를 취소하겠다고 '협박하면' 대부분 이런 종류의 요금 인하를 받아낼 수 있다. 이것이 비용을 줄이는 가장 빠른 방법이다.

물론 아마존이나 페이스북과 같은 대기업에는 이런 협박이 통하지 않는다. 아이폰을 조금 싸게 사겠다고 이러한 전략을 써봤자 헛수고다. 하지만 당신은 가격 협상 우위를 선점할 수 있는 소기업들과 거래를 하고 있을 것이다. 그들에게는 이런 협박이 효과가 있다. 그들은 당신이 서비스를 취소하기를 바라지 않는다. 그들의 관점에서 서비스 취소는 고객 이탈률이 상승한다는 뜻이기 때문이다.

그러나 당신의 사업에 어느 정도 규모의 경제가 발생하지 않는다면, 당신에게 오프라인 물품을 제공하는 업체에 이런 협박은 통하지 않는다. 그런데도 한번 써볼 만한 전략이다. 푸드 트럭을 운영하고 있고 월 판매량이 5,000인분에 이르면, 거래업체와 가격 협상을 벌여볼 만하다. 가령 주문량을 늘리는 것만으로 아보카도나 용기 포장재와 같은 물품의 공급 단가를 낮출 수 있다.

규모의 경제를 이용해서 비용을 낮추는 일은 거의 모든 업계에서 일어난다. 월마트는 대량 판매를 조건으로 휘발유 공급업체로부터 아주 저렴하게 휘발유를 공급받는다. 당신도 이와 같은 레버리지를 가지고 있다. 예를 들어, 나는 소프트웨어 업체에 팟캐스트에 홍보를 해주겠다고 약속하고 더 톱 인박스를 운영하는 데 필요한 소프트웨어를 무료 또는 대폭 할인된 가격에 이용한다. 비슷하게 베스트셀프는 매출이 증가할수록 저널을 제작하는 데 필요한 종이를 저렴하게 공급받을 수 있다.

전략3: 가장 큰 수익이 발생하는 수익원들을 결합한다

초등학교 산수 시간에 '1×1×1=1'처럼 작은 단위들은 아무리 곱해도 작은 결괏값밖에 나오지 않는다고 배웠다. 하지만 '2×2×2=8'처럼 한 단위라도 단위를 높여서 곱하면 결괏값이 커진다. 곱해지는 단위가 많을수록 결괏값은 점점 커진다. 이것은 자연의 이치이자 산수의 기본 원리다.

바로 이것을 사업 성장 전략에 활용해야 한다. 가장 큰 수익을 발생시키는 수익원이나 수익 잠재력이 큰 프로젝트나 기술을 찾고 한데 묶는다.

나는 바로 이 전략으로 겟랫카를 만들어냈다. 내 첫 번째 큰 자산은 팟캐스트였다. 이것을 10이라고 치자. 더 큰 수익을 내기 위해 내가 정말 잘할 수 있는 분야의 어떤 프로젝트와 엮어야 할지를 고민했다. 헤요는 소프트웨어 업체였다. 나는 소프트웨어를 잘 만든다. 그래서 나는 내 미디어 자산인 팟캐스트(10)를 소프트웨어(10)와 관련된 다른 자산과 곱해서 100이라는 결괏값을 얻어낼지 고민하기 시작했다.

갑자기 팟캐스트 청취자들이 안고 있는 문제가 무엇인지 떠올랐다. 그들은 내 팟캐스트 700편 이상에 들어 있는 정보를 가치 있게 생각했다. 하지만 팟캐스트 에피소드를 하나하나 뒤져서 필요한 정보를 찾을 시간이 그들에게는 없었다. 그래서 나는 개인 자산을 전혀 사용하지 않고 5만 달러를 투자해서(11장 참조) 청취자들이 원하는 정보가 포함된 에피소드를 쉽게 찾을 수 있도록 겟랫카를 설립하기로 했다. 그들은 겟랫카를 통해 비공개 기업의 매출, 고객 수, 가치평가액 등 수많은 데이터에 접근할 수도 있다.

스프레드시트로 매달 2,000달러의 수익을 만들다

모든 것은 간단한 구글 스프레드시트를 예약 판매하면서 시작됐다. 나는 인터뷰하면서 확보한 정보를 구글 스프레드시트에 정리했고, 팟캐스트 청취자들에게 이 파일을 유료로 다운로드할 수 있다고 공지했다.

겟랏카는 이제 더는 단순한 구글 스프레드시트가 아니다. 나는 내 최대 자산(팟캐스트)과 수익 잠재력이 높은 기술(소프트웨어 제작)을 결합해서 상당한 수익을 창출하는 소프트웨어(겟랏카)를 만들어냈다. 이 소프트웨어로 고객들은 내 팟캐스트에 등장하는 데이터를 검색한다. 나는 점진적으로 겟랏카 사용료를 올렸다. 초기 겟랏카 고객은 데이터에 접근하는 데 2만 4,000달러(월 2,000달러)를 지출했다('유지비용' 참조).

Dec 16 MRR	Dec 17 MRR	Growth Rate	Space	Podcast Episode	Company Na	CEO Name	Custome	Raised	ARPU	Gross Churn	CAC	Location	LTV Months	LTV Dollars
$4,500	$55,000	1122%		578	Ripple Recruit	Andrew Myer	view on	$700,000	$300	0%		NYC		
$35,000	$350,000	900%		1051	marketmuse		view on	$4m	$6,000	0.01	9000	Boston, NYC,	84	
$65,000	$600,000	823%		984	hyprbrands.c	Gil Eyai	view on	$8,000,000	$3,333		$20,000	Israel, NYC,	6-7years	$200k
$10,000	$68,000	580%		970	tagove.com	Laduram Vish	view on	$750,000	$65,000	$70	SF, London, Is	16	$700	1500
$10,000	$67,000	570%		1041	idealspot		view on	$2,500,000	$670	0.2	15000	Austin	5	
$20,000	$120,000	500%		829	demandjump	Christopher D	view on	$4,000,000	$82,500	$10,000		36	$135,000	5000
$67,000	$386,000	476%	$5m cap on o	799	leadcrunch.c	Olin Hyde	view on	$2,000,000			$14,000	Chicago, San Diego, SF		
$100,000	$550,000	450%	65% saas, 35	768	mobilewalla.	Anindya Datta	view on	website	$172,000	Don't spend o	NYC			Don't spend
$22,000	$100,000	355%		895	Detectify	Rickard Carls	view on	$2,500,000	$80	2%	no paid	Sweden		
$10,000	$45,000	350%		988	publicfast.co	Vitalii Malets	view on	$400,000	$333	20%		Ukraine		
$17,000	$70,000	312%		363	Prospect.io	Vincenzo Rug	view on	$80,000	$45	5%	$50	Belgium	16.66666667	$750
$10,000	$40,000	300%	Sales Automa	748	komiko.com	Hai Howard	view on	$2,000,000	$30	<1%	too early	Seattle	too early	too early
$50,000	$191,815	284%		366	TravelPlan.cr	Kenneth Lee	view on	$125,000	$10	too early	$20	Asia	too early	too early
$70,000	$268,000	283%	Data and Lea	523	Xiq.ai	Usman Sheikf	view on	$1,125,000	$7,000	0%	too early	Los Altos, CA	too early	too early
$9,167	$35,000	282%		403	PromoRepubli	Makaym	view on	$850k	$10/mo	8%	$100		12.5	$125
$50,000	$190,000	280%		735	Wurk	Keegan Petar	view on	$3,000,000	$20			Denver, Colorado		
$500,000	$1,833,333	267%		1059	jell		view on	$46,000,000		<5% annually	100000	San Mateo, NYC, Boise Idaho		
$416,600	$1,520,000	265%		911	instapage.co	Tyson Quick	view on	Dec 2016 \$5r	5%			SF	$1,200	16666.67	4 months
$75,000	$270,000	260%		1038	prezly		view on	bootstrapped	$900	0.012	7000	Remote	100	$40,000
$109,000	$375,000	244%		851	expones.com	Peter Irkovsk	view on	$3,000,000	$269,167	$38,000	Slovakia dev.	300	11 months	106
$104,000	$350,000	237%	Marketing Aut	335	SocialProof	Nathan Laben	view on	$4,000,000	$50	5%	$100	Detroit	20	$1,000

팟캐스트 방송 정보를 가공해 정리한 스프레드시트.

유지 계약서

3. 유지비용: ███████████는 비공개 기업에 관한 큐레이션 데이터베이스를 이용하고 더 랏카 에이전시 LLC에게 매월 2,000달러를 지급한다. 유지비용은 매월 1일 신용카드로 결제된다. 섹션2 또는 본 계약서의 모든 내용에 반하는 그 어떤 조항에도 아래 내용에 따라 ███████████은 랏카 에이전시 LLC에 유지비용을 지급할 의무가 있다. ███████████는 다른 비용을 지급할 것을 요구받지 않는다. …

　　마지막으로 3가지 소득 증식 전략들이 동시에 맞물려 돌아가도록 만들어야 한다. 지갑 점유율을 확대하고, 대량으로 사용하는 상품이나 서비스를 할인된 가격으로 받도록 협상하고, 가장 큰 수익을 창출하는 수익원들을 한데 묶는다. 이중에서 어느 하나라도 제대로 돌아가지 않으면, 낭패. 이는 마치 속인 텅 빈 샌드위치 빵만 먹는 꼴이 된다. 어쨌든 샌드위치는 먹겠지만, 그 맛은 형편없을 거다. 3가지 전략을 한꺼번에 활용해서 중간에 고기, 상추 그리고 토마토가 가득 든 맛있는 샌드위치를 음미하기를 바란다. 픽픽한 샌드위치 빵만 먹는 것보다 맛이 기가 막힐 정도로 좋을 것이다. 그것이 바로 뉴 리치가 되면 느낄 맛이다. 자, 뉴 리치의 세계로의 입성이 머지않았다.

13. '되팔기'의 원칙

문제는, 적은 시간으로
'불로소득'을 창출하느냐다

"나는 기업을 매우 이른 시기에 매각하는 전략으로 돈을 벌었다."

- 버나드 바루크Bernard Baruch

기업 매각은 창업이나 인수만큼 부를 축적하는 효과적인 방법이다. 기업 매각 결정은 '시기'와 깊은 관련이 있다. 그 기업을 운영하는 데 투자한 시간, 그 기업을 성장시키는 데 필요한 시간 그리고 시장 분위기 등을 고려해야 한다.

당신을 눈코 뜰 새 없을 정도로 바쁘게 만드는 기업이 있는가? 그렇다면 그것은 바로 기업 매각에 대해 진지하게 고민해봐야 한다는 적신호다. 뉴 리치의 세계로 들어가는 문을 여는 열쇠는 '불로소득'이다. 기업 운영에 모든 시간을 쓰고 있는 사람은 다른 수익원을 창출해낼 수 없다. 이 부분에서 많은 사람들이 스스로에게 거짓말을 한다. 그들은 실제로 시간을 엄청나게 잡아먹는 프로젝트를 불로소득을 창출하는 수동적인 프로젝트라 착각한다. 정말로 그 기업 혹은 프로젝트가 시간을 많이 투자하지 않아도 수익을 창출한다면, 그대로 놔둬라. 아직 매각할 때가 아니다. 하지만 끝없이 시간을 투자해야 하는 기업 혹은 프로젝트라면, 당장 팔아라. 그리고 매출이 정체되거나 하락해도, 당장 팔아라. 매출에 변화가 없거나 떨어지면, 노력해서 매출을 올리고 싶은 생각이 들 수 있다. 하지만 매출을 올리려면 상당한 시간을 그 기업에 투자해야 한다. 아니면 기업을 성장시키기 위해 팀을 꾸리고 그들에게 지분을 나눠줘야 할지도 모른다. 물론 이렇게 해서 기업을 성장시킬 수 있지만, 이는 고도의 전략이 필요한 일이다.

시장 분위기도 중요하다. 시장이 당신 업계를 과대평가하고 있다고 느껴지면, 이를 이용해서 기업을 매각해라. 업계가 뜨거운 관심을 받고 있을 때, 기업을 매각해서 현금화해라.

단 한 문장으로 기업 매각을 유도할 수 있다

"누군가에게 팔리는 것이 아니고 누군가가 살 때까지 기다려야 한다."는 옛말이 있다. 요즘 시대를 모르고 하는 소리다. 매수자들이 득달같이 달려들어야 좋은 조건에 기업을 매각할 수 있다는 피곤한 생각은 버려야 한다. 당신이 기업을 매각할 생각임을 합리적인 이유와 함께 만천하에 알려야 한다. 이것이 기업 매각의 물꼬를 틀 것이다. 기업 매각의 가능성만 알아볼 생각이더라도 곧 기업을 매각할 생각이라는 인상을 주변에 심어줘야 한다. 경쟁사 몇 곳에 다음의 내용으로 메일을 보내라.

"개인적인 사정이 생겨서, 회사를 팔아야 해요. 관심 있는지요?"

이렇게 메일을 보내고 기다려라. 메일이 기업을 반드시 매각해야 하는 사정이 있는 듯이 들린다. 바로 이것이 핵심이다. 당신이 기업을 매각하기를 절실히 바란다고 느낀 경쟁사들이 기업 인수를 거론하기 시작할 것이다. 경쟁사들은 이것을 놓칠 수 없는 기회라 생각한다. 경쟁 기업을 좋은 조건에 인수할 기회라 여기고 공동 창업자, 동료 그리고 이사회에 당신의 기업을 인수하자고 설득하기 위해 최선을 다할 것이다. 그들은 동료들만 설득하면 당신의 기업을 인수한 것이나 마찬가지라고 생각할 수도 있다. 그렇게 동료들을 설득해놓고 정작 기업을 인수하지 못하는 것은 그들에게 망신스러운 일이나 다름없다. 이런 심리를 이용해야 한다. 모두가 좋은 조건으로 기업을 인수하고 싶어 한다. 좋은 조건을 제시하면, 그들은 좋은 조건을 얻어냈다는 생각에 우쭐해서 동료에게 자랑할 것이다. 잠재 매수자들이 솔깃해할 '할인가'를 제시해라. 그러면 그들은 저렴한 가격에 경쟁 기업이 매물로 나왔다고 이야기하고 자신이 그 기업을 인수할 거라고 떠들어 댈 것이다.

잠재 매수자들이 미끼를 덥석 물면, 당신 기업을 인수하기를 원하는 또 다른 사람이 나타났다고 말해라. 서로 경쟁을 촉발해서 가격을 당신이 생각하는 금액 범위까지 끌어올린다.

잠재 매수자들이 인수의향서를 제출할 때, 감정이 고조되기 시작한다. 인수의향서를 제출했다는 것은 동료를 설득해 기업 인수에 동의를 얻어냈다는 의미다. 그리고 기업 인수에 대해서 전략적으로 분석하기 위해 시간을 투자했다는 뜻이기도 하다. 이 단계에서 잠재 매수자들은 인수가와 최종 계약일을 정확하게 제시한다. 그리고 기업을 인수해 어떤 식으로 운영할지에 대한 계획도 분명해진다.

기업 인수를 검토하면 할수록, 감정은 더욱 고조된다. 나 역시 많은 기업을 인수해봤다. 나는 상당한 시간과 에너지를 투입해서 기업을 분석한 뒤에 인수의향서를 제시한다. 인수의향서를 제시할 때쯤이면 나는 인수 대상 기업의 CEO, 재무 상태 그리고 시스템을 거의 완벽하게 이해하고 있다. 물론 이 단계에서도 손을 뗄 수는 있다. 하지만 이 단계에서 기업 인수를 포기하면 그 어느 단계보다 속이 쓰리다. 잠재 매수자들이 바로 이 상태에 빠지도록 만드는 것이다.

인수의향서가 여러 개 들어오면 인수전을 발발시킬 힘과 레버리지를 가지게 될 것이다. 지금부터 가격을 당신의 원하는 범위 안으로 인상해야 한다. 어떻게 인수가격 인상을 유도할까? 그들이 더 많은 에너지와 시간을 투자하도록 만든다. 이를 위해 잠재 매수자들이 초기에 인수를 제안해오면(그들이 인수 의향이 정말 있다고 판단되면), 나는 다음과 같이 답한다.

"제게는 2가지 책임이 있습니다. 하나는 투자자들에 대한 수탁 책임이고, 다른 하나는 고객의 행복을 보장할 책임입니다. 당신이 고객들을 가장 행복하게 해줄 것이라고 생각합니다. 하지만 제가 투자자들에 대한 수탁 책임을 충실히 이행하고 있다고 느끼기에 당신의 인수 제안 가격은 낮습니다. 그러니 인수가를 인상해야 할 것 같습니다."(투자자가 없다면, '고문'이라고 말해라).

투자자들에 대한 수탁 책임을 이유로 인수가 인상을 요구하면, 기업 매각 협상의 객관성이 유지된다. 재무성과는 투자자들에게 중요하다. 그러니 인수가 인상을 요청하는 것이 허황된 요구는 아니다. 그리고 고객의 행복을 언급하면, 잠재 매수자들은 개인적인 적합성과 문화에 대해 생각하게 된다. 때로는 눈에 보이지 않는 무언가가 돈보다 더 큰 설득력을 발휘한다. 살 집을 구하러 다니던 때를 생각해봐라. 어느 집에 들어서자마자, '그래 바로 이 집이야!'라는 생각이 들었다. 설령 집값이 당신을 예산 범위를 넘어서더라도, 무리해서라도 그 집을 사고 싶다는 생각이 들었을 것이다. 그리고 그 집을 살 경우 발생할 추가 비용을 정당화하기 시작한다. 이것은 아주 인간적인 반응이다. 비즈니스 세계에도 이런 일들이 벌어진다.

2015년 헤요의 잠재 매수자와 협상을 벌일 때 바로 이 기술을 썼다.

보낸 사람: 네이선 랏카 ▮▮▮▮▮▮▮▮▮▮▮▮▮▮
받는 사람: 돈

다음은 통화내용입니다.

나: 당신이 제시한 가격이 가장 낮습니다.
그들: 얼마나요?
음. 제게는 2가지 책임이 있습니다. 투자자들에 대한 재무 책임과 고객에 대한 행복 책임입니다. 고객을 생각한다면 당신이 가장 적합합니다. 당신들이 헤요를 인수한다면, 고객들이 매우 만족할 것이라 생각합니다. 하지만 투자자들에 대한 저의 재무 책임을 완수하기 위해서 인수 제안 가격을 상당히 인상해주셔야 될 것 같습니다.
그들: 도대체 얼마나요?
나: 20만 달러를 제안하셨죠. 제시할 수 있는 최고가가 얼마인가요?
그들: ???
나: 현재 들어온 가장 높은 인수 제안 가격보다 낮은 가격에 헤요를 당신들에게 매각할 의

향이 있습니다. 고객들을 생각하면, 당신들이 적임자이기 때문이죠. 하지만 헤요를 인수하려면 당신들이 현재 제시한 인수가를 2배 혹은 3배로 올려야 합니다. 헤요는 자산이죠. 그래서 저는 자산을 매각할 때 재무 책임을 져야 하죠.

짐: 마이크와 이야기해보죠.

이후 그들은 현금 20만 달러와 언아웃 10만 달러를 제안했습니다(언아웃earn-out 조건으로 달성할 수 없을 것 같은 조건을 제시했더군요). 그들의 인수 제안 가격은 여전히 너무 낮습니다. 적어도 현금 37만 5,000달러와 언아웃 10만 달러 정도는 되어야 합니다. (그래도 최고 인수 제안 가격보다 낮습니다. 하지만 고객을 생각하면 그들만 한 적임자가 없습니다.) 어떻게 생각하는지요?

결국, 그들은 처음 제안한 인수가를 3배로 올렸다.

상추 가게에 피클을 팔아라

단 한 번도 기업을 매각해본 적이 없는 사람은 누구에게 기업 매각 의향을 제일 먼저 알려야 할지 몰라 난감할 것이다. 제일 먼저 경쟁자들에게 접근해야 한다. 아마 대부분이 당신의 기업을 인수하기 위해 적극적으로 나설 것이다. 그들에게는 경쟁자를 1명이라도 줄이는 것이 그 무엇보다 중요하다. 예를 들어, 동네에서 브라우니를 팔고 있다면, 주변 빵 가게에 접근해라. 아니면 전국적인 브라우니 제조업체를 살펴라. 그들이 새로운 지역에 진출하려고 고민하고 있을지도 모른다.

또 다른 방법은 소셜 미디어를 활용하는 것이다. 소셜 미디어는 잠재 매수자를 찾는 데 매우 유용하다. 모르는 누군가가 당신의 기업에 관심이 있을지도 모른다. 그리고 소셜 미디어를 활용하면, 당신이 기업을 매각하려고 한다는 사실을 널리 퍼트릴 수 있다. 잠재 매수자에게 보내는 메일에 썼던 내용 그대로 포스팅해라.

"여러분, 개인적으로 사정이 생겨서 회사를 팔아야 해요. 혹시 관심 있는 사람이 있으면, 연락 주세요."

월 매출이 1만 달러 이하의 소기업의 경우에 이 접근법은 매우 효과적이다. 그렇지 않다면, 유사업종을 공략하라. 예를 들어, 소기업용 청구서 처리 프로그램을 개발하는 소프트웨어 기업을 매각할 생각이라면, 급여 처리 프로그램을 개발하는 소프트웨어 기업에 접근하라. 또는 비스타프린트Vistaprint처럼 마케팅 자료와 명함 제작 프로그램을 개발하는 소프트웨어 기업도 좋다.

시장을 햄버거라고 생각하라. 빵, 토마토, 양파, 피클, 케첩, 치즈 그리고 고기처럼 완전히 다르지만 상호보완적인 여러 재료들이 모여서 햄버거가 된다. 시장도 마찬가지다. 당신이 치즈를 팔고 당신 기업을 인수할 직접적인 경쟁자(다른 종류의 치즈를 판매하는 기업)를 찾을 수 없다면, 상추나 빵처럼 햄버거에 들어가는 상호보완적인 재료를 판매하는 기업을 찾는 것이다. 주변을 둘러보고 당신의 고객들이 무엇을 구매하는지 파악하라. 그들이 당신에게서 축구공을 산다면, 그들은 공기 펌프도 살 것이다. 당신의 축구공 제조업체를 공기 펌프 제조업체에 매각할 수 있을지도 모른다.

유통 채널을 구성하는 주체들도 잠재 구매자로 생각해야 한다. 매트 리셀Matt Rissell은 2006년 급여 소프트웨어 개발업체인 티시트TSheet를 세웠다. 하지만 창업 초기에 이익을 내는 것이 너무 어려웠다. 인튜이트 앱 센터Intuit App Center를 통해 소프트웨어를 판매하면서 매출이 눈에 띄게 성장하기 시작했고, 마침내 급여 소프트웨어 분야에서 1위 기업이 됐다. 2017년 인튜이트 앱 센터는 3억 4,000만 달러에 티시트를 인수했다.

스퀘어Square와 위브리Weebly도 티시트와 인튜이트 앱 센터와 같은 길을 걸었다. 스퀘어는 수년 동안 위브리의 웹사이트 제작 프로그램을 교차 판매했다. 마침내 2018년 스퀘어는 3억 6,500만 달러에 위브리를 인수했다.

당신의 제품을 가장 많이 판매하는 유통업체를 살펴라. 그 유통업체에 매출의 일부를 떼어주고 그들을 통해 상당한 매출을 올리고 있다면, 그들에게 당신 기업을 인수할 것을 제안해볼 수도 있다.

그러니 좋은 조건으로 당신의 기업을 인수할 잠재 매수자를 어디서 찾아야 할지 막막할 때, 경쟁업체, 유사업종 그리고 유통업체를 살펴봐라. 생각했던 것보다 잠재 매수자를 많이 찾아낼 수 있을 것이다.

젊고 매력적일 때 팔아라

당신이 젊고 당신의 기업이 매력적일 때 기업을 매각해라. (당신이 매력적이어도 나쁠 것 없다. 헤어스타일 때문에 내가 얼마나 많은 기업을 매각하게 됐는지 알게 되면 아마 깜짝 놀랄 것이다). 나는 혜요를 힘겹게 매각하면서 이 교훈을 얻었다. 2012년 아이콘텍트iContact는 내게 650만 달러에 헤요를 인수하겠다고 제안했다. 당시 내 모든 경쟁자들은 이보다 더 큰 가격에 인수 제안을 받고 있었다. 세일즈포스는 버디 미디어를 6억 달러 이상을 주고 인수했고, 와일드파이어는 3억 5,000만 달러에 구글에 매각됐다.

경쟁사들이 이렇게 비싼 값에 매각되는 것을 보면서 내 허파에 바람이 잔뜩 들어갔다. 마크 저커버그가 2006년 야후의 수십억 달러 인수 제안을 단칼에 거절했고, 경쟁사들은 수천만 달러에 자신들의 기업을 매각하고 있는데, 650만 달러는 아무것도 아니었다. 나는 훨씬 더 좋은 조건에 헤요를 매각할 수 있을 것이라고 생각했다. 당시 나는 22살이었고 기업을 매각해본 경험이 없었다. 나는 가격 협상을 벌이거나 인수전을 일으키려고 하지도 않았다. 나는 그냥 아이콘텍트의 제안을 거절했다.

아이콘텍트의 헤요 인수 의향서.

이것은 내가 살면서 저지른 최악의 실수 중 하나였다.

절대로 시장 타이밍을 과소평가하지 마라. 세일즈포스는 2018년 7월 데이터라마Datorama를 8억 달러에 인수했다. 같은 해 바박 헤데야티Babak Hedayati는 1,500만 달러의 수익을 올렸고, 탭클릭스TapClicks로 3,000명의 고객을 확보했다. 스크립스Scripps와 같은 미디어 업체들은 탭클릭스로 확장형 고객 리포팅 자료를 제작하는 한편, 데이터를 통합 및 시각화하고 워크플로우도 관리해 리포팅 시스템을 자동화한다. 바박 헤데야티가 가까운 미래에 시장 타이밍을 이용해서 연 매출 1,500만 달러의 6배 혹은 10배에 이르는 가격에 기업을 매각하더라도 나는 전혀 놀라지 않았을 것이다.

2011년, 시장 타이밍이 중요했다는 사실을 알았다면 얼마나 좋았을까. 당시에는 소셜 미디어 마케팅 플랫폼이 인기가 있었다. 이 분야의 기업을 대상으로 인수와 매각이 빈번하게 이뤄졌다. 내 경쟁사들이 떠나자, 시장은 급격하게 식었다. 심지어 구글은 2014년 와일드파이어를 폐쇄했다. '타이밍이 전부'라는 진부한 말을 무시했던 나는 큰돈을 벌 수 있는 찰나의 기회를 놓쳤다.

2016년 헤요를 인수하겠다는 사람이 또다시 나타났다. 하지만 그가 제시한 인수가는 이전보다 훨씬 적었다. 우리는 30만 달러에 기업의 자산 일부를 매각했고, 은행에 보관해둔 140만 달러는 투자자들에게 되돌려줬다. 당시 나는 시간을 완전히 잡아먹고 있는 헤요를 매각해야만 했다. 젊고 부양할 가족이 없던 나는 하나의 기업에 모든 것을 투자해서는 부자가 될 수 없다는 사실을 알았다.

나는 26살 CEO였다

헤요에 남아 있었다면 훨씬 쉬었을 것이다. 26살에 나는 친구들보다 훨씬 많이 벌었다. 하지만 월급만 가지고는 뉴 리치가 될 수 없다는 사실을 알고 있었다. 이사회에 급여를 8만 달러에서 10만 달러로 인상해 달라고 요구했었던 때를 생각하면 정말 웃긴다. 나는 8만 달러에서 10만 달러로 급여를 인상하면 마치 아주 큰 차이가 생길 것으로 생각했었다.

내 10만 달러 급여명세서.

나는 이 액수에 매우 '만족'했다. 하지만 급여가 8만 달러에서 10만 달러로 인상되어도 내가 가져가는 액수는 크게 변하지 않았다. 정부가 엄청나게 많은 세금을 징수했기 때문이다. 그리고 급여명세서를 보면서 내가 매출이 저조한 기업의 직원이라는 생각을 떨칠 수가 없었다. 2012년 황금 같은 기회를 놓쳤기 때문에 내게는 자산을 증식할 가능성도 거의 없었다.

나는 헤요를 폐쇄하거나 매각할 방법을 찾아야 한다는 사실을 빠르게 깨달았다. 그래야 직원으로 돈을 버는 단계에서 벗어나 투자자로서 돈을 버는 단계에 도달할 수 있었다. 나는 급여 인상을 위해 이사회를 죽기 살기로 설득했다가 이내 헤요에서 벗어나고 싶어졌다.

나는 '좋은 것은 위대한 것의 적'이라는 짐 콜린스의 격언에 집착했다. 정말 '위대해지고' 싶었다. 이를 위해서 헤요에서 벗어나 여유시간을 확보해야 했다. 그래야 내게 수백만 달러를 벌어다준 지금의 일을 할 수 있기 때문이었다. 그러므로 헤요를 떠나는 것은 옳은 행보였다.

만약 젊은 싱글이며 책임져야 할 의무가 없다면, 설령 당신이 기숙사에서 생활하는 대학생이라 할지라도, 바로 지금이 큰 위험을 감수할 때다. 비록 실패하더라도 그 실패가 더 큰 실패를 막아줄 자양분이 될 것이다. 그리고 지금 당신에게는 잃을 것이 없다. 2012년 헤요를 매각하지 않아서 나는 엄청난 손해를 봤다. 하지만 당시 나는 책임질 사람 하나 없는 25살의 어린 청년이었다. 그러니 앞으로 생길지도 모르는 더 큰 기회를 위해 눈앞의 기회를 거절해도 괜찮았다.

매각할 것인가, 그대로 둘 것인가

물론 기숙사에서 생활하면서 위험을 기꺼이 감수할 준비가 된 20대 청년들만 이 책을 읽고 있지는 않을 것이다. (2006년 마크 저커버그가 야후의 인수 제안을 거절했던 것처럼) 하던 일을 그대로 밀고 나가야 할 때인지 아니면 (2012년 내가 헤요를 매각했어야 했던 것처럼) 누군가에게 팔아야 할 때인지를 알기란 쉽지 않다. 부양할 가족처럼 큰 책임을 지고 있다면, 선택은 더욱 어려워진다.

하지만 단순한 덧셈과 뺄셈만으로 결정을 내릴 수 있다. 현재 기업이 수익을 내고 있다면, 돈의 시간 가치에 대해서 생각해봐라. 예를 들어, 연 매출 50만 달러에 이르는 기업의 50% 지분을 소유하고 있고 8만 달러를 급여로 받고 있다. 연말에 남는 돈이 없어서 배당금을 챙길 수 없다.

이 기업을 당장 연 매출 1배(50만 달러)에 매각할 수 있다면, (50% 지분을 소유하고 있으니) 세전 25만 달러를 챙길 수 있다. 기업을 매각해서 얻게 되는 수익이 3년 이상 기업을 운영해서 얻게 되는 수익에 맞먹는다면, 지금 당장 기업을 매각해라. 그리고 나서 매각해서 얻은 이익으로 새로운 사업을 시작하는 것이다.

세전 8만 달러를 급여로 받지만 배당금이 없다면 당장 기업을 매각해 25만 달러를 수익으로 챙겨라. 그리고 사람들에게 기업을 매각해 25만 달러를 벌었고, 그 돈을 새로운 사업에 투자할 생각이라고 이야기한다. 이것이 모멘텀이 되어 새로운 일을 도모하기 훨씬 쉬워질 것이다.

물론 수익을 내는 기업을 매각하고 새로운 일에 도전한다는 것은 무서울 수 있다. 하지만 바로 이 순간 스스로를 믿어야 한다. 당신은 현명하다. 그러니 당신에게는 또 다른 위대한 아이디어가 있을 것이다. 자기 자신을 판돈 삼아 도박을 감행해라. 그리고 그 여세를 몰아 새로운 무언가를 창조해내라.

우리는 항상 지금 받은 제안보다 더 좋은 제안을 받지 못하면 어떡하느냐고 걱정한다. 하지만 결코 그렇지 않다. 일론 머스크만 봐도 알 수 있다. 그는 20대 때 에이전시를 시작했다. 이것이 그의 첫 사업이었다. 그는 에이전시를 매각하고 페이팔의 시초가 되는 엑스X를 세웠다. 페이팔PayPal을 매각하고 얻은 수익으로 스페이스엑스SpaceX와 테슬라를 차례대로 세웠고 최근에는 더 보링 컴퍼니The Boring Company를 시작했다. 이 책을 쓸 무렵에 일론 머스크의 순 자산은 200억 달러였다. 일론 머스크만큼 성공하지 못하더라도, 그는 당신이 자신의 직감을 믿고 현재의 성공을 발판 삼아 새로운 것에 계속 시도했을 때 어떤 일들이 가능한지를 보여주는 훌륭한 사례다.

그러니 바로 기회를 잡아라. 모멘텀은 큰 자산이다. 모멘텀을 유지하고 새로운 모멘텀을 계속 만들어라. 기회가 생기면 당신 기업을 매각해 자금을 확보해라. 놀랍게도 생각보다 많은 일들이 직감에 의해 좌지우지된다. 기업을 매각하고 인수하는 일도 마찬가지다. 최종 제안이 경쟁력 있다고 판단되지 않는다면, 모두에게 메일을 보내 "죄송해요. 이 제안을 받아들일 수 없습니다. 제 기업을 계속 성장시켜 나갈 겁니다." 라고 말해라. 다수의 경우 이렇게 협상에서 손을 떼면, 잠재 매도자들이 더 높은 인수가를 제안할 것이다.

이 전략 덕분에 좀 더 좋은 조건으로 기업을 매각했다면, 당신의 친구 네이선을 기억하기를 바란다!

나가며_ 경제적 속박 대신에 영혼의 자유를 얻다

돈, 부 그리고 권력에 관한 수많은 책이 존재한다. 이런 책들에 담긴 지식은 대체로 시간이 흘러도 변하지 않는다. 하지만 내 책은 그런 오래 지속되는 부류의 책이 아니다.

뉴 리치의 세계로 향하는 배의 탑승 인원은 제한되어 있다. 그러니 지금 당장 자리를 선점하지 않으면, 영영 뉴 리치의 세계로 들어가지 못할 것이다. 역사적으로 당대 최고의 부자들은 '가난한 대중'이 이해하기 전에 지식을 적극 활용해서 부를 축적했다. 글로벌 투자기업 콜버그 크라비스 로버츠Kohlber Kravis Roberts의 헨리 크라비스Henry Kravis는 1976년 LBO 업계를 창조해냈다. LBOLeveraged Buyout는 '차입 매수'라는 뜻으로 타인 자본, 즉 외부 차입금으로 조달한 자금으로 기업을 인수하는 방식이다. 1980년 모두가 LBO를 시작했고, 그 결과 LBO를 통해 부를 쌓는 것이 점점 어려워졌다.

2017년 늦은 봄 비트코인이 1만 9,205달러 11센트로 치솟았을 때,

수십억 원의 부가 형성됐다. 1년 전 비트코인의 가치가 급등할 것임을 예상한 사람들은 3,000달러 이하의 가격에 비트코인을 사들였다. 결과적으로 한발 앞선 행보가 그들에게 엄청난 부를 안겨줬다.

어떤 아이디어든지 대중이 그 아이디어를 이해하고 받아들이기 시작하면, 그 아이디어는 더는 효과적이지 않다. 왜 그럴까?

상위 1% 부자들은 똑똑하다. 그들은 성공의 사다리를 오를 때 다른 사람들은 뒤따라오지 못하도록 성공의 사다리를 부숴버린다. 성공의 사다리를 오르면 얻는 부를 자신들만이 독식하려는 속셈이다.

이 과정에서 그들은 '법칙'을 만들어낸다. 그리고 당신과 같은 평범한 사람들에게 자신들이 만든 법칙을 반드시 지켜야 한다고 설득한다. 이렇게 하는 이유는 평범한 사람들이 자신들을 위해 평생 일하도록 만들기 위해서다. 그들이 만들어낸 법칙을 요약하면 다음과 같다.

▶ 한 우물만 파라!
▶ 모방은 나쁜 짓이다!
▶ 명확한 목표를 설정해라!
▶ 고객에게 무엇을 원하는지를 묻고 그들이 원하는 것을 줘라!

하지만 나는 이 책에서 이러한 법칙에 정식적으로 도전하고 깨뜨려서 스스로 당장 부를 창출해내는 법을 설명했다. 책의 초반부에서 부를 쌓는 다양한 방법을 소개했다. 아래는 그 내용을 간략하게 요약한 것이다.

- ▶ 지출을 줄여 숨겨진 돈을 찾아내는 법
- ▶ 무언가를 소유하지 않고도 왕처럼 사는 법
- ▶ 시간, 돈 또는 지식 없이 부동산에 투자하는 법
- ▶ 자기자본을 쓰지 않고 기업을 인수하는 현명한 방법
- ▶ 색다른 투자로 1달러를 3달러로 불리는 법
- ▶ 경쟁자를 모방해 부자가 되는 법
- ▶ 자산을 증식시키는 3가지 방법
- ▶ 원할 때마다 기업을 매각하는 방법

나는 위 방법들로 다음과 같은 일들을 해냈다.

- ▶ 30만 달러 롤스로이스 고스트를 공짜로 얻다.
- ▶ 몇 마디의 말로 생애 첫 부동산에 투자했고, 월 1,700달러의 불로소득을 얻고 있다.
- ▶ 부채를 이용해서 저렴하게 기업을 인수했다(거래 상대방에게 기업을 인수하는 대가로 1만 5,000달러를 받아냈다!).
- ▶ 현장에서 푸드 트럭 주인에게 6,000달러 수표를 써주고 빠르게 투자금을 회수했다. 그리고 나는 푸드 트럭 주인에게서 수익금의 일부를 평생 동안 받는다.
- ▶ 그 누구도 눈여겨보지 않는 웹사이트에서 경쟁자를 모방하고 그들의 시장 점유율을 빼앗을 아이디어를 얻는다.
- ▶ 신규 고객을 확보하지 않고 기존 고객이 내게 더 많은 비용을 지출하도록 만들었다.

▶ 나는 기업을 매각할 때 "이게 당신이 제안할 수 있는 최고의 조건인가요?"
라고 묻는다.

당신은 기꺼이 자기 자신에게 투자하고 시간을 내서 이 책을 읽고 있다. 축하한다! 당신은 뉴 리치의 세계로 가는 문 바로 앞에 서 있다. 당신은 여느 평범한 사람들과는 다르다. 모두가 알아채기 전에 이 책에서 얻게 된 아이디어를 빨리 실행에 옮겨라. 난 당신 손에 뉴 리치의 세계로 가는 문을 열 열쇠를 쥐여줬다. 이제 그 열쇠로 문만 열면 된다.

나는 내 손에 쥐어진 이 열쇠로 뉴 치리의 세계로 이어지는 문을 열었다.

못 믿겠다면 지금 당장 '네이선 랏카 더 많은 소프트웨어 기업 인수를 위해 10억 달러를 조달'이라고 구글에서 검색해봐라. 내 말이 사실임을 확인하게 될 것이다.

감사의 글

이 책을 완성하는 데 많은 이들의 도움이 있었다.

우선, 출판업계에서 최고의 출판 에이전트인 짐 레빈을 소개해준 내 친구 앨런 가넷에게 고맙다. 짐 레빈은 내가 아이디어를 정리해서 출판 제안서를 작성할 때 도왔고, 그 이후에도 이 책이 나오기까지 주요한 역할을 했다.

포트폴리오/펭귄 랜덤 하우스 식구들에게도 고마운 마음을 전한다. 먼저 인내심 많은 편집자 리아 트로우보르스트에게 고맙다고 말하고 싶다. 그리고 내 다듬어지지 않은 아이디어를 수용하고 전통적인 비즈니스 아이디어를 정면으로 반박하는 책을 출판할 용기를 내어준 사장 겸 CEO 아드리안 잭크헤임, 윌 와이저, 스테파니 브로디, 헬렌 힐리, 올리비아 페루소, 타일러 에드워드, 타라 길브라이드 그리고 제이미 레칫에게 감사의 마음을 전한다.

돈 앞에선 이기주의자가 되라

2020년 9월 25일 초판 1쇄 발행

지은이 · 네이선 랏카 | 옮긴이 · 장진영

펴낸이 · 김상현, 최세현 | 경영고문 · 박시형
책임편집 · 김형필 | 디자인 · 디스커버
마케팅 · 양근모, 권금숙, 양봉호, 임지윤, 조히라, 유미정
경영지원 · 김현우, 문경국 | 해외기획 · 우정민, 배혜림 | 국내기획 · 박현조 | 디지털콘텐츠 · 김명래

펴낸곳 · (주)샘앤파커스 | 출판신고 · 2006년 9월 25일 제406-2006-000210호
주소 · 서울시 마포구 월드컵북로 396 누리꿈스퀘어 비즈니스타워 18층
전화 · 02-6712-9800 | 팩스 · 02-6712-9810 | 이메일 · info@smpk.kr

샘앤파커스(Sam&Parkers)는 독자 여러분의 책에 관한 아이디어와 원고 투고를 설레는 마음으로 기다리고 있습니
다. 책으로 엮기를 원하는 아이디어가 있으신 분은 이메일 book@smpk.kr로 간단한 개요와 취지, 연락처 등을 보
내주세요. 머뭇거리지 말고 문을 두드리세요. 길이 열립니다